Harold Stahmer

Lieber Pater Caesarius … Ihr Martin Buber

Harold Stahmer

Lieber Pater Caesarius ...
Ihr Martin Buber

Ein Dialog in Briefen zwischen
Pater Caesarius Lauer und Martin Buber

Mit Vorworten von
Freya von Moltke
Maurice Friedman

Übersetzt von Michael Gormann-Thelen

Brendow
Buch · Kunst · Verlag

Meinen Töchtern:
Sarah, Jennifer, Hannah und ihren Familien.
Mögen sie mehr über ihren Vater erfahren und über einige
besondere Menschen und Einflüsse,
die sein Leben und ihres bestimmt haben.

Die Deutsche Bibliothek -CIP-Einheitsaufnahme

Caesarius <Pater>:
Lieber Pater Caesarius ... Ihr Martin Buber : ein Dialog in Briefen zwischen
Pater Caesarius Lauer und Martin Buber / Harold Stahmer. Aus dem
Amerikan. von Michael Gormann-Thelen. – Moers : Brendow, 1996
(Edition C : C ; 480)
ISBN 3-87067-652-3
NE: Buber, Martin:, Stahmer, Harold (Hrsg.); Edition C / C

ISBN 3-87067-652-3
Edition C, C 480

Mit freundlicher Unterstützung des Adolf-Freudenberg-Fonds und der
Buber-Rosenzweig-Stiftung.
Einbandgestaltung: init, Bielefeld
Printed in Germany

INHALT

Vorwort

Freya von Moltke[1]

Ich wurde gebeten, mich in einem kurzen Vorwort zu diesem Buch zu äußern. Ich tue es gerne, weil ich mit dem Herausgeber dieser Briefe durch eine Freundschaft von fast 35 Jahren verbunden bin.

Harold Stahmer ist ein Schüler von Eugen Rosenstock-Huessy. Bei ihm bin ich Harold Stahmer begegnet, und durch ihn, wenn auch indirekt, hat sich alles, was in diesem Buch steht, ereignet.

---

[1] Freya von Moltke, geb. Deichmann, 1911, entstammt einer Kölner Bankiersfamilie. 1931 heiratete sie Helmuth James Graf von Moltke. Sie studierte Rechtswissenschaften in Köln, Bonn und Breslau. 1935 promovierte sie an der Humboldt-Universität zu Berlin.
Von 1935 bis 1945 lebte sie auf ihrem Gut Kreisau (heute Krzyzowa, Republik Polen) in Schlesien. Während dieser Jahre beteiligten sie und ihr Mann sich an der Widerstandsgruppe, die unter dem Namen »Kreisauer Kreis« bekannt werden sollte. Sie arbeiteten aktiv am Widerstand gegen die Nationalsozialisten und den Nationalsozialismus mit und entwarfen Pläne für die Zeit danach. Wegen seiner Rolle in der deutschen Widerstandsbewegung wurde Helmuth von Moltke am 23. Januar 1945 von den Nazis hingerichtet.
Von 1947 bis 1955 arbeitete Freya von Moltke als Sozialarbeiterin für die Cape Cripple Care Association in Südafrika. 1956 kehrte sie in die Bundesrepublik Deutschland zurück und hielt zusammen mit Annedore Leber, der Frau des Widerstandskämpfers Julius Leber, Vorträge und und schrieb über den Widerstand. 1960 zogen sie und ihre zwei Söhne nach Norwich, Vermont (USA) zu Eugen Rosenstock-Huessy, dem christlichen Sozialphilosophen, der der Lehrer ihres Mannes gewesen war.
1989 erhielt sie den Geschwister-Scholl-Preis für ihr Buch *Briefe an Freya 1939-1945*, München: Beck Verlag 1988. 1992 erschien der Band *Freya von Moltke, die Kreisauerin: Gespräche mit Eva Hoffmann* in der Reihe »Zeugen des Jahrhunderts«, hrsg. v. Ingo Hermann, Göttingen: Lamuv Verlag. Sie ist Ehrenvorsitzende der Stiftung Kreisau für Europäische Verständigung, Präsidentin des Eugen Rosenstock-Huessy Fund und Vorstandsvorsitzende der Stiftung Weiße Rose.

Aber wie kommt es mir darüber hinaus zu, etwas zu diesem Buch zu sagen? Hier geht es um »dialogisches« Leben und Denken. Und es ist im Grunde eine urdeutsche Geschichte, deren Quellen aus einer Zeit stammen, in der auch ich, wenn auch ganz anders, aber doch auch zutiefst »dialogisch« verwurzelt bin.

Also: Die Leser werden nach diesem Buch vor allem wegen der bisher unveröffentlichten Briefe Martin Bubers greifen. Sie zeigen Martin Buber von einer sehr schönen menschlichen Seite – als mitfühlenden, helfenden Freund. Bubers Zuspruch war für Pater Caesarius, den oft innerlich gequälten Benediktinermönch von allergrößter Bedeutung. Er hätte in seinem unstillbaren Suchen nach dialogischem Leben und Wirken wohl erfüllter als Seel- und Fürsorger in der Welt denn als Mönch in Maria Laach leben können. Für das sorgsame und eingehende Bewahren dieses Briefwechsels spricht vor allem seine menschliche Bedeutung.

Vorwort

Maurice Friedman[2]

Harold Stahmers Buch zu Freundschaft und Briefwechsel zwischen dem großen jüdischen Philosophen Martin Buber und dem deutschen Benedektinermönch Pater Caesarius dokumentiert eine der einzigartigen menschlichen Begegnungen dieses Jahrhunderts. Alle, die sich diesem Buch wirklich aussetzen wollen, werden es als ein zutiefst bewegendes Zeugnis erleben, welches gerade dank seiner Menschlichkeit mehr Fragen aufwirft als Antworten erteilt.

Es ist nun schon vierzig Jahre her, daß ich mein erstes Buch *Martin Buber – The Life of Dialogue* veröffentlichte. In einem Kapitel

---

[2] Maurice Friedman ist die führende Autorität zu Martin Bubers Leben und Denken und übersetzte die meisten Schriften von diesem. Heute ist er emeritierter Professor of Religious Studies, Philosophy, and Comparative Literature an der San Diego State University, an der er von 1973 bis 1991 lehrte. Er ist auch einer der beiden Direktoren des Institute for Dialogical Psychotherapy in San Diego. Von 1967 bis 1973 lehrte er an der Temple University, davor von 1951 bis 1964 an der New School for Social Research. Von 1951 bis 1964 am Sarah Lawrence College. Akademische Grade erhielt er in Harvard (B.S., 1943), Ohio State (M.A. 1947), Chicago (Ph.D. 1950). Die Ehrendoktorwürde verliehen ihm die Universität von Vermont und die San Diego State University. Zu seinen wichtigsten Werken gehören *Martin Buber: The Life of Dialogue*; *The Philosophy of Martin Buber* in der Reihe *The Library of Living Philosophers*, deren Hauptherausgeber er ist; *Problematic Rebel: Melville, Dostoyevsky, Kafka, Camus*; *The World's of Existentialism: A Critical Reader*; *To Deny Our Nothingness: Contemporary Images of Man*; *Touchstones of Reality*; *The Healing Dialogue in Psychotherapy*; *Martin Buber and the Eternal*; *Abraham Joshua Heschel and Elie Wiesel*; *A Dialogue with Hasidic Tales*; *Encounter on the Narrow Ridge*; *A Life of Martin Buber*; *Dialogue and the Human Image: Beyond Humanistic Psychology*; *Religion and Psychology: A Dialogical Approach*; *A Heart of Wisdom: Religion and Human Wholeness*; *Intercultural Dialogue and the Human Image: Maurice Friedman at the Indira Centre for the Arts*. 1985 erhielt Professor Friedman den Jewish National Book Award für seine dreibändige Biographie *Martin Buber's Life and Work*.

über Martin Bubers Verhältnis zum Christentum behandele, zitiere ich aus einem bedeutenden Brief von Pater Caesarius, dessen Inhalt Martin Buber mir mitteilte. In diesem Brief warnt Pater Caesarius vor der Gefahr, lebendigen Dialog in eine intellektualisierende Dialektik zu verkehren. Diese Äußerung war wirklich prophetisch, denn sie ist heute noch beherzenswerter als zu der Zeit, da Pater Casearius sie niederschrieb. Nachdem ich diesen Brief jetzt in Professor Stahmers Buch wiedergelesen habe, habe ich mich sogleich entschlossen, ihn einmal mehr in dem Vorwort zu meinem Buch über *Dialog und Dialektik in den Humanwissenschaften* zu zitieren, von dem ich hoffe, daß ich es noch werde schreiben können.

Ich kann mich nicht mehr genau erinnern, ob ich Harold Stahmer als einen jungen Lehrer für Religion am Barnard College vor oder nach der Veröffentlichung von *The Life of Dialogue* kennenlernte; auf jeden Fall erfuhr ich von seiner Verbindung zu Pater Caesarius erst später. Harold Stahmers 30 Jahre währende Freundschaft mit Pater Caesarius, seine tiefe Anteilnahme und Hingabe an ihn, seine Anerkenntnis der außergewöhnlichen Qualität der Begegnung zwischen Martin Buber und diesem Mönch führten zu diesem bemerkenswerten Buch. Harold Stahmers früheres Buch *Speak That I May See Thee – The Religious Significance of Language* war im englischen Sprachbereich eine Pionierstudie zur *Sprachphilosophie* [i. O. dt.] von Eugen Rosenstock-Huessy, Ferdinand Ebner, Franz Rosenzweig und Martin Buber und ihrer Vorläufer im 18. und 19. Jahrhundert. In dem vorliegenden Buch nun hat Harold Stahmer die richtige Sprache gefunden, uns das Verhältnis dieser zwei besonderen Männer, Pater Caesarius und Martin Buber, mitzuteilen: zunächst in einem in persönlichem Ton gehaltenen sowie geschichtlichen Vorwort, dann in einem kürzeren Kapitel, in dem er den eigentlichen Briefwechsel einleitet. Hierauf folgt der Briefwechsel selbst. Den Abschluß bildet ein längeres Kapitel autobiografischer Erinnerungen und Bruchstücke, insbesondere die Geschichte seiner eigenen engen Freundschaft mit Pater Caesarius. Eines Tages, so hoffe ich, möge Harold Stahmer eine Biographie von Pater Caesarius für englisch- und deutschsprachige LeserInnen schreiben. Als jemand, der während nahezu eines halben Jahrhunderts Martin Buber als einer Person und einem Denker nahe verbunden war, als langjähriger Freund Harold Stahmers und als jemand, der selbst mit Pater Caesarius korrespondierte und dessen Bewunderung für ihn teilt, fühle ich mich sehr geehrt, das Vorwort zu diesem Buch schreiben zu dürfen.

Im Gegensatz zu dem Jesuiten und Theolgen Urs von Balthasar betrachtete Pater Caesarius seinen Dialog mit Martin Buber nicht nur als Vorwand, um Buber dahin zu bringen, zum Christentum zu konvertieren. Wiewohl Pater Caesarius es nur schwer aushielt, daß Buber Jesus nicht als den Messias und Sohn Gottes zu akzeptieren vermochte (»Das war das, das Schlimmste für mich, erschütternd, nicht schlimm, erschütternd.«), machte er sich Bubers Einstellung zum Leben als Dialog in einer wahrlich atemberaubenden Ehrlichkeit und Intensität zu eigen, was ihn zu einem von Buber meistgeschätzten (und erstaunlichsten) Schüler werden ließ.

Einer der irritierendsten Aspekte des Briefwechsels zwischen Martin Buber und Pater Caesarius ist der, daß Caesarius, obwohl Buber ihn beständig nach konkreten Details seines Lebens fragte, sich außerstande sah, diesem irgendwie nachzukommen. Hieraus folgte, daß Buber, wagte er Urteile – etwa wenn er sagte, bliebe Pater Caesarius im Kloster Maria Laach, könnte dies für ihn eine stärkere dialogische Prüfung bedeuten, als wenn er es verließe – , dieses aufgrund so geringer Kenntnisse tun mußte, daß er, wie Buber selbst meinte, Caesarius' Lage nicht wirklich »sehen« konnte. Ich vermute, einer der Gründe, weshalb Caesarius so zögerte, Details seines Lebens preiszugeben, war, daß er Buber nicht mit Alltagsdingen belasten mochte, die er im Gebet Gott anvertraute. Auch wollte er keine Urteile über Leute abgeben, die mit ihm zusammenarbeiteten. Andererseits aber machte er treffende Äußerungen über Institutionen und die Art, wie ihre Strenge und ihr Traditionalismus in das Leben von Dialogen eingriff. Vermutlich hatte dies Harold Stahmer im Sinn, wenn er im Vorwort zu seinem Buch schreibt: »Es ist sehr gut möglich, daß weder Buber noch ich selbst gegenüber der Tatsache genügend Sensibilität aufzubringen vermochten, daß für Caesarius ebenso wie für Kierkegaard und Ebner Christentum, und zwar institutionelles Christentum, institutionelle Kirche und insbesondere das strenge Klosterleben all die Einschränkungen verkörperten, gegen die Kierkegaard in seinem *Angriff auf das Christentum* geschrieben hatte.« Zum anderen jedoch weiß ich mir nicht zu erklären, was Stahmer unmittelbar daran anschließend anmerkt: »Im Rückblick meine ich, daß Buber und ich noch ein anderes Thema in den Schriften von Kierkegaard übersahen, welches Pater Caesarius sehr bewunderte, nämlich, daß das subjektive Dasein einer Person immer in einem Prozeß steht, die Person zu werden, deren Bestimmung ihm/ihr Gott auferlegt zu werden. Christliches Dasein ist eine Pilgereise, ein Prozeß, eine niemals endende Aufgabe ... ein durch einen leidenschaftlichen Ruf hervorgerufener Kampf.« Wie allen anderen Personen, mit denen er bekannt wurde, begegnete Buber auch Caesarius so, wie er sich ihm vorstellte. Sicherlich nahm Buber Caesarius' angstgepeinigten Kampf, seinem eigenen Ruf zu folgen und ihm gläubig zu entsprechen, in aller Schärfe wahr. Dies bezeugt der Briefwechsel in aller Deutlichkeit. Buber verstand auch, wie Stahmer sagt, daß »im Unterschied zu Kierkegaard und Ebner der Brennpunkt des gesamten Lebens von Caesarius war, den Sinn des christlichen Lebens und die Berufung als Mönch zu erkunden, und zwar nicht in der Abgeschlossenheit und Einsamkeit einer menschlich-göttlichen Begegnung der Seele mit Gott, sondern in einer ... dialogisch gestifteten spirituellen Gemeinschaft«.

Das Gefühl von Randgängertum, ja von Exil, welches Caesarius während seiner gesamten einsamen christlichen Pilgerfahrt empfand, war zu seiner Zeit durchaus unüblich, wie Stahmer hervorhebt, jedoch lange nicht so unüblich und überraschend wie seine lebenslange Suche nach einem dialogisch authentischen Dasein. Buber drängte ihn, sein Gespür für lebendigen Dialog in einem einzigen Buch aufzuschreiben. Pater Caesarius jedoch fühlte, daß er nicht wie Buber dem Doppel-Ruf, lebendigen Dialog zu leben und zu schreiben, folgen könne. Er traf für sich die Entscheidung, den

Dialog zu leben. Vielleicht ist Caesarius recht zu geben, wenn er sagte, daß das Leben des Wortes niemals gleichen Rang wie die Wirklichkeit des Lebens als Dialog beanspruchen könne. Die Leser dieser Briefe an Buber werden sicherlich, wie ich, spüren, daß niemand die Dichte und die Qualität von Caesarius' Hingabe wird in allen Tiefen ausloten können.

Hans Urs von Balthasar schrieb, daß ohne Christus Bubers Dialog in Hiobs Frage enden müsse. Damit meinte er, daß man vor dem Problem des Bösen scheitere. »Ja«, antwortete Buber, »dies führt wirklich zu Hiobs Frage.« »Mein Gott will im Herzen und im Munde seiner Kreatur die Klage um das große Unrecht in der Welt nicht verstummen lassen, und wenn sie in einer unveränderten Welt doch ihren Frieden findet, nur weil er ihr seine Nähe wieder gewährt hat, bestätigt er sie. Frieden, sage ich; aber das ist ein Friede, der sich mit dem Kampf um die Gerechtigkeit in der Welt verträgt.« Wiewohl Caesarius, im Gegensatz zu Buber, Rückhalt in Christus fand, führte Caesarius' Zwiegespräch ihn unausweichlich zu Hiobs Frage über seinen ganz persönlichen »Umgang voller Gerechtigkeit zu und Solidarität mit den Armen, den Unterdrückten und Geknechteten, den Alten und den Heimatlosen«. »Die Welt der Gerechtigkeit findet ihren ganzen Sinn und ihren Quell in der vorgiebigen Liebe Gottes«, schreibt Caesarius. Gustavo Gutiérrez' Worte, die Stahmer in seinem Vorwort zitiert, werden sicherlich, wie er zu verstehen gibt, auf Caesarius auch zutreffen: »Menschliches Leiden unter Ungerechtigkeit bleibt immer herzzerreißend und unstillbar. (...) Es hört niemals auf, wie auch der Kampf dagegen nicht, wie Hiob bezeugt.« »Als Mönch«, fügt Stahmer hinzu, »fühlte sich Karl genau dann Gott und dem Dialog als Leben näher, wenn er unter den Armen arbeitete.«
Dieses Buch ist die Geschichte eines Zwiegesprächs zweier bemerkenswerter geistiger und geistlicher Gestalten um die Mitte des 20. Jahrhunderts. Unter ihnen ist aber auch gegenwärtig ein Dritter, Harold Stahmer selbst, und dieser nicht bloß als Autor und Erzähler. Abgesehen von Stahmers Freimut, in dem er erzählt, wie er über einen Brief Bubers an ihn über Caesarius derart in Zorn

geriet, daß er den Brief in Stücke riß, bleibt es doch sehr bemerkenswert, wie weitherzig und fair er in seinem Buch Bubers Gedanken und seine Ansichten zum Dialog wiedergibt. Die Spannung zwischen Buber und Stahmer tönt jedoch das gesamte Buch hindurch wie eine Passacaglia in Bachs Orgelwerken. Wahrscheinlich rührt ein Teil dieser Spannung aus Bubers Frustration darüber, nicht zu wissen, wie er den Ängsten und der Intensität dieses bemerkenswerten Benedektinermönches erwidern sollte, der ihm auch dann zutiefst verbunden blieb, wenn er ihm nicht oft genug schrieb, und selbst dann aus dieser Lage nicht größeres Aufheben machte.
Der andere Teil mag in Bubers Gefühlen liegen, die durch Stahmer erweckt wurden, er wisse, wie Pater Caesarius am besten zu raten und zu helfen sei. Hinter diesen Spannungen macht sich eine weitere bemerkbar, nämlich die zwischen Buber und Stahmers langjährigem Mentor und Freund Eugen Rosenstock-Huessy, den Buber über mehr als vierzig Jahre hindurch sehr wohl kannte. Nur so erklärt sich, daß Buber plötzlich Rosenstock-Huessy erwähnt, so wenn er zum Beispiel in einem seiner Briefe an Stahmer schreibt: »Diesen Weg wohl würde Ihr Lehrer einschlagen« oder andere Worte ähnlichen Wortlautes. Da Professor Stahmer 1958 ausdrücklich nach Princeton ging, um mit Buber zu sprechen, unter anderem auch über seine Freundschaft zu und die Unterschiede zwischen ihm und Rosenstock, kann er mit größerer Glaubwürdigkeit in dieser Frage sprechen. Ich korrespondierte auch mit Professor Rosenstock-Huessy und traf ihn auch persönlich einige Male. Mein allgemeiner Einduck von ihm war der eines mehr konfrontativen und irgendwie weniger dialogischen Menschen als Buber. Andererseits erfuhr ich auch eine strengere und unmittelbarere Direktheit Buber gegenüber, mit der, wie auch Stahmer fand, nicht so leicht zu Rande zu kommen war. Wie auch immer die Spannungen zwischen Buber und Stahmer und die zwischen Buber und seinem alten Freund Rosenstock-Huessy sein mögen, finde ich es doch außerordentlich bemerkenswert, daß uns Harold Stahmer mit einem solchen gewichtigen, zugleich aber auch so ausgewogenen Buch zum Verhältnis von Buber und Pater Caesarius beschenkt.

EINLEITUNG

3. August 1984

Lieber Harold!

Über mehr als dreißig Jahre kennt Ihr euch nun schon und habt Eure Gedanken einander mitgeteilt. Karls ganzes Denken war immer ganz entschieden auf Christus, auf die Menschheit und ihre Erlösung ausgerichtet. Nach all den bitteren Erfahrungen, die ihn in jenen Kriegsjahren niederdrückten, wollte er seinen Beitrag dazu leisten, daß mehr Gerechtigkeit und Liebe dem Zusammenleben mehr Dauer und Würde verliehen. Dies hatte er Gott geschworen und dies blieb zeit seines Lebens sein Antrieb.

Katharina Lauer

Dieses Buch dokumentiert und diskutiert die Freundschaft und den bislang unveröffentlichten Briefwechsel (1949 – 1964) zwischen dem jüdischen Philosophen Martin Buber (1878 – 1965) und Pater Caesarius Lauer, einem Mönch der berühmten Benediktinerabtei zu Maria Laach[3], der am 27. Januar 1984 unerwartet an einem

[3] Der kontemplative Benediktiner-Orden wurde im 6. Jahrhundert von Benedikt von Nursia gegründet. Die Mönche leiteten die »Horen« mit Gesang ein, welcher, als ich in Laach war, um 3 Uhr 30 begann. Die Benediktiner legen die Gelübde des Gehorsams, der Armut, der Keuschheit und der stabilitas, der Beständigkeit ab – Glaubensstärke gegenüber der Kommunität, und *stabilitas loci*, Anwesenheit vor Ort. Ihre das Leben ausrichtende Regel lautet »*Bete und Arbeite*«, »*ora et labora*»; ihr Motto heißt: »*Auf daß in allem Gott gepriesen werde!*«, »*Ut in omnibus glorificetur deus!*« Maria Laach ist eine wohlerhaltene romanische Abtei in der Eifel, westlich von Andernach am Rhein, zwischen Koblenz und Bonn gelegen. Sie ist am besten bekannt als Sitz der liturgischen Reformbewegung in der römisch-katholischen Kirche unter der Führung des Abtes Ildefons Herwegen (1913 – 1946). Konrad Adenauer lebte während des 2. Weltkrieges dort im Exil, nachdem die Nazis seinen Rücktritt als Oberbürgermeister von Köln erzwungen hatten. Während meines Aufenthalts lebten dort um die 60 Chor-Mönche, die das *Opus Dei*, *das Stundengebet*, feierten, und 90 Laienbrüder-Mönche.

Pater Caesarius als Mönch in Maria Laach

Herzinfarkt in Laach verstarb. Es ist aber auch die Geschichte eines höchst talentierten und ebenso sensiblen Mönches aus dem römisch-katholischen Rheinland, der völlig durcheinander und tief verstört durch seine Erfahrungen als Lazarettpfleger in der Wehrmacht aus dem Krieg nach Maria Laach zurückkam. 1949 fing er einen Briefwechsel mit einem der berühmtesten jüdischen Denker unseres Jahrhunderts an. In Bubers der Bibel, dem Chassidismus und dem Dialog gewidmeten Schriften, in seinen Briefen, in seiner Persönlichkeit und seiner »Gegenwart« fand Caesarius die Hilfe und den Halt, die er in seinen Kämpfen benötigte, um seinem Leben als Christ, als römisch-katholischer Benediktinermönch und Priester, aber auch als Deutscher in der Nach-Hitler-Zeit, in den Nachkriegsjahren und in der Zeit vor dem 2. Vatikanischen Konzil (1962 – 1965) einen neuen Sinn und Zweck zu geben. Kenner und Leser Bubers werden sicherlich interessiert sein zu er-

Martin Buber Anfang der sechziger Jahre

fahren, wie der Verfasser von *Ich und Du* (1923) 25 Jahre später, in seiner *dialogisch-anthropologischen Periode (1951-1963)*, sich zu den Ansprüchen seines sensiblen, aber verstörten Bewunderers verhält. Höchst erhellend ist auch die Rolle, die »Bücher« in ihrem dialogischen, inter-personalen Verhältnis spielten. Ebenso interessant ist, wie Buber in seinen öffentlichen Vorträgen und Schriften während dieser 15 Jahre viele der damals auf den Nägeln brennenden Fragen ansprach. Die Geschichte ihrer Freundschaft ist ein bewegendes praktisches Beispiel dafür, wie jemand in seiner Berufung als Gläubiger und Priester die grundlegenden Elemente von Bubers Schriften über »den Dialog als Leben« zu verwirklichen und zu verkörpern versuchte.

Ihr Briefwechsel begann mit einem Brief vom 24.2.1949 von seiten Pater Caesarius', der damals 34 Jahre alt war, an den damals 71-

jährigen Professor Buber (vgl. **#1 LB 24.2.1949**). Er endet mit einem von einem Freund mitunterzeichneten Brief vom 24. Februar 1964 eines nun 49jährigen Caesarius an Buber, der nun 86 Jahre zählte. *Der Briefwechsel besteht aus 36 Briefen von Caesarius an Buber. Hinzu kommen fünf (durch ein * gekennzeichnete) Briefentwürfe und 32 Briefe von Buber an Caesarius. Darüber hinaus gibt es einen Brief an Buber von Caesarius zusammen mit Ernst Gorsemann; 2 Briefe von Gorsemann an Buber. Des weiteren 1 Brief von Caesarius und Renate Vollmer an Buber. Schließlich 5 Briefe von Buber an den Verfasser.*

Die Geschichte, die ich hier erzählen möchte, entstand aus meiner persönlichen Beteiligung und Bekanntschaft mit beiden Männern. Sie begann im Herbst 1951, als ich mehr durch Zufall Pater Caesarius in Maria Laach traf. Durch Caesarius wurde ich später, 1953, mit Buber bekannt, der uns als seine Gäste zu sich und zu einem Vortrag an der Universität Bonn einlud. In vielerlei Hinsicht ist das vorliegende Werk ein Ausdruck des tiefreichenden persönlichen Eindrucks, den das Leben dieser beiden Männer auf mein persönliches Leben und auf meine berufliche Karriere ausübte. Von den persönlichen und etwas außergewöhnlichen Umständen einmal abgesehen, spielen *eine Geschichte erzählen, die Erzählung selbst, Biographisches, Erinnerungen* und *Autobiographisches* eine herausragende Rolle in diesem Buch.

Der Wichtigkeit dieser Themen und ihrer Methode wurde ich zuerst gewahr in der Lehre und in den Schriften meines Mentors am Dartmouth College, Eugen Rosenstock-Huessy (1888 – 1973), und seines engen Freundes Franz Rosenzweig (1886 – 1929). In einem auf den 8. Februar 1928 datierten und an Buber adressierten Brief spricht Rosenzweig über das Erzählen von »Geschichten«: »Wann erzählt man? Zunächst wohl, wenn etwas geschehen ist. Der dringendste Anlaß zum Erzählen ist immer da gegeben, wo einer etwas weiß, was die anderen noch nicht wissen und was sie notwendig erfahren müssen. Beide Teile, der Erzähler und der Hörer, bleiben in ihrer wirklichen Zeit, in ihrer Gegenwart; das Erzählte ist nicht irgend

Eugen Rosenstock-Huessy in seinem Element (am Dartmouth College)

ein Vergangenes, sondern für diese Gegenwart – und nur für sie – und auch für sie nur gerade gegenwärtig. Der Erzähler tritt mit der Erzählung in echten, also in vollkommen gegenwärtigen Dialog mit dem Hörer. Er braucht keine künstlichen Mittel, um den Hörer zum Hören zu bringen.«[4]

Die Geschichte, die ich erzähle, reflektiert und erschließt aber auch meine beruflichen Interessen an Martin Bubers *dialogischem Denken* sowie am *Sprachdenken* und an den Briefen zur Sprache zwischen Rosenstock-Huessy und Franz Rosenzweig.

Der renommierte Buber-Forscher Maurice Friedman kommt im dritten Band seiner großen Biographie *Martin Buber's Life and*

[4] M. Buber und Franz Rosenzweig, *Die Schrift und ihre Verdeutschung*, Berlin: Schocken Verlag 1936, S. 242-43.

Thought: The Later Years, 1945 – 1965 auf die Beziehung zwischen Buber und Caesarius zu sprechen und erwähnt hierbei auch meine eigene Bekanntschaft mit beiden. Mit seinem bahnbrechenden Werk *Martin Buber: The Life of Dialogue* (1955) stellte Friedman englischen Lesern Buber in ganz ähnlicher Weise vor, wie Nahum Glatzer 1953 Franz Rosenzweig in seinem Werk *Franz Rosenzweig: His Life and Thought* vorgestellt hatte. In diesem Buch gibt Friedman einen Auszug eines wichtigen Briefes von Caesarius an Buber wieder, in welchem Caesarius vor den Gefahren warnt, denen wir alle erliegen können, nämlich »statt gelebten Dialogs bloß dialogisch zu philosophieren«: »Inzwischen nimmt das ›Gespräch‹ über das Gespräch zwar allenthalben zu. Das sollte einen freuen. Mich erfüllt das aber mit einiger Sorge. Denn – wenn nicht alles täuscht – das Gespräch selber, das lebendige Ereignis dialogischen Lebens nimmt unter den Menschen ab. (...) In der Dialogik ist der Vollzug entscheidend; sie ist doch wirkende Wirklichkeit, eben – Leben. Nun, das Wort gehört gewiß mit zu diesem Vollzug, wie Ebner gezeigt hat. Aber eben das Wort, nicht die Wörter, das Gerede, die logizistische Dialektik. (...) Gerade die ›Geistigen‹ von heute erliegen in erschreckender Weise der alten Versuchung des Menschengeistes, auch noch das lebendige Geschehen zu vergegenständlichen. (...) Diese ›dialogischen‹ Dialektiker scheinen nicht zu ahnen, daß die Dialogik wesentlich Weg ist. ›Der Weg aber ist da, daß man ihn beschreite‹, so haben Sie einmal gesagt.«[5]

Einer der mächtigsten und beständigsten Antriebe von Caesarius' Leben war seine Suche nach einer Auswirkung und Selbstverwirklichung der dialogischen Kräfte im »Leben« und in geistlichen Gemeinschaften, wie sie jenen sich offenbaren, die den Dialog als Leben auch wirklich »leben«. Sicherlich war dies auch das Leitthema während der gesamten Freundschaft und des ganzen Briefwechsels mit Buber.

---

[5] Maurice S. Friedman, *Martin Buber: The Life of Dialogue*, Chicago: University of Chicago Press 1955, S. 271-272

TEIL I beginnt mit einer *Vergegenwärtigung* der Lebensbahn meines Freundes Pater Caesarius aus heutiger Sicht. Nunmehr können von mir auch einige Charakterzüge und Krisenpunkte angesprochen werden, die damals – insbesondere in den 50er Jahren – mir selbst, aber auch Martin Buber und anderen, nicht aufgefallen waren, vielleicht von uns damals auch gar nicht bemerkt werden konnten. Ich empfehle den LeserInnen, die sich einen Überblick verschaffen wollen, zuvor den *Anhang A* zu Rate zu ziehen, in dem ich in tabellarischer Form eine kurzgefaßte Biographie Pater Caesarius' und eine Chronologie der Ereignisse, Persönlichkeiten und Orte, auf die in der Erzählung Bezug genommen wird, zu geben versuche. Zur *geschichtlichen Orientierung* der LeserInnen wagen wir dann eine Skizze der Jahre nach dem Weltkrieg, wobei wir das *Datum 1953* als einen wichtigen *geschichtlichen Augenblick* herausheben. **TEIL II: Über den Briefwechsel** diskutiert Themen und Fragestellungen aus **TEIL III: Die Briefe 1949 – 1964,** z.B. wird das Verhältnis von Caesarius und Buber aus der Perspektive von Bubers Schriften über dialogisches Leben diskutiert, über die Art ihrer Beziehung als Jude und Christ, oder Bubers »*dialogische Anthropologie*«, seine Ansichten zu »Sprache und Sprechen«, sowie sein Beitrag zu »Büchern«, an denen er ihre möglichen dialogischen Qualitäten schätzt, weswegen er sie *Sprachbücher* nennt. **TEIL IV** ist *Autobiographischen Fragmenten und Reminiszenzen* des Verfassers gewidmet. Sie erzählen, wie der Autor, ein amerikanischer Protestant aus Brooklyn, New York, der gerade seine Studien am Dartmouth College und bei Eugen Rosenstock-Huessy abgeschlossen hat, in der Zeit vor seinem theologischen Studium dazu kam, sechs Monate in Maria Laach zu verbingen, und dort einen umgänglichen und dynamischen Benediktinermönch traf, nämlich Caesarius Lauer, der zuerst sein Lehrer, später dann einer seiner engsten Freunde auf mehr als dreißig Jahre werden sollte. Stücke meiner Erzählung widmen sich meinem Verhältnis zu Caesarius und zu Martin Buber. Einblicke werden genommen in Caesarius' Versuche, die Prinzipien von Bubers dialogischer Philosophie in mehreren geistlichen Gemeinschaften zu leben, aber auch in seine Frustrationen und in seine Niedergedrücktheit über diese Versuche.

Insbesondere möchte ich allen denen danken, die mir halfen, daß dieses Buch reale Gestalt annahm. Danken möchte ich zunächst dem früheren Verlagsleiter des Brendow Verlages, Hans Steinacker, der nach der Lektüre eines Vortrages, den ich über Bubers und Caesarius' Freundschaft und Briefwechsel[6] gehalten hatte, mich dazu ermutigte, dieses Buch zu schreiben und darin meine eigene Bekanntschaft mit beiden Männern zu schildern.

In großer Schuld stehe ich beim Archivar von Maria Laach, Pater Emmanuel v. Severus, O.S.B., der während meines Aufenthalts in Maria Laach, 1951 – 1952, Prior war. Im Herbst 1992 erhielt Pater Emmanuel, ein warmherziger und höflicher Mensch, zudem ein sehr generöser Geist, die Erlaubnis von Pater Abt Anno Schoenen, O.S.B., daß ich über den Briefwechsel und die persönlichen Briefe, Tagebücher und andere sich in den Archiven von Maria Laach befindliche Materialien schreiben und veröffentlichen dürfe. Gleichen Ausdruck tiefer Dankbarkeit schulde ich Hern Klaus Vahlbruch, dem Vertriebsleiter des *Lambert Schneider Verlages* im *Bleicher Verlag*, und Dr. Judith Buber Agassi, Martin Bubers Enkelin, der jetzigen Nachlaßverwalterin der literarischen Hinterlassenschaft Martin Bubers. Im Januar 1994 erhielt ich von Frau Dr. Judith Agassi die Erlaubnis, Professor Bubers Briefe an Pater Caesarius »... *zu edieren, zu übersetzen und zu veröffentlichen*«, mit der Auflage, zu erwähnen, »*...daß dem Nachlaß Martin Bubers weiterhin die Rechte an Professor Bubers Briefe vorbehalten sind. Der Rechtsträger verweigert Einzelpersonen, einzelne Briefe an anderer Stelle wiederabzudrucken.*«

Besonderer Dank geht auch an Frau Ute Rubien, geb. Gorsemann, Rechtsinhaberin des Nachlasses von Prof. Ernst Gorsemann, nicht nur für ihre Erlaubnis, ihres Vaters Briefe zu veröffentlichen, sondern auch für ihre Großzügigkeit, mir Fotografien und andere

6 »*Martin Buber's Impact on the Human Sciences: An Interdisciplinary Conference*« an der San Diego University am 21. Oktober 1991. Diese Tagung wurde von Prof. Maurice Friedman einberufen und geleitet.

Materialien über ihre Eltern zugänglich zu machen. Auch hier soll bemerkt werden, daß »... *der Rechtsinhaber des Nachlasses von Ernst Gorsemann alle Rechte auf die Briefe von Professor Gorsemann beansprucht, ebenfalls das Recht, anderen Einzelpersonen die Erlaubnis einzuräumen, diese Briefe andernorts wiederabzudrucken*«.

Den Mönchen und früheren Äbten von Maria Laach, insbesondere dem späteren Abt Pater Basilius Ebel, O.S.B., Pater Abt Adalbert Kurzeja, O.S.B., und Maria Laachs bekanntem Kantor Pater Willibord Heckenbach, O.S.B., sowie Walter Schroer, meinem Freund während mehr als vierzig Jahren, dem liebenswürdigen und kenntnisreichen früheren Direktor des Kunst-Verlags Maria Laach, bin ich sehr, sehr dankbar für ihre oftmals gewährten Gastfreundschaften und Großzügigkeiten, die sie mir bei meinem ersten Aufenthalt und dann zahlreich darauf folgenden entgegenbrachten. Ein Wort des Lobes gebührt ebenfalls dem verstorbenen Pater Damasus Winzen, O.S.B. (1901 – 1971), Pater Caesarius' *Magister* (Novizen-Meister) zu Laach und späterem Prior und Mitbegründer des Mount Saviour Monastary in Pine City, in der Nähe von Elmira, New York, und Bruder James Cronen, O.S.B., der mir Fotografien und historisches Material über das Kloster Mount Saviour zur Verfügung stellte. Dank auch Paters Damasus' zahlreichen Gesprächen mit mir während der 50er Jahre im Mount Saviour Kloster und in dem Refektorium des Union Theological Seminary während seiner häufigen Reisen nach New York City über Pater Caesarius und sein Leben in Maria Laach, welche äußerst informativ und erhellend waren.

Ausdrücklich sei Pater Caesarius' Schwestern und Brüdern gedankt für ihre unbezahlbare Freundschaft und ihr Vertrauen während mehr als 40 Jahren. Ebenfalls Margot Cohn von den Martin Buber-Archiven an der Hebräischen Universität in Jerusalem für ihr Interesse und ihre Unterstützung, Kopien des Briefwechsels von den Buber-Archiven zu erhalten, vor allem für ihre Bemühungen, mir rechtmäßige Kopien vieler Briefe zu verschaffen. Gleiches an Rabbi

Dr. Alfred Gottschalk, dem Päsidenten des Hebrew Union College – Jewish Institute of Religion, in Cincinnati, Ohio, der mir Material über seine Kindheit in Oberwesel während der *Kristallnacht* anvertraute, sowie für seine Erlaubnis, aus seiner *Leo Baeck Memorial Lecture Nr. 32* zu zitieren. Dank auch an Karin Esser für ihre penibel-genaue und äußerst zeitraubende Transkription des gesamten Briefwechsels und an Annemarie Sykes für ihre verblüffende Transkription meiner Tonbandaufnahme von Pater Caesarius' Bericht über sein erstes Treffen mit Martin Buber in Maria Laach.

Meinen besonderen Dank möchte ich meinem Freund Michael Gormann-Thelen, dem gegenwärtigen Vorsitzenden der Eugen-Rosenstock-Huessy-Gesellschaft, aussprechen, der gerne das Manuskript zu übersetzen bereit war. Für die Güte unserer Freundschaft spricht, daß sie nicht nur fortbesteht, sondern sich in vielerlei Hinsicht vertiefte, indem sie unsere Fähigkeit entwickelte, unsere beruflichen Verpflichtungen und Aufgaben zu trennen von unserer gegenseitigen Achtung und Bewunderung, die wir füreinander hegen.

Anerkennung und Dank schulde ich ebenfalls den Herren Bibliothekaren Blake Landor, Associate University Librarian, und Robert Singerman, Direktor der Price Library of Judaica, sowie meinen Kollegen Helga Kraft, Otto Johnston, Keith Bullivant, Michel Achad, Edward Baker, Susan Reed Baker, George Diller, Albert Smith, Gareth Schmeling, Sheldon Isenberg und Howard Rothman von der University of Florida für ihre Unterstützung zu verschiedenen Zeiten der Bearbeitung der Materialien.

Herzlichen Dank vor allem den Freunden, die mein Manuskript in seinen verschiedenen Stadien lasen und kommentierten: Marion Hausner Pauck, Konstanze Gaither, Joanna Park und Richard Shaull. Ganz besonderer Dank richtet sich an meine Freundin während mehr als 35 Jahren, Freya von Moltke, die mein Manuskript ebenfalls las und zustimmte, ein *Geleitwort* zu verfassen, und unserem gemeinsamen Freund George Allan Morgan, wie wir

Bewunderer Eugen Rosenstock-Huessys, für ihre Hilfe und ihre Ansprechbarkeit, wann immer es nötig war. Dieses Buch wäre wahrscheinlich niemals zustande gekommen, hätte nicht meine Frau Paula Rosenstock Huessy Stahmer dauernden Kredit, liebende Geduld gewährt und unablässiges Drängen ausgeübt. Ein ewiger Quell der Freude selbst in den schwärzesten Stunden war mein wirklich »dialogisches Leben« mit unseren Hunden – Miss Marple, Sebastian, unserem jüngst von uns gegangenen Sennenhund, dem noblen Wellington, und unserem Neuzugang Marley.

Schließlich möchte ich meine große Hochschätzung und Dankbarkeit Maurice Friedman gegenüber ausdrücken, meinem Freund mehr als 40 Jahre hindurch. Nicht nur für sein *Geleitwort*, sondern vor allem für seine Freundschaft, seine Inspiration und seine bahnbrechenden Forschungsarbeiten zu seinem Mentor – Martin Buber. An einer Stelle gestatte ich mir, Maurice Friedmans Ausdruck »*Dialographie*«[«*Dialography*« i.O. - A.d.Ü.] zu entleihen, um meinen Zugang zu diesem Material zu beschreiben. Friedman zog es einmal vor, statt »Biographie« von »Dialographie« zu sprechen, um seine eigene Methode in seinem dreibändigen gelehrten Werk *Martin Buber's Life and Work* (1981, 1983)[7] zu kennzeichnen. Obwohl einige Leser gegen die Einführung eines solchen stumpfen Neologismus'

---

[7] »So barbarisch dieser Neologismus sein mag, ich erachte – zumindest in diesem Buch – diesen Ausdruck ›Dialographie‹ als einen wohlbedachten Ersatz für die Kategorie ›Biographie‹. Im Laufe der zwölf Jahre Arbeit an *Martin Buber's Life and Work* bin ich von der grundlegenden Falsifizierung überzeugt worden, die durch einen evolutionären, entwicklungsgeschichtlichen oder prozessualen Zugang zur Biographie herbeigeführt wurde. Es verblüffte mich regelrecht, als ich in der Vorbereitung meines Kapitels über Buber und Hammarskjöld Hammarskjölds *Markings* las. Um die Begegnung mit und den fortwährenden Dialog zwischen Buber und Hammarskjöld zu verstehen, müßte ich gerade das verstehen, was die meisten Biographen zwangsläufig auslassen müssen: die Einzigartigkeit Hammarskjölds, die Einzigartigkeit Bubers und die einzigartige, gerade stattfindende Begegnung zwischen ihnen, die niemals als eine Summe ihrer beiden Einzigartigkeiten erfaßt werden kann.« Maurice Friedman, *Marin Buber's Life and Work: The Early Years 1878-1923*, New York: E.P. Dutton 1981, S. XXIV.

Protest einzulegen willens sein könnten, finde ich doch diesen Ausdruck »Dialographie« ebenso nützlich wie zutreffend, denn ich bin, um Bubers eigenen Ausdruck zu gebrauchen, »mitgegenwärtig«, nehme Anteil, bin jetzt und hier ein Teilnehmer, ein Partner in einem wirklichen Sinn, nicht bloß in oder an ihrer Freundschaft und ihrem Briefwechsel, sondern ganz besonders in meiner eigenen dialogischen Beziehung zu Pater Caesarius während der 33 Jahre, die wir uns kannten, und in meiner heutigen Anteilnahme und Beschäftigung mit dem Sinn seines Lebens wie auch Bubers – für mich ganz persönlich. Vielleicht kommt die Zeit, daß dieser Begriff als passend und nützlich dafür anerkannt wird, wenn es um ganz spezielle Materialien und Situationen geht, in denen ein Autor auf doppelte Weise eingespannt ist.
Aufgrund meiner persönlichen Bekanntschaft mit Pater Caesarius und Professor Buber während dieser Periode hätte ich als Untertitel für diese Geschichte auch wählen können: »*Als wär's ein Stück von mir*!« Dies war der Titel eines Werkes von Carl Zuckmayer, einem nahen Freund Rosenstock-Huessys, der seinerseits Ludwig Uhlands *Der gute Kamerad* beliehen hatte.

Kenner und Freunde Bubers werden bemerken, wie viel ich sowohl Friedmans magnum opus als auch Greta Schaeders *Martin Buber: Hebräischer Humanismus* (1966) schulde, ebenfalls den unschätzbaren drei Bänden *Martin Buber: Briefwechsel aus sieben Jahrzehnten* (1972, 1973, 1975), bearbeitet von Greta Schaeder, Ernst Simon, Rafael Buber, Margot Cohn und Gabriel Stern. Auch der jüngsten englischen Übersetzung *Scripture and Translation* (1994) von Bubers und Rosenzweigs *Die Schrift und ihre Verdeutschung*(1936) durch Lawrence Rosenwald und Everett Fox.[8]

---

[8] [Englisch unter dem Titel *Scripture and Translation*. Translated by Lawrence Rosenwald and Everett Fox. Bloomington and Indianapolis: Indiana University Press 1994. Von Everett Fox erschien 1995 in einem Band seine Übersetzung der 5 Bücher Moses in dieser Tradition von Buber und Rosenzweig: *The Five Books of Moses*, New York: Schocken Books. A.d.Ü.]

Meine eigene wissenschaftliche Beschäftigung mit *Briefen* und mit den Leben und den Schriften von Buber und Rosenzweig datiert seit meinem Aufenthalt in Maria Laach in den Jahren 1951 bis 1952 und seit meinem glücklichen Zusammentreffen mit Pater Caesarius. Während meines dortigen Aufenthalts führte mich Pater Caesarius in die geistige und geistliche Welt Martin Bubers ein, auch in seine dialogischen Schriften, dann – zwei Jahre später, im Sommer 1953 – wurde ich an der Universität Bonn von ihm mit Martin Buber selbst bekannt gemacht.[9] Diese Einweisung führte in der Folge zu verschiedenen persönlichen und öffentlichen Begegnungen mit Buber diesseits und jenseits des Atlantiks, ja sogar bis zur Wahl meiner Doktorarbeit unter der Leitung von John A.T. Robinson und Herbert Farmer an der Cambridge University in den Jahren 1955 bis 1957 zur Rolle von *Sprechen und Sprache in Bubers Denken*.[10]
Während meiner Zeit in Maria Laach führte mich Pater Caesarius auch in Franz Rosenzweigs »Neues Denken« ein, ebenfalls in Rosenzweigs und Rosenstocks Briefwechsel zu »*Judentum und Christentum*« aus dem Jahre 1916 und in Rosenzweigs und Bubers hebraisierende deutsche Übertragung der Hebräischen Bibel. Einige Jahre später schrieb ich am Union Theological Seminary meine Magisterarbeit (Master of Divinity Thesis) über »*The 1916 Correspondance Between Franz Rosenzweig and Eugen Rosenstock on Judaism and Christianity*« unter der Leitung von Reinhold Niebuhr und Wilhelm Pauck.[11] Diese wissenschaftliche Untersuchung war

---

[9] Vgl. **Teil I Zur geschichtlichen Orientierung:** »Bubers Bonner Vorlesung 1953: ›*Geltung und Grenzen des politischen Prinzips*‹«.

[10] Harold M. Stahmer, Jr., »*The Role of Language in the Dialogical Approach to Religious Truth: Being a presentation and evaluation of the role of language in the writings of Martin Buber*«, Clare College, Cambridge University 1959. Nachdem Buber meine Dissertation gelesen hatte, schrieb er mir aus Jerusalem in einem Brief vom 2.2.1961 zwei Schreibmaschinenseiten in einfachem Zeilenabstand mit Bemerkungen und Verbesserungen sowie ein von ihm eigenhändig unterzeichnetes Photo von sich selbst. Vgl. **Briefe #75 BS 2.2.1961.**

[11] Nach der Lektüre meiner Magisterarbeit (Thesis) sandte mir Niebuhr eine Mitteilung, in welcher er schrieb: »Ich habe Ihre Thesis gelesen und möchte, obwohl ich mich noch nicht mit Prof. Pauck in Verbindung gesetzt habe, Ihnen schreiben und sagen, wie sehr ich durch diese sehr aufge-

meine erste Einführung in die religiöse, philosophische und gesellschaftliche Bedeutung von Briefen und Biographien.

Zum zweiten Male beschäftigte ich mich mit *Briefen* aufgrund der von Ulrike von Moltke angefertigten Transkriptionen von mehr als 1500 Briefen, die Franz Rosenzweig in den Jahren zwischen 1917 bis 1925 an Margrit Rosenstock-Huessy geschrieben hatte. 1984 dann erlaubten mir Dr. Hans R. Huessy, Rosenstock-Huessys Sohn, und Herr Rafael Rosenzweig, Rosenzweigs Sohn, Auszüge aus diesen Briefen vorzutragen und zu kommentieren. Gelegenheit hierzu bot 1986 der Internationale Kongreß in Kassel aus Anlaß des 100. Geburtstages von Franz Rosenzweig. Mein Vortrag trug den Titel: »*The Letters of Franz Rosenzweig an Margrit Rosenstock-Huessy: ›Franz‹, ›Gritli‹, ›Eugen‹, and ›The Star of Redemption‹.*[12]

Mit diesem Briefwechsel befaßte ich mich seit 1980, drei Jahre vor Pater Caesarius frühzeitigem Tod. Der Deutsche Akademische Aus-

---

schlossene Analyse der Gedanken von Rosenstock und Rosenzweig erregt und illuminiert wurde. Nach dieser Lektüre wünschte ich, ich hätte das Denken dieser beiden Männer vollständiger studiert, bevor ich mein Buch [er bezog sich hierbei auf seine Werk *The Self and the Dramas of History*] geschrieben habe, denn ich rang mit einigen Analysen nur dank der Inspiration durch Bubers »Ich und Du«. Ich bin gewiß, daß Ihre Thesis wirklich ein wichtiger Beitrag ist (...) Herzlich Ihr (...)« (pers. Brief an den Verf. vom 13. April 1955).

[12] Kurz vor seinem Tode schrieb mir Alexander Altman, der Mendelssohn- und Rosenzweig-Forscher an der Brandeis University einen langen Brief großer Wertschätzung, in welchem er schrieb: »Sie haben voll Ihre Einschätzung erhärtet, daß dieses bislang nicht zugängliche Material von größter Wichtigkeit für das Verständnis der Entstehung von Rosenzweigs *Der Stern der Erlösung* ist.(...) Ihre Entdeckungen bahnen den Weg für eine neue Deutung des *Sterns*, welche nunmehr unternommen werden sollte.(...) Für mich ist klar (...), daß Rosenzweig sehr viel Eugen schuldet (...) Dies wird nun über jeden Zweifel erhaben durch das belegt, was Sie zitieren (...)« (pers. Brief an den Verf. vom 3. Februar 1987). Mein Vortrag erschien in: *Der Philosoph Franz Rosenzweig (1886-1929)*, Bd. 1, Freiburg/München: Karl Alber Verlag 1988, unter dem Titel »*The Letters of Franz Rosenzweig to Margrit Rosenstock-Huessy: ›Franz‹, ›Gritli‹, ›Eugen‹ and ›The Star of Redemption‹*«; ebenfalls im Leo Baeck Institute: Year Book XXXIV 1989, unter dem Titel »*Franz Rosenzweig's Letters to Margrit Rosenstock-Huessy, 1917-1922*«.

tauschdienst (DAAD) gewährte mir ein Forschungsstipendium, um Maria Laach zu besuchen und mit Pater Caesarius die Bedeutung seines Briefwechsel mit Martin Buber aus den Jahren zwischen 1949 und 1965 zu diskutieren. Ich hatte schon von den Briefen durch Pater Caesarius gehört, hatte aber bis dahin noch nicht die Gelegenheit, sie komplett zu lesen. Während eines 10tägigen Aufenthalts in Laach im März 1980 studierte ich diesen Briefwechsel und nahm mit Erlaubnis von Pater Caesarius unsere Unterredungen auf Tonband auf. Während dieses damaligen Besuches erhielt ich von ihm die ausdrückliche Erlaubnis, den Briefwechsel und seine Freundschaft mit Buber nach seinem Tode auszuwerten und zu veröffentlichen. Außerdem kam ich mit Margot Cohn, der Direktorin der Buber-Archive in Jerusalem überein, daß Bubers Briefe an Pater Caesarius in die dortigen Archive aufgenommen wurden.

Als ich am Rosenmontag des Jahres 1980 in Maria Laach ankam, erwartete mich Caesarius – er war damals 65 Jahre alt – an der Bushaltestelle an dem weiten Parkplatz gegenüber der Abtei und dem Laacher See Hotel. Aus seiner ganzen Haltung heraus war klar, daß der Gang der Ereignisse, wie er sie mir in seinen Briefen beschrieben hatten, begonnen hatte, seinen Lauf zu nehmen. Immer noch war er hellwach, energiegeladen und hager, aber er war auch schon erregbarer und gespannter. Wie viele meiner damaligen Freunde hatte er seinen Preis zu zahlen, seine Integrität und seine Verpflichtungen als Mönch und Christ aufrechtzuerhalten und zu bejahen, denn beide lagen schon öfter in Konflikt miteinander oder kamen sich in die Quere. Seine Haare wehten schlohweiß; nicht länger mehr mußten die Mönche, wie früher, Tonsur tragen. Die meiste Zeit verbrachten wir mit der Durchsicht und Besprechung des Briefwechsels in meinem Raum im Gästeflügel der Abtei oder unternahmen lange Spaziergänge und erinnerten uns unserer Familien, Freunde und der Ereignisse, die in den vergangenen letzten neun Jahren seit unserer letzten Zusammenkunft geschehen waren. Ein erinnernswerter lustiger Zwischenfall kommt mir in den Sinn, der das Eindringen der modernen Technik selbst in Klöster beleuchtet. Eines Morgens kam Karl in meinen Raum, zog ein kleines schwarzes Plastikobjekt unter seinem Skapular hervor und legte es auf den kleinen Nachttisch neben meinem Bett. Ich sah ihn an und sagte: »Karl, das sieht wie ein Pieper aus, so ein Ding, wie ihn die Ärzte mit sich tragen.« Er antwortete: »Harold, es i s t ein Pieper! Ich muß ihn dabeihaben. Wenn er piept, heißt dies, daß ich meine Unterhaltung abbrechen und in die Kirche gehen muß, um die Beichte abzunehmen.« Ich lachte sehr! Irgendwie dünkte mich so ein Apparat, den man mit hektischen High-Tech-Situationen, mit hochbezahlten Doktoren und anderen Berufsständen verbindet, nunmehr in die kirchliche Beichtpraxis einer Klostergemeinschaft eingedrungen, deren Mitglieder das Armutsgelübde abgelegt hatten, ziemlich fehl am Platze.

Während meines zweiwöchigen Aufenthalts besuchten wir auch seine Schwester Maria und ihren Gatten Hermann Schaaf in Konz, wohin wir von Prof. Dr. Karl Jokisch aus St. Augustin, einem Vorort von Bonn, einem engen Freund von Pater Caesarius, gefahren wurden. Zweimal wurden wir von Pater Caesarius' Schwester Katharina Lauer besucht, einer pensionierten Lehrerin, die immer noch im elterlichen Hause in Oberwesel, links-rheinisch, südlich von Metz wohnte. Zum Schluß verbrachten wir zwei Tage bei Karl Jokisch und seiner Familie in St. Augustin. In seinen letzten Jahren gehörte die Familie Jokisch zu Karls engsten Freunden.

Dies war das letzte Mal, daß ich meinen Freund lebend traf.

TEIL I

Vergegenwärtigung

Vergegenwärtige ich mir Pater Caesarius' Leben, werde ich an ein kleines frommes Werk erinnert, welches in meinem Raum lag, als ich 1951 in Maria Laach ankam. Es ist bekannt unter dem Titel *Aufrichtige Erzählungen eines russischen Pilgers.*[13] Es erzählt die Geschichte eines jungen Mannes, der in dem *Buch der Liebe*, in den *Philocalia,* über »inneres Gebet« liest, wie es sich im »Jesus-Gebet« wortverkörpert, dann sich nach Rußland wagt, wo er die Bedeutung und das »Geheimnis der Einkörperung« des Betenden in seine eigene Seele entdeckt und hierdurch echte Ganzheit und Spiritualität erfährt. Im Gegensatz zu Caesarius' nicht endender Pilgerfahrt verläuft die Pilgerreise des Russen in wenigstens teilweise befriedigender Erfüllung. Trotz der Tatsache, daß der Pilger »unwürdig und töricht« ist und nicht wagt, sich »ans Erlernen und die Aneignung des inneren Gebets im Herzen zu machen«, sagt der Pilger: »So ziehe ich nun meiner Wege und verrichte unablässig das Jesusgebet, das mir wertvoller und süßer ist als alles andere in der Welt.«[14]

Im Falle meines Freundes hatte ich das Gefühl, daß er selten einen vergleichbaren Grad spiritueller Befriedigung auf seiner Suche nach der Verwirklichung eines dialogischen Lebens in Gemeinschaften erfahren hatte. Trotz seiner Liebe zu russischer Spiritualität und seinen Jahren der Einsamkeit, des Schweigens und des Leidens, ob in Laach, in der Einsiedelei von Charles de Foucauld oder in den französischen und österreichischen Alpen, standen die Ziele und Aufgaben in seinen Predigten, wie sie seine Seele quälten, in

---

[13] *Aufrichtige Erzählungen eines russischen Pilgers.* Die vollständige Ausgabe. Herausgegeben und eingeleitet von Emmanuel Junglaussen, Freiburg-Basel-Wien: Verlag Herder (Herder SPEKTRUM 4156), 3. Auflage 1995.

[14] Op. cit., S.38/39.

scharfem Gegensatz zu denen des russischen Pilgers. Karl glaubte niemals, daß »die Tätigkeit eines Einsiedlers höherrangiger« sei, daß »man sein Leben dem Schweigen widmen soll«, um seine »moralische Existenz« und seine »spirituelle Vollkommenheit« beobachten, analysieren und einschätzen zu können. Diese Art von Pilgertum und Innerlichkeit war viel zu sehr griechisch, zu neoplatonisch und zu monologisch, um Bubers Ausdruck für Karls spirituellen Geschmack zu verwenden. Am wichtigsten war aber der Abgrund zwischen Caesarius' Sicht auf das Verhältnis von Einsamkeit, Leiden, Schweigen und spiritueller Vervollkommnung zu sozialer Gerechtigkeit und den Einsiedlern, deren Interesse mehr auf »Akte der Liebe« denn auf »gesellschaftlichen Wandel« sich richtete.[15] Während ihres gesamten Briefwechsels hindurch hat Buber Caesarius immer geraten und gedrängt, weiterzugehen und nicht haltzumachen; Kämpfen, Geduld und Zuhören seien oft Teil von Gottes Plänen für seine Kreaturen. Es dürfte sehr gut möglich

---

[15] »1. Der einsam für sich lebende, stumme Mönch befindet sich nicht nur in einem tatenlosen und müßigen Zustande, sondern er wirkt vornehmlich und sogar mehr als jene, die am Gemeinschaftsleben teilhaben. Unermüdlich wirkt er kraft seiner geistlichen Art; er beobachtet, überlegt, verfolgt den Zustand und den Ablauf seines inneren Seins. Das ist das wahre Ziel des Schweigens! Sosehr dieses aber für seine eigene Vervollkommnung vonnöten ist, so ist es doch nicht minder für die Nächsten von Wichtigkeit, denen die Möglichkeit fehlt, sich – ohne Zerstreuung – in sich selber zur Entwicklung ihres inneren Lebens zu vertiefen; denn der beobachtende Schweiger trägt, indem er seine inneren Erfahrungen – sei es nun (in Ausnahmefällen) mündlich mitteilt oder solches schriftlich tut – in wohltuender Weise zum Nutzen des Seelenlebens und der Rettung seiner Mitbrüder bei; und er wirkt stärker und in höherem Sinne als ein privater Wohltäter, der im öffentlichen Leben steht, weil das private, fühlbare Wohltun der Laien immer durch die geringe Zahl der zu Betreuenden begrenzt ist; jener aber, der auf dem inneren Weg durch Erwerbung von Überzeugungen und mancherlei Erfahrung zur Vervollkommnung des geistlichen Lebens beiträgt, wird zum Wohltäter ganzer Völkerschaften; seine Erfahrungen und Erbauungen setzen sich von Geschlecht zu Geschlecht fort, wie wir ja sehen und es von alters her bis in unsere Gegenwart auch zu nützen wissen. Dieses aber ist in nichts unterschieden vom freigiebigen Almosen um Christi willen, das aus christlicher Liebe gespendet wird, ja es wird dasselbige noch durch seine Auswirkungen übertroffen.« Op. cit., S. 226-27.

gewesen sein, daß weder Buber noch ich genügend Sensibilität gegenüber der Tatsache aufbrachten, daß für Caesarius wie für Kierkegaard und Ebner Christentum und Amtskirche, insbesondere das Klosterleben, manche der Gebrechen verkörperten, die Kierkegaard in seinem *Angriff auf das Christentum* geißelte. Caesarius bewunderte auch sehr ein anderes Thema im Schaffen Kierkegaards, nämlich daß die subjektiv existierende Person immer in einem Prozeß des Werdens der Person steht, die Gott ihr oder ihm geheißen hat, zu werden. Christliche Existenz ist eine Pilgerfahrt, ein Prozeß, eine niemals endende Aufgabe. Walter Lowrie, der Kierkegaard-Forscher, sagt es so: »Zuerst ist es ein Prozeß des *Werdens*, *dauernden Bemühens*, und diese Bewegung kommt in Gang durch *Leidenschaft*, d.h. mehr durch Einbildungskraft und Gefühl denn durch Denken. Alle diese Merkmale sind existentiell, weil sie in eine Verwandlung der Existenz eines Menschen einmünden.«[16] Bei dieser Aufgabe, bei diesem Bemühen gibt es kein fixiertes, von vornherein feststehendes Ziel. Kierkegaard sagt, »der existierende subjektive Denker strebt beständig (...) er strebt unendlich, ist beständig im Werden«.[17] Kurz zuvor schreibt er in seiner *Nachschrift*: »Da das existierende Subjekt eben existierend ist (und das ist doch das Los jedes Menschen, ausgenommen das der Objektiven, die das reine Sein haben, um darin zu sein), so ist es ja im Werden.«[18]

Kierkegaard zufolge war ein christliches Leben eine einsame, von Leiden gekennzeichnete Pilgerfahrt, die fast gänzlich der Ekstase der Vereinigung oder der Erfüllung entbehrt, über die die Mystiker geschrieben haben. Caesarius teilte nicht nur Kierkegaards, sondern auch Ebners Existenzgefühl als eines fortwährenden Prozesses des Werdens, als eines Kampfes, der durch Leidenschaften hervorgerufen wird. Obwohl ihr Leben stark von Enttäuschun-

---

[16] Walter Lowrie, »›*Existence*‹ *as Understood by Kierkegaard and/or Sartre*«, The Swanee Review, July 1950, S. 5.

[17] S. Kierkegaard, *Abschließende unwissenschaftliche Nachschrift zu den philosophischen Brocken*, 1. Teil, Düsseldorf: E. Diederichs Verlag, S. 84.

[18] Op. cit., S. 72.

gen, Frustrationen, Leiden und Entfremdung gekennzeichnet war, die man mit beiden Männern verbindet, lag der Brennpunkt von Caesarius' Leben, ganz im Gegensatz zu Kierkegaard und Ebner, in der Entdeckung des Sinnes eines christlichen Lebens und einer Berufung als Mönch, nicht in der Isolation und Einsamkeit der göttlich-menschlichen Begegnung der Seele mit Gott, sondern in spirituellen Gemeinschaften und im Amt des Propheten. Die dialogisch begründete spirituelle Gemeinschaft, auf deren Suche Caesarius war, beinhaltet, einmal abgesehen von seiner Berufung und seinem Leben als Mönch, ein Leben in der Welt, aber nicht von dieser Welt, ein Leben, welches die nicht nur für das Mönchsleben, sondern für die meisten präkonstantinischen christlichen Gemeinschaften charakteristische Randständigkeit in seine Erfahrung aufnimmt. Caesarius' Vorstellungen eines christlichen Lebens ähnelte sehr dem, wie es der aus Belgien stammende brasilianische Kirchenhistoriker Eduardo Hoornaert in seinem Werk *The Memory of the Christian People* beschreibt, wobei er den *1. Petrusbrief* benutzt, um den *paroikos* zu illustrieren, also »den Aufenthalt in einem fremden Land«, das Exil, ein Leben ohne weltliche Einbürgerung und ein Leben im Leiden, wie es die Christen in den Jahren 73 bis 92 in den fünf Kirchen oder Gemeinden »außerhalb ihrer Heimat, in der Diaspora«[19], führen mußten. Wenn er von Babylon (Rom) schreibt, sagt Petrus, daß Christen Freude darüber zu empfinden vermögen, daß »Er uns in seinem großen Erbarmen neu geboren hat, damit wir durch die Auferstehung Jesu Christi von den Toten eine lebendige Hoffnung haben und das unzerstörbare, makellose und unvergängliche Erbe empfangen (...), obwohl ihr jetzt vielleicht für kurze Zeit unter mancherlei Prüfungen leiden müßt. Dadurch soll sich euer Glaube bewähren (...) und so wird ihm Lob, Herrlichkeit und Ehre zuteil bei der Offenbarung Jesu Christi (...) Betragt euch in Furcht in der Zeit eures Exils.«

Die Themen des Exils, des Leidens, des Teufels und des Märtyrertums stehen im Mittelpunkt von Petrus' Botschaft: »Geliebte, ich

[19] E. Hornaert, *The Memory of the Christian People*, Maryknoll, N.Y.: Orbis 1988: »The First Christian Awareness«, S. 31-70.

ermahne euch als Fremde und Exilierte (...) Es ist besser, für gute Taten zu leiden, wenn es Gottes Wille ist, als für böse. (...)Da Christus im Fleisch gelitten hat, wappnet auch ihr euch mit diesem Gedanken: Wer im Fleisch gelitten hat, für den hat die Sünde ein Ende. (...) Geliebte, laßt euch durch die Feuersglut, die zu eurer Prüfung über euch gekommen ist, nicht verwirren, als ob euch etwas Ungewöhnliches zustoße. Statt dessen freut euch, daß ihr Anteil an den Leiden Christi habt; denn so könnt ihr auch bei der Offenbarung seiner Herrlichkeit voll Freude jubeln... Seid nüchtern und wachsam! Euer Widersacher, der Teufel, geht wie ein brüllender Löwe umher und sucht, wen er verschlingen kann. Leistet ihm Widerstand in der Kraft des Glaubens! Wißt, daß eure Brüder in der ganzen Welt die gleichen Leiden ertragen müssen! Der Gott aller Gnade aber, der euch in der Gemeinschaft mit Christus zu seiner ewigen Herrlichkeit berufen hat, wird euch, die ihr kurze Zeit leiden müßt, wiederaufrichten, stärken, kräftigen und auf festen Grund stellen. Sein ist die Macht in Ewigkeit. Amen.«

Damals war ich nicht fähig, die Verbindung der Kräfte zu bemerken, die im Leben von Caesarius als einem deutschen Benediktiner-Mönch nach dem 2. Weltkrieg wirkten – er kam aus einer hochgeachteten, freilich in vielerlei Hinsicht sehr traditionellen und politisch konservativen und sehr rheinländischen Abtei. Er machte frühe Erfahrungen mit blindem Antisemitismus in Oberwesel, der Krieg lastete schwer auf ihm, auf seiner einsamen Pilgerreise, auf seiner Suche nach echter dialogischer Existenz und seinem Erleben von Randständigkeit und Exil, welche er unterwegs erfuhr. Heute ist mir verständlich, weshalb ich und viele andere, die Caesarius kannten und liebten, unfähig waren, das Randgängertum seiner Pilgerreise, seine »Exil-Existenz« zu bemerken, also gerade den Zug seiner Spiritualität, der heute das Kennzeichen von Christen innerhalb progressiver christlicher Basisgemeinden und zahlloser spiritueller Gemeinschaften auf der ganzen Welt ist.

Pater Caesarius' Sicheinlassen auf ein kontemplatives Leben beinhaltete immer ein öffentliches Amt, das die Praxis von Gerechtigkeit und Solidarität mit den Armen, den Erniedrigten, den Alten und den Nichtseßhaften betonte – immer jedoch »innerhalb des weiten und geheimnisvollen Horizonts von Gottes freigiebiger Liebe« und immer achtsam darauf, daß »die Welt der Gerechtigkeit ihren vollen Sinn und alle ihre Quellen in der freiwillig gegebenen Liebe Gottes findet«. Mit den Worten von Gustavo Gutiérrez: »Ohne die prophetische Dimension ist die Sprache der Kontemplation in Gefahr, keinen Halt an der Geschichte zu finden, in welcher Gott handelt und in welcher wir Gott begegnen. Ohne die mystische Dimension kann die Sprache der Prophetie nur ihre Vision einengen und die Wahrnehmung Gottes, der alles neu macht, nur schwächen (Offenbarung Joh. 21:15).«[20] »Der Weg der Prophetie und der Weg der Kontemplation sind genau das: Wege. Diese müssen in Freiheit beschritten werden können, ohne wegen ihrer Schlaglöcher vom Weg abzukommen, und ihrer Ignoranz gegenüber immer neuen Formen, denn ungerechtes menschliches Leid zerreißt weiterhin Herzen und ist heillos; (…) Es endet nie, und auch nicht das Aufbegehren Hiobs. Obwohl der Weg klarer wurde, mit Gott zu sprechen, bleibt er geheimnisvoll, ebenso ehrfurchtgebietend wie verlockend.«

Eine lebensgroße Büste von Pater Caesarius, die Ernst Gorsemann während unseres Besuches bei dem Künstler und seiner Familie im Jahre 1953 anfertigte, ziert den Garten seiner Schwester Maria in Konz. In einem Brief vom 3. August 1984 schreibt seine Schwester Katharina: » Ihr beide kanntet Euch einander über mehr als dreißig Jahre und tauschtet immer eure Gedanken aus.« Dann versuchte sie den Sinn des Lebens ihres Bruders auszusprechen: »Karls Gedanken waren immer entschieden auf Christus, auf die Menschheit und ihre Erlösung ausgerichtet. Nach seinen bitteren Erfahrungen in den niederdrückenden Kriegsjahren wollte er einen Beitrag leisten, damit mehr Gerechtigkeit und Liebe das Zusammenleben dauerhafter

---

[20] G. Gutiérrez, *On Job: God-Talk and the Suffering of the Innocent*, Maryknoll N.Y.: Orbis, S. 96-97.

und gnadenreicher machen. Dies war sein Versprechen an Gott und blieb der Antrieb sein Leben lang.«

Nunmehr werden die Leser besser wissen um die vielen Kräfte, die in Caesarius' Leben und Amt wirksam waren. Da Leid und Leiden eine solche herausragende Rolle in seiner Pilgerfahrt ausübten, möchte ich mit dem Schlußabsatz von Gutiérrez' Buch *Über Hiob: Gottes-Gespräch und die Leiden der Unschuldigen* schließen: »Indem der Vater seinen Sohn sandte, setzte er auf die Möglichkeit eines Glaubens und einer Haltung, die durch Freigiebigkeit und durch eine Antwort auf den Anspruch bestimmt sind, daß Gerechtigkeit geübt werde. Wenn die ›Verlierer‹ der Geschichte – Leute wie Hiob – der Spur Jesu folgen, dann darum, weil sie sicher sind, daß der Herr am Ende gewinnt. Das Wagnis ist groß, wenn akzeptiert wird, von Gott zu sprechen – und dabei vom Leiden Unschuldiger abzusehen. Wir können aber – wie Hiob – nicht ruhig bleiben. Wir müssen zulassen, daß der Schrei Jesu am Kreuz durch die Geschichte hallt. (...) Wie St. Gregor der Große in seinem Hiob-Kommentar sagt, verhalle der Schrei Jesu ungehört, ›wenn unsere Zungen und Lippen darüber schweigen, was unsere Seelen glauben.‹ Selbst wenn wir fürchten müssen, sein Schrei werde in uns zum Schweigen gebracht werden können, obliegt es jedem von uns, allen, die in seine Lage kommen, das Geheimnis mitzuteilen, dank welchem er lebt.«[21]

Während seines Aufenthalts in Tamanrasset, in Algerien, lebte Caesarius in der schlichten Einsiedelei, die Pater Charles de Foucauld, der Gründer der Gemeinschaft der kleinen Brüder und Schwestern, errichtet hatte und in der er bis zu seinem Tode 1916 gewohnt hatte. Als Mönch fühlte sich Karl immer dann näher Gott und einem *dialogischen Leben*, wenn er unter den Armen arbeitete, wie damals – in Tamanrasset. Dort entdeckte er Das *Gebet der Aufgabe*, welches unter den kleinen Brüdern und Schwestern »de Foucaulds Gebet« heißt. Es war von ganz besonderer Bedeutung für Pater Caesarius und spricht einen anderen Aspekt seines Lebens und Glaubens aus:

---

[21] Op.cit., S. 103. Zwei Seiten zuvor sagt Gutiérrez: »Menschliches Leid ist, was immer seine – sozialen, persönlichen oder anderen – Ursachen sind, eine Hauptfrage theologischer Besinnung. J.B. Metz hat mit besonderer menschlicher und historischer Sensibilität die Aufmerksamkeit zeitgenössischer Theologen, insbesondere Europas, auf das gelenkt, was es denn bedeute, nach Auschwitz über Gott zu sprechen. Der schreckenerregende Holocaust bleibt eine unumgängliche Anfrage an das christliche Gewissen und ein nicht zu vergebender Vorwurf wider das Schweigen so vieler Christen zu diesem entsetzlichen Ereignis. Wir müssen darum fragen: Wie können wir überhaupt von Gott sprechen, ohne uns auf unser eigenes Zeitalter zu beziehen? Mehr noch: Wie können wir dies tun, ohne Situationen wie den Holocaust zu bedenken, in welchem Gott vom ungeheuren menschlichen Leiden abwesend scheint? Man muß erkennen, (...) daß für uns Lateinamerikaner die genaue Frage nicht ist: ›Wie müssen wir Theologie nach Auschwitz betreiben?‹ Der Grund hierfür liegt darin, daß in Lateinamerika wir immer noch jeden Tag die Verletzung der Menschenrechte, Mord und Folterungen erleben, die wir am Holocaust der Juden so beschreienswert finden. (...) Wir müssen nicht mit der Vergangenheit umgehen, sondern unglückseligerweise mit einer grausamen Gegenwart und in einem Tunnel scheinbar ohne Ende.« Op. cit., S. 101-102.

Mein Vater,
Ich überlasse mich Dir,
tue mit mir nach Deinem Gefallen.
Was immer Du tun magst mit mir, ich danke Dir.
Ich bin bereit zu allem, ich nehme alles an,
wenn nur Dein Wille in mir geschieht
und in allen Deinen Geschöpfen.
Ich habe kein anderes Verlangen, mein Gott.
Ich lege meine Seele in Deine Hände.
Ich gebe sie Dir, mein Gott,
mit der ganzen Liebe meines Herzens,
weil ich Dich liebe, Herr,
und aus Liebe danach verlange,
mich hinzugeben,
mich in Deine Hände zu legen,
ohne Maß,
mit einem unendlichen Vertrauen,
denn Du bist mein Vater.[22]

---

[22] Aus: Charles de Foucauld, *Der letzte Platz.* Aufzeichnungen und Briefe, ausgew., übers. und eingel. von Marthe Gisi, Einsiedeln: Johannes Verlag 1965, S. 87.

Der geschichtliche Augenblick

Zur Orientierung: Martin Bubers Rede »Das echte Gespräch und die Möglichkeiten des Friedens« – Frankfurt 1953

> *Mittlerweile habe ich wenigstens indirekt erfahren, daß Sie gut in Amerka angelangt sind. Herr Prof. Rosenstock schrieb einem seiner Schüler*[23]*, der für längere Zeit unter uns weilt, Sie seien am 13.11. in Four Wells zu Gast gewesen. Dieser Amerikaner, ein ganz intensiv dialogisch lebender junger Mensch, und ich waren Ihnen gestern abend besonders nahe, als wir am Radio Ihrer Stimme lauschen durften, die uns von Büchern und Menschen kündete.*[24]

Die Ereignisse und die Themen, die Professor Buber und Pater Caesarius während ihrer Freundschaft und während ihres Briefwechsels beschäftigten, fanden in einer Zeit statt, als jeder von ihnen auf sehr persönliche Weise an den Folgen der moralischen, geistlichen und kulturellen Auflösung litt, die durch zwei Weltkriege, durch den Verlust von 60 Millionen Menschenleben, darunter die Ermordung von 6 Millionen Juden, verursacht wurden. Es war aber andererseits auch die Zeit, in der jeder auf seine Weise Anteil an geistlichen und gesellschaftlichen Erneuerungen und Reformen nahm. Es war die Zeit, da Menschen und Institutionen überall Anstrengungen unternahmen, sich von den Folgen einer der grauenvollsten Zeiten der Geschichte, seitdem es Geschichtschreibung gibt, zu erholen. Es ergaben sich nicht nur neue Gelegenheiten für Neubewertungen und Selbstbefragungen. Es boten sich ebenfalls Gelegenheiten für Wandel und Neuentdeckungen, zu Versuchen innerhalb und außerhalb traditioneller religiöser Institutionen und Gemeinschaften auf mehr Demokratie, Engagement und zu einer anderen Erwiderungskraft auf gesellschaftliche, politische und

---

[23] Der Verfasser, Harold Stahmer, war damals 22 Jahre alt.
[24] Pater Caesarius an Martin Buber **#22 LB 18.12.51.**

ökonomische Nöte und Leiden nicht nur bloß der Gläubigen, sondern aller unbemittelten, an die Ränder gedrückten und verfolgten Völker und Menschen überall auf der Welt. Jenseits der öffentlichen Nürnberger Prozesse vollzogen sich die persönlichen, in aller Einsamkeit geführten intimen Prozesse, die aus den Herzen und den Seelen von Individuen, Familien, religiösen Gemeinschaften und Nationen überall sich als Schrei vernehmlich machten.

Es kam zu einem neuen Bewußtsein, daß wir alle Teil einer globalen Völker- und Nationenfamilie sind, mit wechselseitigen Pflichten, Rechten und Verantwortlichkeiten, wie sie öffentlich erklärt wurden, als die Charta der Vereinten Nationen 1945 in San Francisco verabschiedet werden konnte. Trotz aller Versuche zu weltweiter Einheit und politischer Einigkeit wurde der große Bund der Alliierten, den Ost und West während des 2. Weltkrieges geschlossen hatten, gebrochen, als Sir Winston Churchill in seiner berühmten Rede in Fulton, Missouri, 1946, vor einer feindlichen Bedrohung warnte, die hinter dem kommunistischen »Eisernen Vorhang« lauere. Kurze Zeit später wurde ein europäisches Wiederaufbauprogramm aufgelegt, welches unter dem Namen »Marshall Plan« bekannt wurde; dessen Zweck war, ökonomisches Wachstum und Prosperität in den Ländern des westlichen Europas zu fördern. 1948 verhängte die Sowjetunion eine Blockade der westlichen Sektoren Berlins, die durch die Berliner Luftbrücke gebrochen wurde. 1949 entstand die NATO, gegen die 1955 als Gegeninstitution der Warschauer Pakt gegründet wurde. 1949 wurde China unter Mao Tse-Tung kommunistisch. Josef Stalin starb 1953.

1948 führte ein neuer ökumenischer Geist unter den protestantischen Kirchen und Konfessionen zur Schaffung eines Weltkirchenrates in Amsterdam. Dasselbe Jahr 1948 brachte aber auch bei einem Zweig des Menschengeschlechts eine unerhörte Regression: In Südafrika wurde die rassenmäßige, politische und ökonomische Apartheid durch eine weiße Minderheit gesetzlich eingeführt und institutionalisiert. Im August 1961 wurde die berühmt-berüchtigte »Berliner Mauer« errichtet.

In Anerkennung der Notwendigkeit, seine geistliche Rolle in der modernen, sich wandelnden Welt im Verhältnis zum Judentum und den Juden und zu anderen religiösen Gemeinschaften neu zu definieren, erklärte am 25. Januar 1959 Papst Johannes XXIII., daß das 21. Ökumenische Konzil der römisch-katholischen Kirche einberufen werden solle. Es wurde dann als »II. Vatikanum« bekannt. Die erste Sitzung wurde am 11. Oktober 1962 eröffnet, die vierte und letzte wurde unter persönlichem Vorsitz des Papstes Paul VI. im Dezember 1965 beendet – im Todesjahr Martin Bubers. Nach Abschluß dieses Konzils sprach Papst Paul VI. von *aggiornamento* und von den Ereignissen dieses II. Vatikanums als einer Vision und einem Heilsplan, die nunmehr die folgenden Zeitalter zu verwirklichen und umzusetzen hätten. Unter den offiziell verabschiedeten Dokumenten des Konzils betraf eines die Beziehungen von Christen, Juden und den Gläubigen anderer Weltreligionen (Oktober 1965). In diesem Dokument bezog man sich auf die Größe des »Christen und Juden gemeinsamen geistlichen Erbes«, und der Wunsch wurde geäußert, man möge »gegenseitiges Verständnis und Achtung« sowie »brüderliche Gespräche« befördern.[25]

Die Menschheit jedoch war schon dabei, wie Martin Buber in seiner Rede bei der Entgegennahme des Friedenspreises des deutschen Buchhandels »*Das echte Gespäch und die Möglichkeiten des Friedens*« 1953[26] sagte, »... die letzte Schlacht des *homo humanus* gegen den *homo inhumanus* [zu beginnen]«, wovor er warnte und sagte, sie habe »in den Tiefen« schon begonnen. Dieses Gefühl teilte aus ganzem Herzen ebenfalls Pater Caesarius.[27] Dies war auch ge-

[25] Walter M. Abbott, S.J., *The Documents of Vatican II*, New York: Guild Press 1966, S. 665.

[26] Dies ist der Titel der Ansprache anläßlich der Verleihung des Friedenspreises des deutschen Buchhandels in der Paulskirche zu Frankfurt a. Main am 27. September 1953. Vgl. Martin Buber, *Nachlese*, Heidelberg: Verlag Lambert Schneider 1965, S. 219-231.

[27] Caesarius' Gefühle über die politische Lage, insbesondere in Bonn 1951, waren von Pessimismus und Niedergeschlagenheit geprägt. Am Ende seines Berichtes über sein erstes Treffen mit Buber in Maria Laach im Jahr 1951 sagte Caesarius: »Die Situation ist sehr schwierig, da, '51, '52, wie er da hier

nau die Stimme Bubers, die Caesarius kannte und verehrte. Sie führten nun schon seit vier Jahren einen Briefwechsel und hatten sich während zweier Jahre zweimal persönlich getroffen. Caesarius sah in Bubers Frankfurter Friedenspreisrede und in seiner Bonner Rede über »Geltung und Grenze des politischen Prinzips« seine beiden machtvollsten und eingreifendsten politischen Reden. Die Rede aus Anlaß der Verleihung des Friedenspreises des deutschen Buchhandels gibt sehr gut die Stimmungslage und die Ansichten beider Männer zu dieser Zeit wieder. Sie handelte von Gegenständen, die beide Männer verstörte, sowie von Sprechen und Sprache als Mitteln, »Satan ... im Hebräischen Hinderer ... das Widermenschliche im Menschen und im Menschengeschlecht [zu besiegen]«.

Die folgenden Auszüge aus dieser Frankfurter Rede zur Verleihung des Friedenspreises versuchen, die Leser zu orientieren und ihnen ein Gespür für das Klima zu vermitteln, welches in der Freundschaft und im Briefwechsel zwischen Buber und Caesarius waltete.

»Vor einem Jahrzehnt etwa hat eine erhebliche Anzahl deutscher Menschen – es müssen mehrere Tausende gewesen sein – auf den indirekten Befehl der deutschen Reichsregierung, auf den direkten Befehl von deren Beauftragten, Millionen meiner Volks- und Glaubensgenossen umgebracht, in einer systematisch vorbereiteten und durchgeführten Prozedur, der an organisierter Grausamkeit kein

---

war, und dann hat er ja in Bonn gesprochen, das weißt Du ja, und da habe ich ihm gesagt, die Situation in Bonn mit dieser Politik, mit dieser Federal Republik hier und alles, was hier geschieht, mit dieser Gewissensgeschichte, mit der Wiederaufrüstung, dieser nazistischen, der Neo-Nazismus, der schon wieder im Gange ist, ich kannte die Leute, die in Bonn schon wieder angefangen haben, unter Adenauer, sage ich. Ja, mal langsam, und da hat er die mutige Rede gehalten, da hat er ja den einen Satz gesagt: ›Hier an dieser Stelle wird schon wieder an der Vergewaltigung des Gewissens tödlich gearbeitet.‹ Das heißt, here on this spot, in this Federal Republic, they are working, vergewaltigen, in violation of human conscience, they are working like in our time, das meinte er, unter der Hitlerzeit. Das hat er hier ja offen gesagt« [Engl. i.O. - A.d.Ü.]. Aus den Gesprächen (unveröffentl.) des Verf. mit Pater Caesarius über Bubers Besuch in Maria Laach.

früherer geschichtlicher Vorgang zu vergleichen ist. Ich, einer der am Leben Gebliebenen, habe mit denen, die an jener Handlung in irgendeiner Funktion teilgenommen haben, die Dimension des menschlichen Daseins nur zum Scheine gemein; sie haben sich dem menschlichen Bereich so dimensional entrückt, so in eine meinem Vorstellungsvermögen unzugängliche Sphäre der monströsen Unmenschlichkeit versetzt, daß nicht einmal ein Haß, geschweige denn eine Haß-Überwindung in mir hat aufkommen können. Und was bin ich, daß ich mich vermessen könnte, hier zu ›vergeben‹! (...)«

»Wenn ich an das deutsche Volk der Tage von Auschwitz und Treblinka denke, sehe ich zunächst die sehr vielen, die wußten, daß das Ungeheure geschah, und sich nicht auflehnten; aber mein der Schwäche des Menschen kundiges Herz weigert sich, meinen Nächsten deswegen zu verdammen, weil er nicht über sich vermocht hat, Märtyrer zu werden. Sodann taucht vor mir die Menge all derer auf, denen das der deutschen Öffentlichkeit Vorenthaltene unbekannt blieb, die aber auch nichts unternahmen, um zu erfahren, welche Wirklichkeit den umlaufenden Gerüchten entsprach; wenn ich diese Menge im Sinn habe, überkommt mich der Gedanke an die mir ebenfalls wohlbekannte Angst der menschlichen Kreatur vor einer Wahrheit, der sie nicht standhalten zu können fürchtet. Zuletzt aber erscheinen die mir aus zuverlässigen Berichten an Angesicht, Haltung und Stimme wie Freunde vertraut Gewordenen, die sich weigerten, den Befehl auszuführen oder weiterzugeben, und den Tod erlitten oder ihn sich gaben oder die erfuhren, was geschah, und weil sie nichts dawider unternehmen konnten, sich den Tod gaben. Ich sehe diese Menschen ganz nah vor mir, in jener besonderen Intimität, die uns zuweilen mit Toten, und mit ihnen allein, verbindet; und nun herrscht in meinem Herzen die Ehrfurcht und die Liebe zu diesen deutschen Menschen ...«

Buber zufolge können Krieg und Frieden durch das Verhältnis des Menschengeschlechts zu Sprechen und Sprache analysiert werden. »Der Krieg hat von je einen Widerpart, der fast nie als solcher hervortritt, aber in der Stille sein Werk tut: die Sprache – die erfüllte Sprache, die Sprache des echten Gesprächs, in der Menschen einander verstehen und sich miteinander verständigen.« »Es liegt [aber] im Wesen schon des primitiven Kriegs, daß er jeweils da beginnt, wo die Sprache aufhört, das heißt, wo die Menschen sich nicht mehr miteinander über die strittigen Gegenstände zu unterreden oder sie der schlichtenden Rede zu unterbreiten vermögen, sondern miteinander der Sprache entfliehen, um in der Sprachlosigkeit des Einanderumbringens eine vermeintliche Entscheidung, sozusagen ein Gottesurteil zu suchen; bald bemächtigt sich freilich der Krieg auch der Sprache und versklavt sie in den Dienst seines Schlacht-Geschreis (...) Seinen Kartätschen wird es leicht, das Wort zu übertönen; aber wenn das Wort ganz lautlos geworden ist und nun, lautlos, hüben und drüben die Kunde in die Herzen trägt, daß kein menschlicher Konflikt durch Töten, auch nicht durch Massentötung, wirklich zu lösen ist, hat es, das Menschenwort, schon angefangen, die Kartätschen zum Verstummen zu bringen.«

Zum spezifischen Klima des Kalten Krieges, der sich Europa bemächtigt habe, sagt Buber dann, daß der Mensch »insbesondere eben das Verhältnis des Menschen zu Sprache und Gespräch zu zerrütten unternommen [habe]. Der Mensch in der Krisis, das ist der Mensch, der seine Sache nicht mehr dem Gespräch anvertraut, weil ihm dessen Voraussetzung, das Vertrauen, verlorengegangen ist. Darum hat [der Kalte Krieg], der kriegsbesessene Widerfriede, der sich heute Frieden nennt, über den Menschen kommen können.« In früheren Zeiten war Frieden möglich, wenn »das lebendige Wort zwischen Mensch und Mensch [sich erhoben hatte], die Differenz der Interessen und Gesinnungen Mal um Mal entgiftend, daß sie nicht zur Absurdität des Nicht-mehr-weiter, zum Wahn des Krieg-führen-Müssens entarteten, das lebendige Wort des Menschengesprächs, das jeweils seine Flüge tat, bis der Wahn es erstickte, scheint nun mitten im Nichtkrieg entseelt worden zu sein.« Krieg ist nur möglich, wenn Gespräch unmöglich geworden ist wegen mangelndem Vertrauen der Menschen ineinander. Dies ist die Lage, die die Kalte-Krieg-Mentalität beherrscht; »[der] Mensch in der Krisis, das ist der Mensch, der seine Sache nicht mehr dem

Gespräch anvertraut, weil ihm dessen Voraussetzung, das Vertrauen, verlorengegangen ist.« »Dieser Mangel an Vertrauen zum Sein, diese Unfähigkeit zum rückhaltlosen Umgang mit dem Andern weisen auf eine innerste Erkrankung des Daseinssinnes hin. Eine der Äußerungsformen dieser Erkrankung, und die aktuellste von allen, ist das, wovon ich ausgegangen bin: daß ein echtes Wort zwischen den Lagern nicht aufkommt.« »Und dennoch«, sagt Buber, »ist es, man muß das wieder und wieder sagen, gerade die Tiefe der Krisis, die uns zu hoffen ermächtigt.« Trotz allem glaubt Buber, daß »die Schlacht gegen das Un- und Widermenschliche« wird begonnen werden können, sobald die grundlegenden Unterschiede und das gegenseitige Vertrauen wiederhergestellt werden können – und dies wird ermöglicht durch »ein echtes Gespräch mit einem Andern«. »Ich glaube trotz allem, daß die Völker in dieser Stunde ins Gespräch, in ein echtes Gespräch miteinander kommen können. Ein echtes Gespräch ist eins, in dem jeder der Partner den andern, auch wo er in einem Gegensatz zu ihm steht, als diesen existenten Andern wahrnimmt, bejaht und bestätigt; nur so kann der Gegensatz zwar gewiß nicht aus der Welt geschafft, aber menschlich ausgetragen und der Überwindung zugeführt werden.

Zum Beginnen des Gesprächs sind naturgemäß jene berufen, die heute in jedem Volk den Kampf gegen das Widermenschliche kämpfen. Sie, die die ungewußte Querfront des Menschentums bilden, sollen sie bewußt machen, indem sie rückhaltlos miteinander sprechen, nicht über das Trennende hinweg, sondern entschlossen, es gemeinsam zu tragen.« Das Unmenschliche, das Widermenschliche in der condition humaine heißt »Satan« – im Hebräischen »Hinderer«.

Er schließt seine Rede mit einem leidenschaftichen Aufruf: »Lassen wir von dem satanischen Element darin uns nicht hindern, den

Menschen zu verwirklichen! Erlösen wir die Sprache aus ihrem Bann! Unterfangen wir uns, trotz allem, zu vertrauen!«[28]

[28] Mit meiner Darstellung von Bubers Analyse der politischen Situation und der Chancen auf Frieden möchte ich den Lesern ein Gespür dafür geben, wie Buber und Caesarius ihre Lage sahen. Zusätzlich zu seiner Beschäftigung mit Bubers »Dialog als Leben« und seiner Gemeinschafts-Experimente sowie der Tatsache, daß Caesarius Bubers religiösen Sozialismus teilte und Pazifist geworden war, machte dies ihn bei seinen Mitbrüdern in Maria Laach nicht gerade beliebt. Wiewohl viele mit Bubers Beurteilung der Krise, der sie sich gegenübersahen, einig gingen, hatte er doch viele Freunde und Bewunderer, die ganz anderer Ansicht darüber waren, wie diese Krise gelöst werden könne. In meinem Buch »*›Speak That I May See Thee‹: The Religious Significance of Language*, New York: Macmillan 1968« schrieb ich zum Beispiel: »In seiner Einschätzung von Bubers Denken gab Paul Tillich zu verstehen, daß Bubers Judentum vor allem in seiner Beschäftigung mit Gemeinschaften offenbar werde, worin sich Bubers religiöser Sozialismus spiegele. Da er die sozialistische ›Kritik der bürgerlichen Gesellschaft‹ akzeptierte, akzeptierte Buber ebenfalls Marx' Lehre von der Selbst-Entfremdung des Menschen im modernen Kapitalismus, seine Verdinglichung, ein quantitativ berechenbares Stück Arbeitskraft. Dagegen war die lebendige Gemeinschaft, in der Menschen als Du Umgang pflegten, zugleich ein Rückzug und ein Ausgangspunkt für die Verwirklichung der letzten messianischen Gemeinschaft. Tillich stellt die Frage, ob dieser Zugang, diese Beschäftigung mit geistlichen Gemeinschaften ausreiche. Seine Antwort ist negativ: »Er überläßt den Staat, die politische Macht, fast gänzlich den ›Dämonen‹, einem verabsolutierten Ich-Es-Verhältnis. Zu einer solchen Aufgabe besteht überhaupt kein Anlaß. Sogar der Staat besitzt Möglichkeiten für ein ›Ich-Du‹-Verhältnis. Er kann als eine der spirituellen Formen angesehen werden, die Buber zufolge zum dritten Typ der ›Ich-Du‹-Beziehung gehören. Und es gibt überhaupt keinen Grund dafür, weshalb dies so nicht sein sollte, wenn alle Schöpfung dem Göttlichen einbeschlossen ist und geweiht werden kann ... Geschichte ... scheint zu zeigen, daß ohne den Kern eines Staates eine Gemeinschaft nicht existieren kann.«
Ein enger Freund und langjähriger Bewunderer von Buber, Reinhold Niebuhr, erhebt in seiner Kritik an Buber trotzdem ähnliche Fragen. In einer Besprechung in der *New York Times* vom 23. März 1958 schrieb Niebuhr: »Man hat das Gefühl, daß Buber die Ambiguitäten der Politik ziemlich unergründlich sind, obwohl er ihnen einige Aufmerksamkeit in einer ›eschatologischen‹ Passage schenkt, in der er sagt, ›Nur in der polis Gottes werden Religion und Politik in das Leben der Weltgemeinschaft derart in eine Ewigkeit verschmolzen, in welcher Religion und Politik nicht länger mehr existieren ...‹ Dies ist eine gültige Einsicht, welche freilich ein wenig nach dem alten Mystizismus schmeckt. Auf jeden Fall kann dies für politische Beurteilungen nur in einem negativen Sinne erheblich werden,

TEIL II

Über den Briefwechsel selbst und die Beziehung der Beteiligten

Wovon er handelt und – wovon nicht

Was macht nun den Briefwechsel selbst aus, wovon handelt er, und was können jene aus ihm lernen, die vor allem an Bubers Leben und Denken interessiert sind?

Professor Buber und Pater Caesarius sind auf einer doppelten Beziehungsebene miteinander verbunden. In ihrer Freundschaft zueinander als Jude und Christ und in ihren Diskussionen über echten Dialog war ihr Verhältnis durch Offenheit gegenüber dem anderen, durch Gegenseitigkeit bestimmt. Sie waren aber auch auf einer tieferen, auf einer persönlichen Beziehungsebene miteinander verbunden, in der Caesarius die Hand nach dem Mann ausstreckte, den er verehrte und bei dem er um Rat und Beistand nachsuchte.

---

trotzdem besteht Buber weiterhin auf der religiösen Vision eines ›ganzen Menschen‹, der in einer unmittelbar erheblichen »erlösten Gemeinschaft« leben kann. So kann dies nicht gehen, aber Buber macht einige abwegige Versuche. Eine Philosophie, welche uns die erhellendsten Einsichten in persönliche oder ›Ich-Du‹-Beziehungen zu geben vermag, scheint dann utopisch zu werden, wenn sie ›Wir‹- und ›Sie‹-Beziehungen betrachtet, insbesondere dann, wenn Wir und Sie organisierte Gruppen oder Nationen sind.«
Niebuhr zufolge benötigen die Wirklichkeiten gesellschaftlicher und politischer Rede die Anerkennung der Tatsache, daß aus vielerlei Gründen die breite Masse des Volkes in der Gesellschaft niemals fähig sein werde, einander als Personen in Mutualität und Selbst-Preisgabe zu begegnen, wie sie so wesentlich für Bubers Dialog als Leben sind. Daher Niebuhrs Präferenz für unmittelbaren Zugang zu den wichtigsten politischen und gesellschaftlichen Organen in der Gesellschaft, für Vermittlung der Gesetzgebung, die nötig sei, um das bestmögliche Klima für uns schwache gesellschaftliche Kreaturen zu schaffen, um sich darin zu entfalten (S. 260-261).

Auf dieser Ebene erinnert mich ihr Verhältnis an Bubers Beispiele für »Ich-Du-Beziehungen, die niemals aus sich heraus zur völligen Mutualität sich zu entfalten vermögen, wenn sie weiterhin dem Grund ihres Glaubens treu bleiben«.[29] Ich sage dies aus zwei Gründen: 1. Die Hauptsache ihres Briefwechsels entwickelt sich aus (a) Caesarius' Versuchen, einen Dialog als Leben zu verwirklichen, sowie dadurch, daß er bei Buber um Rat und Beistand nachsucht; (b) aus der Art und Weise, wie Buber sich zu Caesarius' schwieriger und einsamer Pilgerfahrt verhält. Er streckt ihm die Hände entgegen, er antwortet und sorgt sich um ihn; aus verschiedenen Gründen aber behält er ihm gegenüber all die 15 Jahre ihrer Korrespondenz hindurch einen gewissen Vorbehalt und eine gewisse Distanz aufrecht.

Während ihre Freundschaft und ihr Briefwechsel sich mit Fragen des Glaubens und spiritueller Erfüllung befassen, würde die Art und Weise, der Weg, in der und auf dem sie sich solchen Fragen nähern und sich mit ihnen befassen, größtenteils verfehlt, wenn die LeserInnen ihr Verhältnis primär als ein weiteres Beispiel von Ökumene innerhalb des langjährigen Dialogs zwischen Christen und Juden betrachteten. Dies war vor allem der Grund, weswegen ich der Versuchung und Verlockung widerstand, Worte und Wendungen wie *Ein Dialog zwischen einem Juden und einem Benediktiner-Mönch* oder *Ein jüdisch-christlicher Dialog* in den Titel aufzunehmen. Verführe ich derart, gäbe ich ein Beispiel für das, was der Philosoph Alfred North Whitehead eine *irrenführende Konkretheit* genannt hat. Schon eine kursorische Lektüre ihres Briefwechsels bestätigte dies. Diejenigen, die nach einem hitzigen Austausch wie dem, den 1916 Eugen Rosenstock-Huessy und Franz Rosenzweig führten, suchen, werden enttäuscht werden. Vor dem Hintergrund dieses Briefwechsels mag der vorliegende ziemlich banal erscheinen. Damit verfielen sie jedoch einem Irrtum, denn Kenner religiöser Kontemplation und Spiritualität wissen, daß klas-

[29] Martin Buber, *Das Dialogische Prinzip*, Heidelberg: Verlag Lambert Schneider 1973.

sische religiöse Mystiker wie Dionysius Aeropagita (um 500 n. Chr.) die *negative Art und Weise*, womit sich der Briefwechsel *nicht* befaßt, d.h. ihr Verhältnis als Jude und Christ, ebenso wichtig ist wie die *positive Weise*, d.h. die untergründigen Themen und Fragen und Quälnisse der Seele, die Pater Caesarius dazu brachten, Buber zu schreiben, und Buber seinerseits bewegten, diese Fragen ernst genug zu nehmen, so daß er nicht nur mit Pater Caesarius ziemlich regelmäßig korrespondierte, sondern darüber hinaus eine Einladung annahm, Caesarius auf seiner Zelle in Maria Laach zu begegnen.

Ihr Verhältnis als Jude und Christ

Buber und Caesarius begegneten und öffneten sich einander – der eine als gläubiger Jude, der andere als gläubiger Christ. Einen Monat, bevor er seinen Briefwechsel mit Caesarius begann, schrieb Buber an Karl Thieme, den Herausgeber des *Freiburger Rundbriefes*, und erklärte seine Stellung zum Verhältnis von Juden und Christen. »Judentum und Christentum stehen Seite an Seite im Geheimnis unseres Vaters und Richters: So kann der Jude vom Christen, und der Christ vom Juden nicht anders als in Furcht und Erzittern von diesem Geheimnis Gottes sprechen.«[30]
In seinem ersten Brief an Caesarius vom 30. Juli 1949[31] anerkennt Buber voll ihrer beider Traditionen, wenn er sagt, er habe Caesarius' Brief als einen Gruß aufgenommen, der »zwischen den Exilen des Menschen« getauscht werde. Der volle Wortlaut dieses ersten Satzes seines Briefes mit dem in ihm enthaltenen Gruß heißt: »Hochwürdiger Pater Caesarius – Ihren Brief vom 24.2. habe ich heute erhalten – und als einen der Grüsse aufgenommen, die in dieser Zeit, mit höhrerer Sinnespotenz wohl als je geladen, zwischen den Exilen des Menschen getauscht werden (...) Sie ehrerbietig grüssend, Martin Buber.« Wie Maurice Friedman dokumentiert hat, war Bubers Beschreibung der Religion als eines »Exils« »ein

[30] Maurice Friedman, *Martin Buber's Life and Work*, III, op. cit., S. 84-85.
[31] Vgl. **Briefe #1 BL**

Standpunkt, den er schon mehr als 30 Jahre zuvor eingenommen hatte, als er die Zeitschrift *Die Kreatur* (1926 – 1930) mitbegründete, die einzige Zeitschrift in Deutschland, die von einem Juden, einem Protestanten und einem Katholiken herausgegeben wurde: »Jede Religion hat ihren Ursprung in einer Offenbarung. Keine Religion ist absolute Wahrheit, keine ist ein auf die Erde herabgekommenes Stück Himmel. Das heißt, sie stellt die Beziehung einer bestimmten menschlichen Gemeinschaft als solchen zum absoluten dar. Jede Religion ist ein Haus der nach Gott verlangenden Menschenseele, ein Haus mit Fenstern und ohne Tor; ich brauche nur ein Fenster aufzumachen, und Gottes Licht dringt ein; mache ich aber ein Loch in der Mauer und breche aus, dann bin ich nicht bloß hauslos geworden: mich umgibt ein kaltes Licht, das nicht das Licht des lebendigen Gottes ist. Jede Religion ist ein Exil, in das der Mensch vertrieben ist; hier ist er es deutlicher als sonstwo, weil in seiner Beziehung zu Gott von den Menschen anderer Gemeinschaften geschieden; und nicht eher als in der Erlösung der Welt können wir aus den Exilen befreit und in die gemeinsame Gotteswelt gebracht werden. Aber die Religionen, die das wissen, sind in der gemeinsamen Erwartung verbunden; sie können einander Grüße von Exil zu Exil, von Haus zu Haus durch die offenen Fenster zurufen.«[32]

Aus Bubers zweitem Brief vom 10. Oktober 1949 wird deutlich, daß die wirkliche Frage zwischen den beiden Männern nicht um konfessionelle Unterschiede geht, sondern um die Personen in beiden Überlieferungen, die ihre Beschäftigung mit dem Dialog als Leben teilen. Buber war besonders daran interessiert, mehr über die römischen Katholiken zu erfahren, die ähnliche Ansichten zum Dialog und zum dialogischen Leben hatten, und fragte Caesarius, ob er ihm bei der Beschaffung von Wusts *Der Mensch und die Philosophie* und Guardinis *Welt und Person* behilflich sein könne. Buber

---

[32] Maurice Friedman, ibid., S. 228-29. M. Buber, »*Fragmente über Offenbarung*«, in: *Nachlese*, op. cit., S. 110; ursprünglich in: *Auf gespaltenem Pfad. Für Margarete Susman (zum 90. Geburtstag)*, hrsg. v. Manfred Schlösser, Darmstadt-Zürich: Erato Presse Druck Nr. 4, 1964, S. 79-83.

schließt seinen kurzen Brief mit einem aus der klassischen Antike überlieferten Segensspruch auf Griechisch: »*Gnade[charis] uns allen!*«[33]

Während des ganzen Briefwechsels hindurch bestand Caesarius darauf, daß ein jeder die Integrität des Glaubens des anderen anerkenne. In Erwartung von Bubers Besuch bei ihm in Maria Laach macht er in einem Brief vom 17. September 1950 seine eigene Position recht deutlich: »Froh erwarte ich Sie und will mich mittlerweile bereiten Ihm ganz gegenwaertig zu werden, damit ich es Ihnen sein kann in Ihm wenn Sie kommen. Von meiner Seite soll nichts im Wege stehen, daß wir die Gnade erfahren, einander ins ›Herz der Augen zu schauen‹. Wir wollen zueinander hinschweigen, wir wollen zueinander hinsagen das uns Einende, das uns Scheidende; was uns scheidet, wird uns nicht spalten; was uns eint, nicht vermischen. Die Wirkkraft dialogischen Vollzuges ist mächtig genug, beides in fruchtbare Spannung hineinzuläutern. Diese Spannung ist ja geradezu vorausgesetzt, wenn dialogisches Leben sich ereignen soll. Je wahrhaftiger und entschlossener sie beiderseitig durchgehalten wird, umso echter und tiefer ist die Begegnung. Der Dialogik eignet ja Wahrheit und Liebe, Charakter und Hingabe. Eines im anderen. Hier ist das eine ohne das andere nicht denkbar, nicht vollziehbar. – Ich heiße Sie herzlich willkommen. Sie werden bei uns Menschliches-Allzumenschliches finden, doch auch wohlwollende, offene Herzen. Zu meiner Freude haben sich noch andere Menschen der Gemeinschaft, in der ich stehe, dem dialogischen Anliegen geöffnet, an erster Stelle der Vater unserer Klosterfamilie.«[34]

Des öfteren bezieht sich Caesarius auf die Art und Weise, in der sie einander ansprechen, auf die Formel »*cor ad cor loquitur!*«: »Spricht man mit Herz, spricht man von Herz zu Herz!« Dieser Ausdruck von John Henry Kardinal Newman faßt für Caesarius die dialogische Qualität von Glauben, der Menschen verschiedener

---

[33] Vgl. **Briefe #4 BL.**
[34] Vgl. **Briefe #9b.LB.**

Traditionen und Überzeugungen aneinander bindet, zusammen. Als ich 1952 Maria Laach verließ, schenkte mir Caesarius ein Photo, auf dessen Rückseite er Newmans Motto im Wortlaut geschrieben hatte: »Herz spricht zu Herz; das Herz der Kirche ist die Kirche der Herzen!« – »*Cor ad cor loquitur; cor ecclesiae est, ecclesia cordium!*« Daß Caesarius Bubers Metapher teilte, wonach »jede Religion« » ein Haus mit Türen und Fenstern« sei, wurde bestätigt, als er mir seine tiefe Traurigkeit, seinen Schmerz und seinen Kummer mitteilte, als ich ihm sagte, meine älteste Tochter *Sarah, die er kennengelernt hatte, sei zum Judentum konvertiert – mit ausdrücklichem Segen von mir!*

Die einzige Stelle in ihrem *Briefwechsel*[35], in dem es einen kleinen Hinweis darauf gibt, daß konfessionelle Überlegungen berührt worden seien, ergibt sich aus einer Bemerkung Bubers in seinem Brief vom 16. Juni 1950: »Nur zu dem, was Sie den Sündenfall nennen, mit seinem ›vor‹ und ›nach‹, muß ich anders stehen als Sie.« Im gesamten Kontext des Briefes ist dies jedoch von relativ geringem Gewicht. Und dann erhält man wieder ein Gespür für die Qualität ihres Briefwechsels: »Verehrter Pater Caesarius – (...) Was Sie in Ihrem Brief vom richtigen und falschen Verstehen der Dialogik sagen, entspricht durchaus meiner eigenen Ein- und Absicht. Und daß die Gnade es ist die uns je und je den dialogischen Charakter des Le-

---

[35] Als während ihres ersten Treffens Buber über Jesus sagte: »Er ist mein größtes Problem, jedenfalls ist er nicht der Messias und nicht der Sohn Gottes«, sagte Caesarius: »Das war das, das Schlimmste für mich, erschütternd, nicht schlimm, erschütternd. Das war das Schlimmste!« Vgl. **Anhang B: Pater Caesarius‹ Zusammentreffen mit Martin Buber in Maria Laach im Jahr 1951.** Nach dem Ende des Tonbandmitschnittes unserer Unterhaltung über diesen Besuch Bubers sagte ich Caesarius, daß mich Bubers kategorische Zurückweisung der Messiasschaft Jesu überhaupt nicht verwundert habe. Als ich ihn fragte, wie er etwas anderes als diese Antwort habe erwarten können, antwortete er hierauf nicht. Auf dem Nachmittagsspaziergang erzählte ich ihm von meinem lieben Freund Arthur A. Cohen, einem jüdischen Laientheologen, der einmal auf eine Frage eines seiner Studenten nach der höchsten unaufgebbaren Grundlage des Judentums geantwortet habe: »Der Lackmus-Test für einen gläubigen Juden ist, ob er oder sie noch erwartet, daß der Messias kommt!«

bens schenkt, ist mir die wesentliche Erfahrung (s. »*Dialogisches Leben*«, S.23, womit freilich auch S. 84 zu vergleichen[36] ist) und wird es immer mehr. Nur zu dem, was Sie den Sündenfall nennen, mit seinem ›vor‹ und ›nach‹, muß ich anders sehen als Sie. Ich habe mich gerade im letzten Jahr damit zu befassen gehabt, würde mich aber über das uns hierin Scheidende lieber mündlich – ich hoffe, den Dezember in Deutschland verbringen zu können – als brieflich äußern, wiewohl ich einiges hierüber aufgezeichnet habe, das vielleicht doch noch die Buchgestalt gewinnt. In dem Buch über *Pistis und Emuna*, das Ihnen demnächst zugeht, habe ich diese Frage (die schon im Zentrum meiner Gespräche mit Leo Schestov gestanden hat) nur erst peripher behandeln können und dürfen. Mein Gruß aber sei der Ihre: Gnade [charis] uns allen und Frieden. Martin Buber.«[37]

Meiner Ansicht nach hat Maurice Friedman besser als irgend jemand anderer Bubers Verständnis von »Jesu Stellung in der jüdischen Gemeinschaft« zusammengefaßt, wenn er aus einer Ansprache Bubers zitiert, die dieser zum Gedenken an seinen großen christlichen sozialistischen Freund Leonhard Ragaz (1868 – 1945) hielt und welche, wie er sagt, zeige » sowohl die Sympathie und die ›Andersheit‹, welche seinen Dialog mit seinen christlichen Freunden bestimmt habe«: »Ich glaube fest daran, daß die jüdische Gemeinschaft im Zug ihrer Wiedergeburt Jesus rezipieren wird, und zwar nicht bloß als eine große Figur ihrer Religionsgeschichte, sondern auch im lebendigen Zusammenhange eines sich über die Jahrtausende erstreckenden messianischen Geschehens, das in der Erlösung Israels und der Welt münden wird. Aber ich glaube ebenso fest daran, daß wir Jesus nie als gekommenen Messias anerkennen werden, weil dies dem innersten Sinn unserer messianischen Leidenschaft, also eben dem, was Ragaz an uns so wichtig für das Kommen des Reiches Gottes erscheint, widersprechen würde. In

---

36 Vgl. Martin Buber, *Das dialogische Prinzip*, Heidelberg 1973, hier: »Ich und Du«, S. 16 und S.77.

37 Vgl. **Briefe #8 BL.**

das mächtige Seil unseres Messiasglaubens, das, an einem Fels am Sinai geknüpft, sich bis zu einem noch unsichtbaren, aber in den Grund der Welt gerammten Pflocke spannt, ist kein Knoten geschlagen. Für unsern Blick geschieht Erlösung allezeit, für ihn ist keine geschehen. Am Schandpfahl der Menschheit stehend, gegeißelt und gefoltert, demonstrieren wir mit unserem blutigen Volksleib die Unerlöstheit der Welt. Für uns gibt es keine Sache Jesu, nur eine Sache Gottes gibt es für uns.«[38]

In der Zusammenfassung von Bubers Verständnis des Verhältnisses der beiden Glaubensweisen sagt Maurice Friedman, daß beide »bis zum Kommen des Königreiches getrennt bleiben werden.(...) Der Christ sieht den Juden als verständnislosen verstockten Menschen an, der seine Augen vor dem verschließt, was geschehen ist, wohingegen der Jude den Christen als den verständnislosen waghalsigen Menschen ansieht, der die Erlösung in einer unerlösten Welt bejaht.«[39] Trotz diesen grundlegenden Unterschieden könne jeder »des anderen Realverhältnis zur Wahrheit anerkennen, wenn es uns, Christen und Juden, wirklich um Gott selber und nicht bloß um unsere Gottesbilder zu tun ist«.[40] An anderer Stelle sagt Buber: »Aber ein nach der Erneuerung seines Glaubens durch die Wiedergeburt der Person strebendes Israel und eine nach der Erneuerung ihres Glaubens durch die Wiedergeburt der Völker strebende Chri-

[38] [Martin Buber, *Ragaz und <<Israel>>*. Ansprache bei einer Gedenkfeier für Leonhard Ragaz in der Synagoge Emet we-Emuna, Jerusalem, am 29.3. 1946, in: *Neue Wege. Zeitkritisches Monatsblatt der Vereingigung der Freunde von Neue Wege*, Bd. XLI, 1947, S. 504-508, Zürich 1947. A.d.Ü.]

[39] Vgl. Eugen Rosenstock-Huessy, *Judaism Despite Christianity: The »Letters on Christianity and Judaism« between Eugen Rosenstock-Huessy and Franz Rosenzweig*, New York: Schocken Books 1971. Mit diesem neuen Titel für ihren Briefwechsel, der 1935 in: Franz Rosenzweig, *Briefe*, Berlin: Schocken Verlag 1935 erstmals veröffentlicht worden war, wollte Rosenstock-Huessy den »trotzdem«-Faktor in der Juden Beziehung zum Christentum betonen.

[40] Martin Buber, *Der Jude und sein Judentum*, Köln: J. Melzer Verlag 1963, S. 211.

stenheit hätten einander Ungesagtes zu sagen und eine heute kaum erst vorstellbare Hilfe einander zu leisten.«[41]

Ihre dialogischen Beziehungen als Freunde, Lehrer und Schüler

Die *raison d'être* ihres Briefwechsels und ihrer Freundschaft rührt *nicht primär* aus der Tatsache, daß Pater Caesarius ein Benediktiner-Mönch der berühmten Abtei von Maria Laach ist, und Buber ein gefeierter jüdischer religiöser Philosoph, obwohl ihre jeweiligen Hintergründe und Traditonen nicht ignoriert werden können oder sollen. Der *erste* Grund für Pater Caesarius' ersten Brief an Martin Buber rührt aus dem tiefen Einfluß der Buberschen Schriften über den *Dialog als Leben* und die *Gemeinschaft*, wie sie in *Ich und Du* (1923), *Dialogisches Leben, Gesammelte philosophische und pädagogische Schriften* (1947), *Die Erzählung der Chassidim* (1950), *Bücher und Menschen* (1951)[42], sowie andere Schriften auf diesen relativ jungen Mönch und gerade ordinierten Priester, der einige Jahre zuvor von seinem Militärdienst und aus seiner Gefangenschaft nach Maria Laach zurückgekehrt war und nun Antworten auf die verwirrenden und bedrängenden Fragen suchte, mit denen er als ein deutscher römisch-katholischer Benediktiner-Mönch in der Nachkriegszeit rang. Die Kriegsgreuel hatten seine Ansichten geprüft und herausgefordert – nicht nur die

---

[41] Martin Buber, *Zwei Glaubensweisen*, in: M.B., Schriften I, op. cit., 782.

[42] *Bücher und Menschen*, St. Gallen: Tschudy Verlag 1951, war ursprünglich ein vierseitiger Privatdruck. Buber schickte ein Exemplar dieses Büchleins an Pater Caesarius. Der Text findet sich nunmehr in: Martin Buber, *Hinweise*, Zürich: Manesse Verlag 1953, S. 7-9. In seinem Brief an Buber vom 9.4.1951 (vgl. **Briefe #18**) schreibt Caesarius: »Wie sinnig war das doch, dass Sie mir kurz vor dem Abschied Ihr kleines Schriftchen »*Bücher und Menschen*« schenkten. Was Sie da sagen, ist mir wieder aus dem Herzen gesprochen. Es ist wahr: ich habe tatsächlich nur zu solchen Büchern ein wirkliches Verhältnis, die mir helfen, mein Leben mit Gott und das Leben mit den Menschen immer dichter zu leben. Ihre Bücher gehören zu diesen. Sie kommen aus der Verwirklichung und drängen den richtigen Leser wieder zu umso wesenhafterer Verwirklichung.«

über sein Land und die Kirche, sondern auch über seine geistliche Berufung und sein Leben überhaupt.

Was ihm anfänglich Buber so anziehend machte, war die Kraft und die Einfachheit von dessen Stil in seinen *Schriften*, in seinen *Büchern*. Diese führten ihn in den Reichtum von Bubers jüdischen, hebräischen, chassidischen Wurzeln ein, die seine Vorstellung aller Realitätsebenen als wesentlich *dialogisch* formten und durchdrangen, ebenso seinen Glauben als einen Weg, *der innerhalb einer Gemeinschaft einfach und zugleich dialogisch gelebt werden müsse*.

In seiner *dialogischen* Periode, mit der Caesarius am vertrautesten war, betonte Buber die Tatsache, daß eine *echte Ich-Du-Beziehung Mutualität, völliger Gegenseitigkeit,* auf seiten beider Partner im Dialog bedarf. Als jedoch Freunde und Kritiker Buber bedeuteten, daß es die Möglichkeit von *Ich-Du-Beziehungen* gebe, die völliger Mutualität und Reziprozität ermangelten, verdeutlichte er seine frührere Position in einer *Nachschrift* zu einer späteren Ausgabe von *Ich und Du*: »Gefragt wird: Wie verhält es sich mit dem Ich-Du-Verhältnis zwischen Menschen? Steht dieses denn immer in voller Gegenseitigkeit? (...) Ist es nicht, wie alles Menschliche, der Beschränkung durch unsere Unzulänglichkeit ausgeliefert, aber auch der Beschränkung durch innere Gesetze unseres Miteinanderlebens unterstellt?« Buber schließt, daß »die volle Mutualität nicht dem Miteinanderleben der Menschen inhäriert. Sie ist eine Gnade, für die man stets bereit sein muß und die man nie als gesichert erwirbt. Es gibt jedoch auch manches *Ich-Du-Verhältnis*, das sich seiner Art nach nicht zur vollen Mutualität entfalten darf, wenn es in dieser seiner Art dauern soll.« Er gibt hierfür dann drei Beispiele: die Beziehung des Erziehers zu seinem Schüler, die des Psychotherapeuten zu seinem Patienten und die des Pastors als eines »Seelsorgers«.[43]

---

[43] Vgl. *Nachwort* (1957) von Martin Buber in: ders., *Das dialogische Prinzip*, op. cit., S. 130 f.

Die beiden ersten dieser Beispiele werfen Licht auf ihr Verhältnis und vermögen ziemlich gut die Qualität ihres Verhältnisses zu beschreiben, wie es sich nach und nach zwischen Buber und Pater Caesarius nach Eröffnung ihres Briefwechsels über die Jahre entwickelte. Im ersten Beispiel, dem zwischen Lehrer und Schüler, versucht der Lehrer, »dem Schüler zu helfen, in den besten Möglichkeiten sich zu verwirklichen«, indem er ihn »in seiner Ganzheit bejaht«. Er muß ihm gegenüber »die Art von Realisation üben«, die Buber »Umfassung« nennt. Buber meint, »daß dieser spezifisch erzieherischen Beziehung als solcher die volle Mutualität versagt ist«. Das zweite Beispiel, welches »normative Beschränkungen der Mutualität bietet«, ist das Verhältnis zwischen Psychotherapeut und Patienten, in dem der Therapeutiker »mit dem großen Blick (...) die latente Einheit der leidenden Seele« zu erfassen versucht. In beiden Fällen müssen, um »die Befreiung und Aktualisierung jener Einheit« zu realisieren, der Therapeut ebenso wie der Erzieher in einer besonderen Beziehung leben: »Heilen wie erziehen kann nur der gegenüber Lebende und doch Entrückte.«

Zum Erzieher-Schüler-Verhältnis sagt Buber: »Um den besten Möglichkeiten im Wesen des Schülers helfen zu können, sich zu verwirklichen, muß der Lehrer ihn als diese bestimmte Person in ihrer Potentialität und ihrer Aktualität meinen, genauer, er muß ihn nicht als eine bloße Summe von Eigenschaften, Strebungen und Hemmungen kennen, er muß seiner als einer Ganzheit inne werden und ihn in dieser seiner Ganzheit bejahen. Das aber vermag er nur, wenn er ihm jeweils als seinem Partner in einer bipolaren Situation begegnet. Und damit seine Einwirkung auf ihn eine einheitlich sinnvolle sei, muß er diese Situation jeweils nicht bloß von seinem eigenen Ende aus, sondern auch von dem seines Gegenüber aus in allen seinen Momenten erleben; er muß die Art von Realisation üben, die ich *Umfassung* nenne.«[44]
Einige Sätze weiter fügt er hinzu: »Ob das *Ich-Du-Verhältnis* nun endet oder aber den ganz andersartigen Charakter einer Freund-

[44] Op. cit., S. 131.

schaft annimmt, es erweist sich, daß der spezifisch erzieherischen Beziehung als solcher die volle Mutualität versagt ist.«[45] Bei Buber und Pater Caesarius verlief der Prozeß umgekehrt: Was als auf gegenseitiger Achtung und Bewunderung beruhende Freundschaft begann, entwickelte sich Zug um Zug in Bubers Erzieher-Zögling-Beziehung und teilweise in die Therapeut-Patient-Beziehung, ohne freilich ihre Freundschaft oder ihren gegenseitigen Respekt füreinander zu schwächen. Als Beispiel diene Caesarius' Reaktion, als er erfuhr, daß es Buber möglich sei, ihn in Maria Laach zu besuchen: »Ich freue mich zu sehen, daß Sie entschlossen sind, nach Laach zu kommen. Ich kann Ihnen gar nicht sagen, wie sehr ich es bedauern würde, wenn Ihr Besuch nicht stattfinden könnte. Heute, nachdem ich von Ihnen schon so manchen gütigen Brief habe empfangen dürfen, kann ich es Ihnen ja auch mit Ihren eigenen Worten sagen: ›Mit der Lehre des Meisters braucht der Schüler auch – wenigstens für einige Tage zunächst einmal – das Dasein des Meisters, sein Dasein als das des vollständigen Menschen, sein ganzes leibliches Dasein, in dem sich die Vollständigkeit des Menschen bewährt.‹ Es hängt für mich wirklich viel davon ab.«[46]

Mehrmals gab es Gelegenheit für Caesarius, herauszufinden, welche Meinung oder Ansicht Buber darüber habe, ob seine Versuche, auf die er sich einließ, nun wirklich auch die Merkmale echten Dialogs als Leben aufwiesen. So zum Beispiel im Sommer 1953, als wir zusammen mit den Beauchaus in den französischen Alpen lebten. Ein weiteres Mal 1954-55, nachdem Caesarius Frankreich in Richtung Tamanrasset in der französischen Sahara verlassen hatte, um den Armen und als Priester und Beichtvater den Mitgliedern der Gesellschaft der Kleinen Schwestern zu dienen. Ein drittes Mal geschah dies in einer persönlichen Krise, nachdem Caesarius von seinen Oberen nach Laach zurückbeordert worden war. Bei dieser Gelegenheit wandte sich Caesarius an Buber und fragte ihn, was er davon hielte, wenn er Laach verließe. In einem Brief vom 23. Ja-

---

[45] Op. cit., S. 131.
[46] Vgl. **Briefe #15 LB.**

nuar 1956 schrieb Caesarius: »Wenn sich der Rahmen einer solchen In-Frage-Stellung nun einfach sperrt, muß man da nicht den Mut haben herauszutreten? Ich hätte in dieser ganzen Sache noch einmal gerne ein wesentliches, echtes Wort von Ihnen.« Einige Abschnitte später sagt er dann: »Bei wem sonst, wenn nicht bei Ihnen, soll ich dafür Verständnis finden? Und ich bin dieses Verstehens und Mitfühlens Ihrerseits gewiß. Sie nehmen's mir also auch nicht übel, daß ich's zu ›schwer genommen habe‹. Aber es *ist* schwer, ein wirkliches Kreuz, und der Weg – ein Kreuzweg. Ich weiß, Sie helfen mir dabei, auf Ihre Weise. Ich bitte von neuem darum. Herzlich, an Ihrem Geburtstage Gottes Segen für das noch zu gehende Wegstück für Sie, verehrter und lieber Herr Professor.«[47]

Ihr Verhältnis begann also in Mutualität (Wechselseitigkeit), um danach viele Charakteristika aufzuweisen, die Buber mit den Lehrer-Schüler- und Therapeut-Patienten-Beziehungen verband; alles Verhältnisse, die Caesarius in größerer innerer Unrast erlebte und mit denen er gegenüber seinen Oberen als auch mit seinem Gewissen und mit seiner inneren Stimme zu ringen hatte. Caesarius' Bitte an Buber um eine Antwort erinnert mich an Friedmans Darstellung von Walter Kaufmanns Bitte an Buber im November 1956, sein *magnum opus Critique of Religion and Philosophy* [Zur Kritik der Religion und der Philosophie] zu beurteilen. Kaufmann an Buber: »Wie viele Personen meiner Generation mag es geben, denen nur einige Worte von Ihnen über das, was zu unternehmen und zu tun sei, derart helfen können?«
Dazu Friedman: »Bubers Antwort schien Kaufmann sehr paradox vorzukommen, handeln doch Bubers Schriften vom Mangel an und von der Notwendigkeit wirklichen Dialogs! Kaufmann: ›Wenn ich Ihnen Fragen stelle 'auf den Knien meines Herzens' und Sie erwidern, daß Ihnen Zeit zu antworten fehle, wie kann ich dies anders als eine Zurück- oder Abweisung verstehen?‹«[48]

---

[47] Vgl. **Briefe #48 LB.**
[48] Op. cit., III, S. 376.

Bubers philosophische Anthropologie

> *»Es steht wohl außer Frage, daß der herausragende Beitrag, dessen man Buber am längsten und besten erinnern wird, seine Anthropologie ist. Einem Zeitalter, welches nicht mehr länger ein zentrales oder kontrollierendes Bild vom Menschen aufweist, überreichte er eines, welches breite Zustimmung fand. Sein Bild ist zugleich beschreibend und normativ, wenn es den Menschen porträtiert, wie er ist und wie er sein sollte: wie er allzu oft ist, nämlich selbstbezogen, fragmentiert, einsam, seines Selbst, der Natur, des Nächsten und Gottes entfremdet; und wie er sein sollte, nämlich anderen zugewandt, ganzheitlich, überantwortet einem echten dialogischen Verhältnis mit seinen Mit-Kreaturen und Gott.«*[49]

Buber war 71 Jahre alt, als ihre Korrespondenz begann. Mehr als zweimal älter als sein junger Bewunderer. Buber war zu dieser Zeit voll damit beschäftigt, Antworten auf verschiedene Anfragen und Kritiken seiner *Ich-Du-Dialog-Periode* geben zu müssen; zugleich konzentrierte er sich in seinen Schriften immer mehr auf das, was dann als seine *philosophisch-anthropologische Periode* bekannt werden sollte. Diese begann er im Alter von 73 Jahren, und sie endete 1963, als er 83 Jahre alt wurde. Wichtig für unsere Betrachtungen ist die Tatsache, daß fast der gesamte Briefwechsel mit Pater Caesarius während der letzten Phase von Bubers geistigem Werdegang, nämlich in den Jahren 1949 bis 1964, geführt wurde. Maurice Friedmans »Einführender Essay« in Bubers Schrift *Das Problem des Menschen* im dritten Band seiner Biographie *The Dialogue of Life* im Kapitel »*Die Späteren Jahre – 1945 – 1965*«, Grete Schaeders *The Hebrew Humanism of Martin Buber* und der dritte Band der von ihr zusammen mit anderen herausgegebenen Briefsammlung *Martin Buber: Briefwechsel aus sieben Jahrzehnten* geben sehr gute

[49] Bernard Martin, *Great 20th Century Jewish Philosophers: Shestov, Rosenzweig*, Buber, New York: Macmillan 1970, S. 247.

Einführungen und Hintergrundwissen, um Bubers philosophische Anthropologie zu erkunden. Buber schrieb Friedman, sein »Introductory Essay« sei »wahrscheinlich das beste, was er zu seinem Denken geschrieben habe«. Obwohl *Das Problem des Menschen* (1938/1954) die Hauptarbeiten dieser Jahre enthält, sollten die Leser auch andere Schriften wie »*Gottesfinsternis*« (1953) und »*Hinweise*« (1953) zur Kenntnis nehmen.

Bubers *philosophische Anthropologie* ist eine Weiterentwicklung seiner *dialogischen Periode*, die von den meisten Lesern mit der klassischen Schrift *Ich und Du* verbunden wird. Ein typischer Essay dieser letzten Periode ist »*What is Man?*« (1938), aus dem dann »*Das Problem des Menschen*« (1947) entstand. Mit diesem Essay begann Buber seine öffentliche Kritik an Martin Heidegger, in diesem Fall an Heideggers Deutung von Kant, wie er sie in *Kant und das Problem der Metaphysik* (1929) entwickelte. Diese Kritik verstärkte er dann 1951 in seinem Essay »*Religion und modernes Denken*«, der dann in seine Sammlung *Gottesfinsternis* (1952) aufgenommen wurde. Ursprünglich war dieser Essay eine der Vorlesungen, die Buber auf seiner USA-Reise 1951 in Dartmouth, Yale, Princeton, Columbia, Chicago und in anderen Einrichtungen hielt. Buber argumentiert, Heidegger interpretiere Kants vierte Frage »Was ist der Mensch?« eher als eine metaphysische Frage »nach dem Wesen des Daseins selber« denn als eine anthropologische wie er und auch sein Lehrer Wilhelm Dilthey. Buber besteht zum Beispiel darauf, daß Heidegger »die Akzente der drei Fragen verlagert« habe. Während Buber Kants erste Frage als »Was *kann* ich wissen?« liest, behauptet er, daß Heidegger diese Frage als »Was kann ich *wissen?*« lese. »Was immer dieses Ergebnis darstellt«, so Buber, »Kant ist es nicht mehr.« Er sagt, Heidegger gehe es nicht darum, »daß ich nur etwas weiß und anderes also nicht weiß; das Wesentliche ist, daß ich überhaupt etwas wissen kann, und daß ich danach fragen kann, was das ist, was ich wissen kann.«[50] Heidegger, so Bu-

[50] Martin Buber, *Das Problem des Menschen*, Heidelberg: Verlag Lambert Schneider 1954, S. 13.

ber, gehe es nicht um die Frage der »Endlichkeit«, sondern »um meine reale Teilnahme am Wissen dessen, was es überhaupt zu wissen gibt«. Was für Buber eine *anthropologische Frage* ist, wird bei Heidegger eine »ontologische« und darum eine Frage der *Metaphysik*.[51]

Buber zufolge untersucht die *philosophische Anthropologie* jedoch »die *Ganzheit* des Menschen« ebenso als *Wir* und als *Du*: »Die Sonderstellung des Menschen zum Kosmos, sein Verhältnis zum Schicksal, seine Beziehung zur Welt der Dinge, sein Verstehen des Mitmenschen, seine Existenz als Wesen, das weiß, daß es sterben muß, seine Haltung in all den gewöhnlichen und außergewöhnlichen Begegnungen mit dem Geheimnis, die sein Leben durchziehen«. Des Menschen Wesen werde durch die Tatsache bedingt, daß er es in *Endlichkeit* und *Unendlichkeit* teile. Das Problem mit den traditionellen Zugängen der Einzelwissenschaften beim Studium der Ganzheit des Menschen bestehe darin, daß »in jeder dieser Disziplinen die Möglichkeit ihrer eigenen denkerischen Arbeit gerade auf ihrer Objektivierung, auf ihrer Entmenschlichung gleichsam [beruht]«. »Eine legitime philosophische Anthropologie muß wissen, daß es nicht bloß eine Menschengattung, sondern auch Völker, nicht bloß eine Menschenseele, sondern auch Typen und Charaktere, nicht bloß ein Menschenleben, sondern auch Altersstufen gibt; erst aus der systematischen Erfassung dieser und aller anderen Differenzen, aus der Erkenntnis der innerhalb jeder Sonderheit und zwischen ihnen waltenden Dynamik und aus dem stets neuen Erweis des Einen im Vielen kann sie die Ganzheit des Menschen erblicken.«[52]

---

[51] Wegen seines häufigen Gebrauchs des Ausdruckes »Wesen« und seiner Bezugnahme darauf in seinen Schriften fragte ich Buber einmal, was er von Versuchen von Gelehrten halte, die darüber diskutierten, ob er – Buber – eine »Ontologie« habe. Er antwortete, daß er diesen Ausdruck mit anderen austauschbar verwende; der Gebrauch dieses Ausdrucks impliziere oder gebe keinen Anlaß zu unterstellen, er habe wie Heidegger und andere eine »Ontologie«.

[52] *Das Problem des Menschen*, op. cit., S. 17-18.

Eine charakteristische Eigenschaft der *philosophischen Anthropologie* besteht darin, daß wir nicht länger mehr glauben, daß unser Schicksal vom Schicksal, von der »kosmologischen« Zeit bestimmt wird. Teil nämlich unserer Einzigartigkeit ist unsere »Potentialität«, die Tatsache, daß »der Mensch die kristallisierte Potentialität des Daseins« ist, innerhalb einer »anthropologischen Zeit«, und »die Zukunft ist unbestimmt, weil sie zum Teil von unseren Entscheidungen abhängt«.

Ein anderes Charakteristikum besteht in der Anerkennung der Inadäquatheit und der Unangebrachtheit der »Vernunft« als derjenigen Eigenschaft, die das Wesen des Menschen ausmache: »Vielmehr wird die Tiefe der anthropologischen Frage erst dann berührt, wenn wir auch an dem im Menschen, was nicht Vernunftwesen ist, das spezifisch Menschliche erkennen. Der Mensch ist kein Zentaur, sondern durchaus Mensch. Man kann ihn nur verstehen, wenn man einerseits weiß, daß in allem Menschlichen, auch im Denken, etwas ist, was der allgemeinen Natur der Lebewesen angehört und von ihr aus zu erfassen ist, andererseits aber, daß es nichts Menschliches gibt, das der allgemeinen Natur der Lebewesen ganz angehört und nur von ihr aus zu erfassen ist (...) Die menschliche Vernunft ist nur im Zusammenhang mit der menschlichen Unvernunft zu verstehen. Das Problem der philosophischen Anthropologie ist das Problem einer spezifischen Ganzheit und ihres spezifischen Zusammenhangs.«[53]

Besonders erheblich für unsere Darstellung der grundlegenden Elemente der Buberschen *philosophischen Anthropologie* sind zwei Essays, nämlich »*Dem Gemeinschaftlichen folgen*« (1956) und »*Das Wort, das gesprochen wird*« (1960). Sie sind wichtig durch die Art und Weise, wie sie sich mit »Sprache«, mit dem, was »allen gemeinsam ist«, mit dem »Sprechen« und mit dem »gesprochenen Wort« befassen und zur Spezifizität des *Wir* und der *Gemeinschaft* in seiner *philosophischen Anthropologie*, wie sie zuerst 1938

[53] Op. cit., S. 87.

in seinem Essay »*What is Man?*«[54] skizziert wurde, verhalten. Damals hatte Buber die Absicht, mit Heidegger auf einer Tagung zusammenzutreffen, die im Winter 1958/59 in München Fragen der »Sprache« diskutieren sollte. Für den ersten dieser sechs Abende sollte Buber über »Die Wirklichkeit der Sprache« sprechen. Buber zusammen mit seiner Frau Paula sowie der bekannte Physiker Carl Friedrich von Weizsäcker hatten ein Treffen mit Heidegger und seiner Frau im Mai 1957, um diese Tagung vorzubereiten, welche vom Grafen Podewils, dem Generalsekrätär der Bayrischen Akademie der Künste, organisiert wurde und in seinem Schloß der Grafen von Schaumburg-Lippe in Altreuth abgehalten werden sollte. Wegen seines nicht guten gesundheitlichen Zustandes und wegen des Todes seiner Frau, Paula Buber, kam dieses Treffen nicht zustande. Buber hielt dann diesen Vortrag über »*Das Wort, das gesprochen wird*« auf einer Tagung unter dem Titel »*Wort und Wirklichkeit*«, die vom 11. bis 15. Juli 1960 in München stattfand.[55]

Bevor er seine Pläne ändern mußte, schrieb mir Buber über diese geplante Tagung und seine Absicht, mit Heidegger über ›Sprache‹ zu diskutieren. Er teilte mit, daß er hoffe, auf dieser Deutschlandreise auch die Gelegenheit wahrnehmen zu können, mit Pater Caesarius zusammenzukommen, der, wie wir beide wußten, einerseits sehr frustriert, sehr verletzt und gar nicht erfreut war von dem Wunsch des Pater Abtes, er solle nach Maria Laach zurückkehren und das normale Leben eines Mönches wiederaufnehmen, der das Gelübde der *stabilitas loci*, der Anwesenheit vor Ort, abgelegt habe. Auch zerrte an Caesarius, daß das geistliche Leben und die geistliche Berufung, wie er sie auffaßte, verlangten, daß er verschiedene Möglichkeiten erkunde, trotz der Tatsache, daß die Oberen von Maria Laach diese nicht verstehen oder billigen könnten. Ohne es zu dieser Zeit zu wissen, lebte und bewährte Caesarius eine Facet-

---

[54] [»*What is Man?*« wurde nach dem Krieg bekannt als »*Das Problem des Menschen*«. A.d.Ü.]

[55] Nahum N. Glatzer and Paul Mendes-Flohr (Eds.), *The Letters of Martin Buber: A Life of Dialogie*, New York: Schocken Books 1991, S. 664.

te von Rosenstock-Huessys Motto »*Respondeo* **etsi** *mutabor*!« – »Ich muß antworten, **trotzdem** ich verwandelt werden könnte!« Für jeden, der das Gehorsams-Gelübde abgelegt hatte, waren die Umstände nicht erfreulich und nicht gerade inspirierend. In meiner Antwort an Buber berichtete ich von dem verzweifelten Ton der Briefe Caesarius' und drängte ihn, sollte sich die Gelegenheit bei einem Treffen dazu ergeben, möge er doch mit Caesarius verschiedene Möglichkeiten erkunden, so die, in die USA zu reisen und dort auf einige Zeit oder auf längere eine der kleinen, neueren und weniger der Traditionen verhafteten Benediktiner-Kommunitäten zu wählen. In Frage kamen Weston Priory in Weston, Vermont, die von einem deutschen Benediktiner und Freund Rosenstock-Huessys gegründet worden war – von Pater Rudloff, O.S.B.; oder das Kloster vom Mount Saviour in Elmira, New York, unter dessen Gründern sich Caesarius' Freund und früherer Novizen-Meister in Maria Laach befand – Pater Damasus Winzen, O.S.B.
Bubers Antwort fand ich derart zum Verzweifeln, daß ich sie nicht, wie die anderen, aufbewahrte, sondern in kleine Stücke riß und in den Papierkorb warf. Was mich so aufregte, war sein Beharren auf seinem Verständnis vom Leben als Dialog, welches von vornherein ausschloß, Pater Caesarius oder irgend jemand anderem Ratschläge für diese und nur diese Situation geben zu wollen; die einzig mögliche Haltung *für ihn selbst vis-à-vis* Caesarius wäre die gewesen, für ihn da zu sein und den Augenblick gegenwärtig zu machen. Insbesondere seine Schlußbemerkung irritierte mich: »Vielleicht würde dies Ihr Lehrer Rosenstock tun, mein Stil jedenfalls ist dies nicht.«

Trotz Bubers Antwort schrieb ich, als ich einen weiteren verzweifelten Brief von Caesarius erhielt, in dem er sagte, vielleicht gebe es eine Möglichkeit, Buber im Juli 1960 in München zu treffen, wiederum an Buber und ersuchte ihn, unserem Freund dabei zu helfen, verschiedene Möglichkeiten zu besprechen und zu erkunden. Die Antwort Bubers war im gleichen Ton gehalten: »Ich beabsichtige, alles in meiner Macht stehende für ihn zu tun, aber meine Einschätzung der Lage ist eine gänzlich andere als die Ihrige. Ihr Entweder-Oder ist nicht menschlich genug. Was mich betrifft, so bin ich kein Bote, sondern ein Kamerad, der mitleidet und zu helfen versucht.«[56]

Dem Gemeinschaftlichen folgen

> *»Heraklit ist stets im Einvernehmen mit der durch und durch sensuell lebendigen Sprache seiner Zeit geblieben. Daher hört der Logos auch in der äußersten Sublimierung nicht auf, ihm das sinnhafte Wort zu sein, die Menschenrede, die dem Sinn die Treue hält. Der Sinn kann im Wort sein, weil er im Sein ist. So regt er sich tief in der Seele, die des Sinnes inne wird, mehrt sich in ihr, wird aus ihr zur Stimme, die zu den Mitseelen spricht und von ihnen vernommen wird, gar oft freilich, ohne daß ihr Vernehmen zu einer wirklichen Aufnahme würde. Und wie der Logos, so gehört auch der Kosmos dem Gemeinschaftlichen zu als dem, woran die Menschen wie an einem gemeinsamen Weg teilhaben.«*[57]

> *»Heraklit hat dem Geiste das Werk angewiesen, sich in der Menschenwelt wachend, und das heißt eben: gemeinschaftlich gemeinschaftliche Wirklichkeit stiftend, zu bekunden.«*[58]

Nicht nur Buber, auch seine Freunde Rosenzweig, Rosenstock-Huessy und andere Mitglieder des Patmos-Kreises (1915-1923), aber auch die Beiträger der Zeitschrift *Die Kreatur* (1926-1930)[59] schätzten Heraklits Realitätssinn, der Einheit in Verschiedenheit und Gegensätzen anerkennt, in dem was »allen gemeinsam ist«, gegen das einsame *Ich* als grundlegend für ihre Sicht der Wirklichkeit das

---

56 Vgl. **Briefe #70 BS.**
57 Martin Buber, *Dem Gemeinschaftlichen folgen*, in: *Schriften* I, op. cit., S. 463.
58 Op. cit., S. 456.
59 Vgl. H. Stahmer, »*›Speak That I May See Thee!‹: The Religious significance of Language*«, New York: Macmillan 1968, S. 121-24.

Wir in Kontrast zu der monistischen Wahrnehmung von Parmenides, Plato und Heidegger.

In diesem Essay möchte Buber zeigen, daß seine dialogische, seine *Ich-Du*-Orientierung in der konkret erlebten Wirklichkeit wurzelt und ihr entstammt, daß Vielfalt, Pluralismus nicht *aus der* Einheit *heraus* entstehen, sondern daß Einheit in der Vielfalt implizit anwesend ist und grundlegend für die menschliche Existenz ist. Buber erinnert uns daran: »Wer aber kein Du existentiell kennt, wird nie ein Wir zu kennen bekommen.«[60] Fragen zum *Wir* und zu *Gemeinschaft* sind daher von primärer Bedeutung – gesellschaftlich, religiös und philosophisch. Wegen des sozialen, dialogischen Charakters der Existenz sind unsere Wachzeiten wichtiger und von grundlegenderer Bedeutung als unsere Schlafzeiten – dies gerade wegen der einsamen Natur des Schlafes.

Friedman zufolge findet Buber »im Gegensatz zu Martin Heidegger, der den Logos des Heraklit als *individuelle* Beziehung auf Sein deutet, welches noch vor allem Sprechen Sein in der Existenz enthüllt, in seinem Essay ›*Dem Gemeinschaftlichen folgen*‹ in seiner Deutung des Heraklit gerade den Grund für seine Lehre vom wesentlichen *Wir*.«[61] Für Buber ist Sprechen der Stoff, aus dem die Wirklichkeit besteht, wie der Geist und die Luft, die wir atmen, aber nicht einsam, sondern wie das Blut, welches in uns allen zirkuliert. Es ist wahr, daß – so Heraklit – der Logos tief innerhalb jeder Seele existiert, »aber zu seiner Fülle gelangt der Logos nicht in uns, sondern zwischen uns; denn er bedeutet die ewige Chance der Sprache, zwischen den Menschen wahr zu werden«. Unser individuelles Sprechen erhält Sinn nur dadurch, daß ihr Grund oder ihre Autorschaft »von der Urstiftung der Ehe von Sinn und Rede« kommt.

Auf merkwürdige Weise rührt dieser Essay in vielen grundlegenden Einsichten an die Kraft, an die menschliche und religiöse Solida-

[60] Martin Buber, *Dem Gemeinschaftlichen folgen*, op. cit., S. 474.
[61] Vgl. Martin Buber, op. cit.; Martin Heidegger, *Einführung in die Metaphysik*.

rität, die »Sprechen« und »Sprache« innewohnen, und faßt jene zusammen, die Buber schon in früheren Vorträgen ansprach. Vorträge wie *Gottesfinsternis* (1952), aber auch »Politik, Gemeinschaft und Frieden« im Band *Hinweise* sowie »Was ist zu tun?« (1919), »Hoffnung für diese Stunde« (1952), »Geltung und Grenze des Politischen« (1953). Auch »Das echte Gespräch und die Möglichkeiten des Friedens«, seine Ansprache aus Anlaß der Verleihung des Friedenspreises des deutschen Buchhandels in der Paulskirche am 27. September 1953 berühren diese Fragen: »In unserem Zeitalter, in dem der wahre Sinn jeden Wortes von Wahn und Lüge umstellt ist und die Urabsicht des Menschenblicks vom Mißtrauen erstickt wird, kommt es entscheidend darauf an, die Unverfälschtheit der Sprache und der Wir-Existenz wiederzufinden. Es geht dabei nicht mehr um die kleinen Kreise, die einst in der eigentlichen Geschichte des Menschen so wichtig gewesen sind; es geht um die Durchsäuerung des Menschengeschlechts mit echter ›Wirheit‹. Der Mensch wird im Dasein nicht beharren, wenn er nicht neu lernt, in ihm als ein echtes Wir zu beharren.« »Uns aber ist kein Heil zu ersehen, wenn wir nicht wieder als ein Wir in aller Wirklichkeit ›im Angesicht Gottes zu stehen‹ vermögen.«[62]

Das Wort, das gesprochen wird

> *»Ich meine, die Wichtigkeit des gesprochenen Wortes gründet in der Tatsache, daß es nicht bei seinem Sprecher bleiben will. Es greift nach einem Hörer aus, es ergreift ihn, ja es macht diesen selber zu einem, wenn auch vielleicht nur lautlosen Sprecher.(...)Das Wort, das gesprochen wird, begibt sich vielleicht in der schwingenden Sphäre zwischen den Personen, der Sphäre, die ich das Zwischen nenne und die wir niemals in den beiden Teilnehmern aufgehen lassen können.«*[63]

---

[62] Martin Buber, op. cit., S. 474.
[63] Martin Buber, *Das Wort, das gesprochen wird*, in: *Schriften* I, op. cit., S. 443-44.

In diesem Essay – eine seiner letzten Hauptschriften – betont Buber des weiteren die Tatsache, daß Sinn an lebendig empfundenes Sprechen zwischen Menschen gebunden ist und echtes lebendiges Sprechen wesentlich zweideutig und problematisch bleiben muß. Für Buber sind Ambiguität und Geheimnis grundlegend für die »Aura« des *logos* als gemeinschaftliches »Wort« und gemeinschaftlichen »Sinn«. Das ist eine uralte Brechung der Tatsache, daß Menschen sich immer einander »in ihrer Vielfältigkeit« getroffen haben, worin sich gerade das eingemeindende Wesen des Logos bekundet. »Das Geheimnis der Sprachstrebigkeit und der Menschwerdung sind eins.«[64] Das Verlangen nach eindeutigen Worten führt zum Tod eines fruchtbaren menschlichen Dialogs, der auf der Annahme von Vielfalt und Mehrdeutigkeit beruht. Buber zufolge »ertötet die eingesetzte Gemeinsamkeit die lebendige«[65].
Auf vielerlei Wegen wiederholt Buber die Überzeugungen Goethes, Jakob Grimms, Wilhelm von Humboldts, J, G. Hamanns, Rosenzweigs, Rosenstock-Huessys und Walter Ongs, S.J., um nur einige zu nennen, die allesamt der Überzeugung sind, daß unser kreatürliches Dasein sprachbestimmt ist. Sprechen und Sprache geben unserem Leben Gestalt. Wir denken, weil wir angesprochen wurden, uns Anrede zuteil wurde. Durch Sprechen und seinen Faktor Erinnerung erschaffen wir Zukunft wie Vergangenheit. Und so war es seit Anbeginn.[66] Als Franz Rosenzweig in seinem *Stern der Erlösung* über unsere Macht schrieb, Tieren Namen zu verleihen, in der Schöpfung Gottes Mitschöpfer und Partner zu werden, so setzt dies unsere Fähigkeit zu sprechen voraus, und diese widerfuhr uns dadurch, daß Gott uns mit unserem Namen anredete. »Gott stellt den Menschen in die Sprache.« »Was Goethe uns an bedeutender Stelle von der Rede des Himmels an die Erde in deren Urzeit be-

---

[64] Op. cit., S. 449.
[65] Op. cit., S. 447.
[66] 1916 sagte Buber: »Wir können es vielleicht so sagen, daß der Jude in alten Zeiten mehr ein Ohrenmensch war denn ein Augenmensch. Von allen seinen Sinnen vertraute er am meisten dem Hörsinn, als er sich sein Bild des Universums bildete.« Martin Buber, *Die jüdische Bewegung*, Berlin. Jüdischer Verlag 1916, Bd.1, S. 245.

richtet: ›...wie das Wort so wichtig dort war, weil es ein gesprochen Wort war‹, muß auch innerhalb unserer Menschenwelt gelten.« »Ein präkommunikatives Stadium der Sprache ist nicht zu ersinnen. Der Mensch hat nicht vor dem Mitseienden gestanden, ehe er ihm gegenüber lebte, auf es zu lebte, ehe er mit ihm umging. Nie ist Sprache gewesen, ehe Ansprache war; Monolog konnte sie immer erst werden, nachdem der Dialog abbrach oder zerbrach. (...) Im Partnertum erst wird ihm Welt und Geschick zur Sprache. Auch noch wenn ihm in zurufloser Einsamkeit die Kehle bedrängt, haftet diesem das von urher Mögliche, das Empfangenwerden, an.«[67]

Buber diskutiert die Wirkung der Sprache auf das menschliche Leben gemäß »drei Seinsweisen der Sprache«: »präsenter Bestand«, »potentialer Besitz« und »aktuelles Begebnis«. Die letzte Seinsweise ist » die Gesprochenheit« oder »vielmehr das Gesprochenwerden«, die nichts voraussetzen, außer »de[n] verwirklichungsfähige[n] Wille[n] von Menschen zur Kommunikation«. »Diese stiftet sich in einem Sich-einander-Zuwenden von Menschen.«[68] Diese dritte Weise, ein Begebnis, entbehrte jeglichen Sinnes jedoch ohne Wohlbedacht der beiden anderen Weisen »präsenten Bestandes« und »potentialen Besitzes«. Diese beiden, hierauf besteht Buber, dienen der ›Gesprochenheit‹ oder dem ›Gesprochenwerden‹, welches ein Sprechen ist, das in einem bestimmten Augenblick geschieht – »Begebnis«. Wiewohl sie dienender Funktion sind, dürfen die beiden ersteren nicht von dem dritten abgespalten werden. Was sie hierbei darstellen, ist nicht nur für Bubers Ansichten der Sprache die Krux. Alles, was von Sprache durchdrungen wird, *ist* für Buber Wirklichkeit.

Die erste Seinsweise, Sprache als »präsenter Bestand«, kann nicht »als ein von ihren jeweiligen Sprechern abgelöster Zusammenhang« verstanden werden. »Mit präsentem Bestand ist die Gesamtheit des in einem bestimmten Sprachbereich in einem bestimmten

---

[67] Op. cit., S. 447.
[68] Op. cit., S. 443.

Zeitabschnitt Sagbaren« gemeint – betrachtet aus dem Blickpunkt des Sprechers. »Als Ort des Bestandes ist somit das Miteinander aller Sprecher dieses Sprachbereichs«, also »das Miteinander der lebenden Menschen, in deren persönlichem Sprachgewirk der Bestand sich jeweils aktualisiert«. Aus diesen »quellenden und strömenden Wassern« schöpfen der »echte Autor und das echte Gespräch« – »also nicht aus dem Staubecken des Besitzes«.
Der Autor also empfängt seine kreative Kraft von seinen Gesprächspartnern »zu Lehen«. »Wo kein echtes Gespräch mehr wäre, wäre auch kein Gedicht mehr.«[69] Während der erste Modus auf alle Möglichkeiten sprachbedingten Denkens verweist, ist mit dem »potentialen Besitz« gemeint »die Gesamtheit des in einem bestimmten Sprachbereich von je Geäußertem, insofern es sich im sprachlichen Intendieren und Äußern von Menschen dieses Bereichs noch als einbeziehbar erweist.«
Bubers ständiges Bemühen um »Gegenwart« beinhaltet die Gegenwart aller Zeiten, Geschichte und Tradition, welche fähig zu »geschehendem Geschehen« sind, und den daran Beteiligten Gestalt zu verleihen. Heiliges Sprechen ist das Mittel und das Medium, in welchem und durch welches Vergangenheit und Zukunft einander in ewiger Gegenwart treffen, wodurch die Möglichkeiten entstehen, daß Gottes Kreaturen durch das gesprochene Wort neue Zukünfte und neue Wege für sich und ihre Kinder erschaffen.

Sprachdenken, Sprachbriefe und Sprachbücher

Allen, die sich für die Rolle von Sprache und Sprechen in Bubers Leben und Denken während dieser Zeit interessieren, insoweit beide sich auf Bubers Freundschaft und Beziehung zu Caesarius beziehen, möchte ich folgende Beobachtungen mitteilen:
1. Buber sprach, ganz im Gegensatz zu meinem Lehrer Rosenstock-Huessy, wenn er redete oder öffentliche Vorträge hielt, selten spontan oder nur dank Stichwörtern. Die Kraft seiner Rhetorik,

[69] Op. cit., S. 443.

sein Vortrag waren deshalb kontrolliert und begrenzt von den Gedanken, von den Ideen und dem schriftlichen Stil, in dem er jene sorgsam vorbereitete. Rhetorische Spontaneität war gewöhnlich kein Merkmal von Bubers öffentlichem Redestil. Er *s p r a c h* zu einem gewöhnlich zahlreichen Publikum, welches ihm gewogen war, also zu einem Auditorium, welches ihm *seine Ohren zu öffnen bereit war* und ihm *zuhörte*. Sein Sprechstil war ruhig, maßvoll und im Tonfall wohlüberlegt, und dennoch hatte er eine starke Wirkung auf seine Zuhörer. Es verdient festgehalten zu werden, daß Buber ein gefragter Redner war, der eine ungeheuer große Anhängerschar hatte und eine hohe internationale Reputation. Er kam also äußerst selten in die Lage, daß er sein Publikum für sich gewinnen mußte, die Ohren seiner Zuhörer derart fesseln mußte, um dessen Aufmerksamkeit zu erringen. Sein enger Freund Franz Rosenzweig lud ihn zu Vortägen ins *Freie Jüdische Lehrhaus* in Frankfurt ein, dessen Leiter er seit dem 1. August 1920 geworden war. Er wußte, daß Buber eine große Anhängerschaft besaß und dem Lehrhaus Renommee verschaffen würde. Dazu fühlte er sich außerstande.

Zu erinnern ist auch daran, daß Buber ein deutscher Jude war, dessen öffentliche Auftritte genau von seinen Gegnern, seien es die Nationalsozialisten, seien es die Vertreter verschiedener jüdischer Gemeinden, auf der ganzen Welt verfolgt wurden. Wahrscheinlich erlebte er niemals die Furcht und die Unsicherheit wie der ihn bewundernde russische Sprach- und Dialogphilosoph Michail Bachtin (1895 – 1975).[70] Buber, ein Jude in deutschen Kreisen, kann-

[70] Der russische Literturwissenschaftler und Philosoph Michail M. Bachtin ist am bekanntesten für seine neuen Konzepte *Wort im Roman, Dialog* und *Unabschließbarkeit des Ästhetischen.* Während seiner zweiten Periode 1924-30 »führte seine Entdeckung der Vollmacht des Wortes zu einem neuen Sinn von Sprache, die er nicht mehr im Sinne der strukturalen Linguistik oder der russischen Futuristen auffaßte, sondern als Äußerung, gesprochenes Wort und Diskurs« (Caryl Emerson). Die Ähnlichkeiten zwischen Bachtins und Bubers dialogischem Denken werden diskutiert von Stephen Kepnes, *The Text as Thou: Martin Buber's Dialogical Hermenetics and Narrative Theology*, Bloomington: Indiana University Press 1992. Vgl. zu Bachtins Sprachphilosophie T. Todorov, *Mikhail Bakhtin: The Dialogical Principle*, Minneapolis: University of Minnesota Press 1984; M.M. Bakhtin, *The Dialogical Imagination*, Austin: University of Texas

te niemals den persönlichen und beruflichen Wohlstand, dessen sich die meisten seiner christlichen Freunde erfreuten, mit einigen wenigen Ausnahmen, nämlich die zahlenmäßig kleinen heroischen Christen und andere nichtjüdische Personen und Gruppen, wie etwa der Kreisauer Kreis, der in Deutschland blieb und durch die Nazis das Leiden, die Erniedrigung und den Tod für ihre Protest- und Widerstandsakte hinnehmen mußte, die Hitler den Juden und Deutschland antat.

Während dieser Periode von Bubers Leben, also im Alter von 71 bis 86, offenbarte sich Bubers dialogische »Gegenwart«; zuerst in seiner leiblichen persönlichen Gegenwart als Hörer oder im Geben-Nehmen oder in den Begegnungen mit diesen oder jenen Personen; zweitens in seinen Schriften – durch Bücher. In diesem Lebensalter glaubte Buber nicht mehr, durch Briefe sprechen zu müssen, wie er es Kaufmann gegenüber äußerte: »In den letzten Jahren sah ich mich in die Lage versetzt, mit dem Schreiben wirklicher *Briefe* aufzuhören. (...) Nicht länger haben sie für mich diesen Charakter von ›Zeitgenossenschaft‹, jene lebendige Gegenseitigkeit, die sie früher für mich hatten; ich benötige nun das unmittelbare Erwidern, das Im-Ring-Stehen, das einzigartige Einander-Begegnen, das Sprechen und Einander-Zuhören.«[71]

Press 1993; M.M. Bakhtin, *Toward a Philosophy of the Act*, Austin: Univ. of Texas Press 1993; K. Clark und M. Holquist, *Mikhail Bakhtin*, Cambridge: Belknap Press 1984; G. Morson und C. Emerson, *Mikhail Bakhtin: Creation of of a Prosaics*, Stanford: Stanford Univ. Press 1990; M. Holquist, *Dialogism – Bakhtin and his world*, London: Routledge 1990. Zu den Ähnlichkeiten zwischen Bachtins Metalinguistik und Rosenstock-Huessys Metanomik vgl. die bislang vom Verfasser gehaltenen Vorträge (unveröffentl.) *an den Universitäten Dartmouth (1992), Moskau (1993) und Krakau (1993) »Eugen Rosenstock-Huessy (1888-1973) und Mikhail Bakhtin (1895-1975): Speech, the Spirit, and Social Change«*. Zur Diskussion ihrer Ansichten eines Pragmatismus vgl. Verf., *»M. Bakhtin and Eugen Rosenstock-Huessy: From ›Therapeutic Pragmatism‹ to ›Camp William James‹«* (unveröffentl. Vortrag, Bergamo 1994).Auf Deutsch insbesondere Michail M. Bachtin, *Die Ästhetik des Wortes* (m. Bibliografie), Frankfurt: Suhrkamp 1979; .R. Lachmann (Hg.), *Dialogizität*, München: W. Fink Verlag 1982.

71 Maurice Friedman, op. cit., Vol. III, S. 377.

Aus ihrem Briefwechsel wurde mir klar, daß das, was Caesarius an Buber so faszinierend fand, dessen »Bücher« waren, seine Schriften, welche, um mich eines Ausdrucks solcher *Sprach-Denker* wie Rosenzweig und Rosenstock-Huessy zu bedienen, ihre Wirkung als »*Sprachbücher*« auf bestimmte Leser und wahrscheinlich auf den Verfasser selbst ausübten. Der Begriff *dialogische Denker* wurde auf Buber, Rosenzweig und Rosenstock-Huessy angewandt; *Sprachdenker* und *Sprachbriefe* auf Rosenstock-Huessy und Rosenzweig, so vor allem wegen einer Reihe von Büchern wie Rosenstock-Huessys *Angewandte Seelenkunde* und Rosenzweigs *Der Stern der Erlösung*. Buber ist vielleicht der einzige der drei, dessen Blick für *Bücher* und *Sprache* den Ausdruck *Sprachbücher* zutreffend erscheinen lassen könnte.

Während Caesarius' Briefe an Buber gute Beispiele für *Sprachbriefe* sind oder – in der Terminologie der Sprechakt-Theoretiker – für »illokutionäre Akte«[72], »*sprach*« Buber zu Caesarius durch »*Bücher*« und begeisterte ihn derart, daß Caesarius ihm am 24. Februar 1949 einen ersten Brief schrieb. Es war derselbe Buber, der zahllose Leser wie zum Beispiel Dag Hammarskjöld durch diese »*Bücher*«, durch das »*geschriebene Wort*«, angesprochen hatte.

Darum konnte Caesarius auch in seinem ersten Brief an Buber sagen: »Freilich wage ich den Schritt zu Ihnen nur zögernd. Dazu in dieser ungenügenden Form des geschriebenen Wortes. Bin ich Ihnen doch vollkommen fremd. Aber Sie sind es mir eigentlich nicht: durch Ihre Schriften. So soll dieser kleine Brief denn an erster Stelle ein Zeichen des Dankes sein, eine »Ant-Wort« auf das Wort, in dessen Dienst Sie sich ganz und gar gestellt und das Sie so vielen Menschen vermittelt haben.«

---

[72] J.L. Austin, dem Autor von »*Theorie der Sprechakte*« (engl. »*How to do things with Words*«, dt. Stuttgart: Reclam 1972) zufolge sind illokutionäre Akte solche Handlungen, die man vollzieht, i n d e m man etwas sagt, im Unterschied zu dem Akt, d a ß man etwas sagt. Vgl. C. Carroll Hollis, *Language and Style in Leaves of Grass*, Baton Rouge and London: Louisiana State University Press 1983.

Erneut sagte Caesarius in einem Brief vom 21. Mai 1950, daß es ihm »beinahe unmöglich ist zu sagen, was meine Begegnung mit Ihnen durch Ihre Bücher für mich bedeutet«. In einem anderen Brief, vom 4. Januar 1951, schreibt er an Buber: »Ich bin entzückt über diese Werke, vor allem auch über das letztgenannte, *Die Erzählungen der Chassidim* (...) Darin strömt gelebtes dialogisches Leben, so unmittelbar und ungeschwächt, daß man unwillkürlich von diesem Strom erfaßt wird. Ich weiß Ihnen innigen Dank dafür, daß Sie uns den Strom solcher gelebten Dialogik unermüdlich zuleiten. Das ist bei Ihrem Alter doch keine Selbstverständlichkeit.«
Nach Bubers Besuch in seiner Zelle zu Maria Laach am 5. März 1951 schreibt Caesarius an Buber am 9. April 1951: »Gott aber danke ich dafür, daß wir uns wirklich begegnet sind. Das Zusammensein mit Ihnen – vor allem das Gespräch auf unserer Zelle – wird mir unvergeßlich bleiben. Aus unserer Begegnung fließt mir täglich neue Kraft zu intensiverem dialogischen Leben zu. Unser Dialog erweist sich so doch untrüglich als ein wirkliches – weil wirkender. So ist es doch, nicht wahr? Sie wissen, daß es mir immer wieder um die wirkende Wirklichkeit dialogischen Lebens geht, darum, daß unser Leben mit Gott sich als solches ausweise im Leben mit der lebendigen Mit- und Umwelt. Geist und Leben, Bücher und Menschen: Wie sinnig war das doch, daß Sie mir kurz vor dem Abschied Ihr kleines Schriftchen »*Bücher und Menschen*« schenkten. Was Sie da sagen , ist mir wieder aus dem Herzen gesprochen. Es ist wahr: ich habe tatsächlich nur zu solchen Büchern ein wirkliches Verhältnis, die mir helfen, mein Leben mit Gott und das Leben mit den Menschen immer dichter zu leben. Ihre Bücher gehören zu diesen. Sie kommen aus der Verwirklichung und drängen den richtigen Leser wieder zu umso wesenhafterer Verwirklichung.«

In einem Brief an Arnold Zweig aus dem Jahre 1928 bezieht Franz Rosenzweig sich auf diese Fähigkeit, einem völlig Fremden durch seine Schriften sich mitzuteilen, als ein »Wunder«: »Ich vermute immer, unser uns allen gemeinsames Schreiberlaster, daß wir nie mit den Lesern zufrieden sind (statt uns immer aufs neue zu wundern über das wirkliche Wunder, daß einer, der einen gar nicht kennt und den man gar nichts angeht, liest was man geschrieben hat), darin seinen soliden Grund hat: in diesem krassen Mißverhältnis zwischen der Zeit, die der Schreiber zum Schreiben und der Leser zum Lesen aufwenden muß. Buber, dem ich das mal klagte, tröstete mich mit der langen Dauer und Nachdauer der Wirkung im Leser und in den Lesern. Aber das ist zwar richtig, aber wie jeder Wechsel auf die Zukunft nur Trost, nicht Heilmittel für die gegenwärtige Krankheit.«[73]

Caesarius sah in Bubers Fähigkeit, nicht nur den Dialog als Leben zu leben, sondern auch dialogisch durch das geschriebene Wort zu kommunizieren, eine ungewöhnliche Begabung. Häufig fragte er sich selber, ob er zu ähnlichem fähig sei, und entschied schließlich, daß er diese Fähigkeit und Macht nicht besitze. Später sagt er in dem brühmten Brief vom 15. August 1951, den Maurice Friedman vollständig in seiner Biographie *Martin Buber: The Life of Dialogue* zitiert: »Ob mir dann noch Möglichkeit und Kraft bleibt, mein Verhältnis zur Dialogik auch zu sagen, zu schreiben: Ist das dann noch so wichtig? Es kann wichtig, ja unumgänglich notwendig sein. Ihr Leben und Ihr Werk zeigen das. Aber zum doppelten Werk dialogischen Lebens und seiner Verkündigung im gesprochenen und geschriebenen Wort bedarf es auch einer doppelten Gnade und eines besonderen Auftrages, einer eigenen Berufung gleichsam. Ihr Leben ist in besonderer Weise durch diese besodere Berufung gekennzeichnet. Doch dialogisch zu leben, dazu sind alle Menschen aufgerufen. Ist es nicht so?«

Bücher und Menschen

In seinem kleinen, nur 3 Seiten umfassenden Essay *Bücher und Menschen* aus dem Jahre 1947, den Caesarius zum Abschied seines

[73] Franz Rosenzweig, *Briefe und Tagebücher*, herausgegeben von Rachel Rosenzweig und Edith Rosenzweig-Scheinmann unter Mitwirkung von Bernhard Casper, 2. Band 1918-1929, Den Haag: Martinus Nijhoff 1979, S. 1178, Brief vom 7.2.1928.

Besuches in der Zelle von Buber geschenkt bekam, artikuliert letzterer in sehr bewegenden und einzigartigen Worten die Beziehung von *Geist und Büchern zu Welt und Menschen.* Dieser Dualismus darf nicht verwechselt werden mit Caesarius' Feststellung, Buber besitze eine »doppelte Gnade«: zum einen seine Fähigkeit, das Leben als Dialog zu *leben* und dieses zugleich in *mündlichen* Worten und *Schriften*, also in *Büchern* zu proklamieren. Ganz im Gegensatz zu Buber, jedoch ähnlich wie Rosenzweig und Rosenstock-Huessy, erachtete Caesarius *das geschriebene Wort* für weniger echt und weniger vertrauenswürdig als *das gesprochene* Wort. Sprechen und Mündlichkeit waren für Caesarius primäre Zeichen und Winke des *Logos, des Wortes*, an uns, und zwar auf eine Weise, die *Bücher* und *Schreiben* niemals erreichen oder aufwiegen könnten. *Das gesprochene Wort* mehr als *das geschriebene*, die *liturgischen* Handlungen mehr denn als *schreiben* oder *spekulieren*, waren die Mittel und Medien, durch die Christen den existenziellen, den schwachen und zarten Charakter ihres Glaubens bestimmen und beglaubigen.

Buber beginnt seinen winzigen Essay mit der Feststellung, daß er, hätte man ihn in seiner Jugend gefragt, ob er es vorzöge, »nur mit Menschen oder nur mit Büchern zu verkehren«, er gewiß zugunsten letzterer sich ausgesprochen hätte. »Später« so Buber darauf, »hat sich das mehr und mehr geändert.« »Nicht als hätte ich so viel bessere Erfahrungen mit Menschen als mit Büchern gemacht – im Gegenteil, rein erfreuliche Bücher kommen mir immer noch weit öfter als rein erfreuliche Menschen in den Weg –, aber die vielen schlechten Erfahrungen mit Menschen haben mein Lebensmark genährt, wie es das edelste Buch nicht vermöchte, und die guten haben mir die Erde zum Garten gemacht. Wohingegen kein Buch für mich mehr zu tun vermag, als mich in ein Paradies der hohen Geister zu entrücken, wo mein innerstes Herz nie vergißt, daß ich drin nicht lange bleiben darf, aber auch nicht einmal wünschen kann, daß ich es dürfte. Denn (ich muß es geradeheraus sagen, um verstanden zu werden) mein innerstes Herz liebt die Welt mehr als den Geist. Wohl bin ich dem Leben mit der Welt nicht so gewachsen, wie ich es möchte; ich versage immer wieder im Umgang mir ihr, ich bleibe ihr immer wieder von dem schuldig, was sie von mir erwartet, und zwar zum Teil deshalb, weil ich dem Geist so verhaftet bin. Verhaftet bin ich ihm gewissermaßen wie mir selber; aber ich liebe ihn nicht eigentlich, ebenso wie ich mich nicht eigentlich liebe. Eigentlich liebe ich nicht den hier, der mich mit seiner Himmelspratze gepackt hat und festhält, sondern die da drüben, die doch immer wieder zu mir herantritt und mir ein paar Finger reicht, die »Welt«. Beide haben sie Gaben zu verteilen. Er spendet mir sein Manna, die Bücher, sie hat ein Braunbrot für mich bereit, an dessen Rinde ich mir die Zähne ausbeiße und dessen ich nie satt werde, die Menschen. (…) wie ich sie liebe! Ich verehre die Bücher – die, die ich wirklich lese – viel zu sehr, als daß ich sie so lieben könnte.«[74]

Bubers Dichotomie von *Geist* als ›*er*‹ und *Welt der Menschen* als ›*sie*‹ sollte nicht mit Ludwig Feuerbachs Satz »*Die Einheit von Ich und Du ist Gott*« aus seinen *Prinzipien für jede künftige Philosophie* (1843) verwechselt werden, demzufolge Theologie nach Hegel zur *religiösen Anthropologie* geworden sei und Gott schlußendlich sich im Menschen verwirklicht habe. In *Ich und Du* (1923) sagt Buber: »Geist ist Wort. (…) in Wahrheit nämlich steckt die Sprache nicht im Menschen, sondern der Mensch steht in der Sprache und redet aus ihr, so alles Wort, so aller Geist. Geist ist nicht im *Ich*, sondern zwischen *Ich* und *Du*. Er ist nicht wie das Blut, das in dir kreist, sondern wie die Luft, in der du atmest. Der Mensch lebt im Geist, wenn er zu seinem *Du* zu antworten vermag. Er vermag es, wenn er in die Beziehung mit seinem ganzen Wesen eintritt. Vermöge seiner Beziehungskraft allein vermag der Mensch im Geist zu leben.«[75]
Zu Anfang diskutierte Buber die drei »Sphären, in denen sich die Welt der Beziehung errichtet«: »Unser Leben mit der Natur (…) Unsere Worte hängen an der Schwelle der Sprache; unser Leben mit den Menschen (…) die Beziehung ist offenbar und sprachge-

---

[74] Martin Buber, *Bücher und Menschen*, in: Hinweise, Zürich: Manesse Verlag 1953, S. 7-9; hier S. 7-8.
[75] Martin Buber, *Das dialogische Prinzip*, op. cit., S. 41.

staltig; und unser Leben mit den geistigen Wesenheiten (...) die Beziehung ist sprachlos, aber sprachzeugend.« Und doch, in jeder Sphäre, »durch jedes uns gegenwärtig Werdende blicken wir an den Saum des ewigen *Du* hin, aus jedem vernehmen wir ein Wehen von ihm, in jedem *Du* reden wir das ewige an, in jeder Sphäre nach ihrer Weise.«[76]

Am Ende von *Bücher und Menschen* verschärft Buber die Unterscheidung zwischen dem *Geist* und der *Welt der Menschen* und wendet sie auf *Bücher* an: »Gewaltig steht er über mir und redet seine erhabenen Sprüche, die Bücher, auf mich nieder; wie herrlich, wie unheimlich! Sie aber, die menschliche Welt, braucht nur ihr stummes Lächeln zu lächeln, und ich kann nicht ohne sie leben. Stumm ist sie, denn all das Gerede der Menschen ergibt doch kein Wort, wie es mir Mal um Mal aus den Büchern entgegentritt; und ich nehme all das Gerede hin, um die Stummheit empfangen zu können, die hindurchdringt, die Stummheit der Kreatur. Aber eben der menschlichen Kreatur! Und das heißt: der gemischten. Die Bücher sind rein, die Menschen sind gemischt, die Bücher sind Geist und Wort, lauterer Geist und geläutertes Wort, die Menschen sind aus Gerede und Stummheit zusammengefügt, und die Stummheit ist nicht die des Tiers, sondern die des Menschen, und siehe, aus der menschlichen Stummheit hinter dem Gerede raunt dir der Geist entgegen, der Geist als Seele. Sie, sie ist die Geliebte.«[77]

Buber endet mit einer »untrüglichen Probe« zwischen den beiden Wahlmöglichkeiten: *Bücher* oder *Menschen*: »Es gibt eine untrügliche Probe. Denk dich nur in einen Ursprung hinein, wo du allein wärst, ganz allein auf Erden, und du könntest eins von beiden bekommen: Bücher oder Menschen. Wohl höre ich manchen seine Einsamkeit preisen; aber das bringt er nur fertig, weil es eben doch die Menschen auf der Welt gibt, wenn auch in räumlicher Ferne. Ich habe nichts von Büchern gewußt, als ich dem Schoß meiner Mutter

---

[76] Op. cit., S. 10.
[77] Martin Buber, *Bücher und Menschen*, op. cit., S. 8-9.

entsprang, und ich will ohne Bücher sterben, eine Menschenhand in der meinen. Jetzt freilich schließe ich zuweilen die Tür zu meiner Stube und ergebe mich einem Buch, aber nur, weil ich die Tür wieder öffnen kann und ein Mensch blickt zu mir auf.«[78]

[78] Op. cit., S. 9.

Die Briefe
des
Briefwechsels Caesarius – Buber
1949 – 1964

Jerusalem 20. 4. 57

Lieber Pater Caesarius —

Heute, da sich die in den letzten Wochen meiner Abwesenheit angesammelte Post noch nicht bewältigen lässt, kann ich Ihnen nur sagen, dass Ihr Brief in meine Hand und mein Herz gelangt ist. Ich gedenke der gemeinsamen Stunden, in jenem Brudergefühl, das aus der Erfahrung der Kindschaft erwächst.

Die noch fehlenden Bücher werde ich nach und nach zu besorgen suchen. Ein neues Büchlein, „Urdistanz und Beziehung", habe ich Ihnen durch Schneider zugehen lassen.

Unterwegs ist mir Ihre Frage, ob Sie über Ihr Verhältnis zur Dialogik schreiben sollen, neu in den Sinn gekommen. Ich glaube, Sie sollten es tun.

In herzlicher Verbundenheit

Martin Buber

Meine Frau, die Ihren Gruss erwidert, denkt oft an Laach zurück.

Die Briefe
1949 – 1964

Hinweis für die Leser:

Der Briefwechsel besteht aus 77 transkribierten Briefen: 36 Briefe von Pater Caesarius an Buber. Zusätzlich 3 (mit einem * gekennzeichnete) Briefentwürfe. 32 Briefe von Buber an Pater Caesarius. 1 Brief an Buber von Pater Caesarius zusammen mit Ernst Gorsemann. 2 Briefe von Gorsemann an Buber. 1 Brief an Buber von Pater Caesarius zusammen mit Renate Vollmer. 5 Briefe von Buber an Harold Stahmer.

Die Briefe werden wie folgt gekennzeichnet:

»**LB**« bezieht sich auf die 36 Briefe von Pater Caesarius an Buber sowie auf die 3 (mit einem * gekennzeichneten) Briefentwürfe. Pater C. Lauer/Prof. Martin Buber = **LB.**

»**BL**« bezieht sich auf die 32 Briefe von Prof. Buber an Pater Caesarius.

»**LGB**« bezieht sich auf den Brief von Pater Caesarius und Prof. Ernst Gorsemann.

»**GB**« bezieht sich auf die 2 Briefe von Prof. Gorsemann an Prof. Buber.

»**LVB**« bezieht sich auf den Brief an Buber von Pater Caesarius und Renate Vollmer.

»**BS**« bezieht sich auf die 5 Briefe von Prof. Buber an Harold Stahmer.

Es wurde alles getan, um das genaue Format, die Interpunktion und den Stil der Briefpartner in ihrer jeweiligen Handschrift so getreu wie möglich wiederzugeben. Alle Briefe wurden handgeschrieben, außer wenn angezeigt.

N.B. »XXXXX« kennzeichnet Wörter oder Sätze in den Originalbriefen, die unverständlich blieben oder Briefstücke, die fehlen bzw. abgeschnitten wurden.

Zeittafel der Briefe
N.B.* = Entwurf

#1 LB	24. 2. 1949	#28 LB	8. 12. "
#2 BL	30. 7. "	#29 LB	16. 1. 1953
#3 LB	18. 9. "	#30 BL	22. 1. "
#4 BL	9.10. "	#31 BL	24. 1. "
#5 LB	17. 2. 1950	#32 LB	3. 2. "
#6 BL	7. 3. "	#33 BL	17. 2. "
#7a LB*	18. 5. "	#34 BL	29. 5. "
#7b " *	21. 5. "	#35 LB	9. 6. "
#7c "	21. 5. "	#36 BL	16. 6. "
#8 BL	16. 6. "	#37 LB	15. 10. "
#9a. LB*	14. 9. "	#38 BL	29. 10. "
#9b. "	17. 9. "	#39 LB	14. 2. 1954
#10 BL	3. 1. 1951	#40 LB	18. 4. "
#11 LB	4. 1. "	#41 BL	28. 4. "
#12 LB	10. 1. "	#42 LB	28. 10. "
#13 BL	21. 1. "	#43 LB	31. 10. "
#14 LB	26. 1. "	#44 BL	27. 1. 1955
#15 BL	22. 2. "	#45 LB	13. 5. "
#16 LB	3. 3. "	#46 BL	25. 5. "
#17 LB	9. 4. "	#47 LB	23. 1. 1956
#18 BL	20. 4. "	#48 BL	31. 1. "
#19 LB	15. 8. "	#49 LB	14. 6. "
#20 GB	21. 8. "	#50 LB	2. 2. 1958
#21 BL	25. 9. "	#51 BL	Ohne Datum
#22 LB	18. 12. "	#52 BL	16. 5. 1958
#23 BL	8. 9. 1952	#53 LB	28. 5. "
#24 LB	17. 9. "	#54 BL	1. 6. "
#25 GB	1. 10. "	#55 LB	18. 8. "
#26 LGB	7. 10. "	#56 BL	27. 9. "
#27 BL	8. 10. "	#57a. LB*	28. 1. 1959

#57b. LB	29. 1. "	#68 BL	28. 7. "
#58 BL	28. 3. "	#69 BS	31. 7. "
#59 LB	30. 1. 1960	#70 LB	11. 8. "
#60 BL	9. 2. "	#71 BS	13. 8. "
#61 LB	30. 4. "	#72 LB	8. 9. "
#62 BS	21. 6. "	#73 BS	4. 1. 1961
#63 BL	27. 6. "	#74 LB	25. 1. "
#64 LB	5. 7. "	#75 BS	2. 2. "
#65 BL	7. 7. "	#76 BL	5. 2. 1961
#66 LB	16. 7. "	#77 LVB	10. 2. 1964
#67 BL	26. 7. "		

#1 LB

Abtei Maria Laach, 24.II.49

Verehrter Herr Professor,

seit langer Zeit warte ich auf eine Gelegenheit mit Ihnen in Verbindung zu kommen. Heute ist mir diese Gelegenheit plötzlich geschenkt. Der H. Herr Pater Prior der Abtei vom Sion weilt unter uns. Er will meinen Brief an Sie nach Jerusalem mitnehmen.

Freilich wage ich den Schritt zu Ihnen hin nur zögernd. Dazu in dieser ungenügenden Form des geschriebenen Wortes. Bin ich Ihnen doch vollkommen fremd. Aber Sie sind es mir eigentlich nicht: durch Ihre Schriften. So soll dieser kleine Brief denn an erster Stelle ein Zeichen des Dankes sein, eine »Ant-Wort« auf das Wort, in dessen Dienst Sie sich ganz und gar gestellt und das Sie so vielen Menschen vermittelt haben.

Darf ich nun noch zwei Fragen stellen? Die erste davon trage ich Ihnen auch im Namen anderer Menschen vor, nicht nur in meinem: Besteht Aussicht, daß das Werk der Eindeutschung der Schrift vollendet wird?[79] Die zweite Frage enthält ein persönliches Anliegen: Wie komme ich an Ihr Buch »Ich und Du«?[80]

---

[79] Caesarius‹ Interesse an der Buber-Rosenzweig-Übersetzung der hebräischen Bibel ins Deutsche sowie das Datum der Vollendung der revidierten Fassung werden in dem Briefwechsel mit Buber wiederholt angesprochen. Vgl. *Die Schrift, Übersetzung aus dem Hebräischen ins Deutsche in Zusammenarbeit mit Franz Rosenzweig*, 15 Bände, Berlin: Lambert Schneider und später Schocken Verlag 1937; *Die Schrift. Revidierte Fassung*. 4 Bände, Köln und Olten: Jakob Hegner Verlag 1962. Vgl. auch *Werke*, Zweiter Band, Schriften zur Bibel, München und Heidelberg: Kösel Verlag und Verlag Lambert Schneider 1964. Dieser Band enthält die Neuauflage von Buber und Rosenzweigs *Die Schrift und ihre Verdeutschung*, die zuerst 1936 erschien. Vgl. auch die wichtige neue Übersetzung ins Englische: Martin Buber und Franz Rosenzweig, *Scripture and Translation. Translated by Lawrence Rosenwald with Everett Fox*. Bloomington & Indianapolis: Indiana University Press 1994.

[80] *Ich und Du*, Leipzig: Insel Verlag 1923. Nun in Martin Buber, *Das dialogische Prinzip*, Heidelberg: Verlag Lambert Schneider 1973.

Ich wäre Ihnen herzlich dankbar, wenn Sie mir ganz XXXXX[81] schreiben würden.

Mönch d. Abtei Maria Laach,

Deutschland, Rheinland

#2 BL

Talbiyeh, Jerusalem,
30.7.49

Hochwürdiger Pater Caesarius –

Ihren Brief vom 24.2. habe ich heute erhalten – und als einen der Grüße aufgenommen, die in dieser Zeit, mit höherer Sinnespotenz wohl als je geladen, zwischen den Exilen des Menschen getauscht werden.

Ihre Fragen sind freilich schnell beantwortet. Für eine Vollendung der deutschen Schrift steht, soweit ich sehe, kein Verlag bereit; also soll sie wohl ein Torso bleiben. Zu meinem Buch »Ich und Du« aber kommen Sie am einfachsten so, daß ich Ihnen von meinem Züricher Verleger das Buch »Dialogisches Leben« senden lasse, in dem jenes mit enthalten ist, (nebst »Zwiesprache«, »Die Frage an den Einzelnen«, »Rede über das Erzieherische«, »Über Charaktererziehung« und »Das Problem des Menschen«).[82] Als Gegengabe nehme ich gern eins der Bücher deutscher katholischer Autoren entgegen, die ich vermisse und nicht beziehen kann, entweder – woran mir

---

[81] Unleserlich.

[82] *Dialogisches Leben.* Gesammelte philosophische und pädagogische Schriften, Zürich: Georg Müller Verlag 1947.

am meisten gelegen ist – Wusts »Der Mensch und die Philosophie«[83] oder Guardinis »Welt und Person«[84].

Sie ehrerbietig grüßend

Martin Buber

#3 LB

Abtei Maria Laach, 18.9.49

Verehrter Herr Professor,

innerhalb von 7 Tagen war Ihr Brief vom 30.7. hier und Ihr Buch

---

[83] Peter Wust (1884-1940), deutscher römisch-katholischer Philosoph, *Der Mensch und die Philosophie. Einführung in die Hauptfragen der Existenzphilosophie*. Mit einem Vorwort und Nachwort des Herausgebers Augustin Borgolte. Münster-Regensburg 1947. In einem Brief an Maurice Friedman vom 11.8.1951 teilt Buber den Eingang dieses Buches mit, er habe jedoch noch keine Zeit gehabt, es zu lesen. Vgl. Friedman, *Martin Buber's Life and Work*, Vol. III, S. 290.

[84] Romano Guardini (1885-1968), deutscher römisch-katholischer Theologe italienischer Abkunft, Professor für Religionsphilosophie und katholische Weltanschauung in Berlin 1923 bis 1939; sein Lehrstuhl wurde aufgelöst. Nach dem Krieg lehrte er in Tübingen und München. Er trug wesentlich zur Liturgischen Bewegung bei. Caesarius traf Guardini erstmals 1920, als letzterer Maria Laach besuchte. Sie korrespondierten miteinander von Zeit zu Zeit. In *Welt und Person* (Würzburg: Werkbund Verlag 1939) entwickelte G. eine christliche Anthropologie auf der Annahme des Alten Testaments, derzufolge die Dinge der Welt Gottes »Sprache« seien. Sie finde ihren höchsten Ausdruck im Logos des Johannes-Evangeliums. Gott als Person verwirklicht sich in der Sprache, Christus als der Sohn und das Wort Gottes, der schafft und spricht, sind Gottes Werkzeuge für das Leben. Guardini erhielt den Friedenspreis des deutsche Buchhandels in der Paulskirche im Jahre 1952, im Jahr vor Buber, außerdem den Erasmus-Preis im Jahr 1962, ebenfalls ein Jahr vor Buber. Vgl. Bubers Briefe an G. vom 12.12.1952 und von diesem an Buber vom 10.11.1954 in: Buber, *Briefwechsel*, Bd. III, und Friedman, op. cit, Bd. II, S. 678-679.

kam 2 Tage später aus der Schweiz. Diese Gaben haben mich herzlich gefreut, weil auch dies eine Weise ist, in der »Dialogisches Leben« sich vollzieht. Wir leben ja besonders heute in der großen Gefahr, vor Gott und also voreinander zu verstummen.[85] Umso größer ist die Freude, wenn wir spüren, daß noch irgendwo Cor ad Cor loquitur.[86] – Eines freilich hat mich traurig gemacht, Ihre Nachricht nämlich, daß wir vorläufig mit einer Vollendung der deutschen Schrift nicht rechnen dürfen. Das bedauern viele meiner Mitbrüder[87] mit mir und darüber hinaus noch viele andere Menschen. Gerne habe ich Ihnen durch einen meiner Mitbrüder über die Schweiz Wusts: »Der Mensch u. die Philosophie« zusenden lassen. Hoffentlich kommt das Büchlein auch gut an. Lassen Sie es mich, bitte, wissen, ob die Sendung tatsächlich zu Ihnen gelangt ist. Guardinis »Welt u. Person« habe ich bis jetzt nicht auftreiben können. Der »Werkbund-Verlag«/Würzburg, der das Werk damals herausgebracht hat, besteht ja nicht mehr. Ich weiß auch nicht, ob inzwischen eine Neuauflage herausgekommen ist. Herr Prof. Guardini wird mir aber gewiß mitteilen, ob das Buch noch zu haben ist. Wenn ja, dann werde ich es sofort für Sie erwerben.

---

[85] In unseren Gesprächen über den Briefwechsel im Jahre 1980 deutete Caesarius »verstummen« als monologisch, als Gegenteil zu »verschweigen«, welches er als »dialogisch« charakterisierte – als schweigend verharren in der Gegenwart Gottes. »Verstummen« hat eher die Eigenschaft »in sich verschlossen sein«, »entfremdet, unfähig zu antworten« in dem Sinne, wie Paulo Freire über die monologische Verzweiflung und Impotenz spricht, wie sie mit »Ohnmacht« assoziiert wird. Für Freire ist das Gegenteil zu »Ohnmacht« »*conscientizãa*«, d.h. das Gespür der Freiheit und der Begeisterung (empowerment), die jeden Mensch in die Lage versetzen, »*sein eigenes Wort zu sagen und die Welt zu benennen*«. Vgl. Paulo Freire, *Pädagogik der Unterdrückten*, Hamburg: Rowohlt 1973. Vgl. Briefe #47 LB, in dem dieses Thema breiter angesprochen wird.

[86] Pater Caesarius' Motto stammt von John Henry Kardinal Newman (1801-1890): »*Cor ad cor loquitur. Cor ecclesiae est, ecclesia cordium.*« (»Herz spricht zu Herz. Das Herz der Kirche ist die Kirche der Herzen.«)

[87] Bezieht sich auf Pater Thomas Michels, O.S.B., den früheren Prior von Maria Laach.

– Vor Ihm, Gott, Ihrer gedenkend und Ihnen für all Ihre Güte herzlich dankend grüßt ehrfürchtig

P. Caesarius Lauer

#4 BL

Talbiyeh, Jerusalem
9.10.49

Verehrter Pater Caesarius –

Dank für das Buch von Wust, das ich bereits, gleichzeitig mit Ihrem Brief, erhalten habe.

Wenn Sie das Vorwort zu »Dialogisches Leben« inzwischen gelesen haben, wissen Sie wie sehr es mir darum zu tun ist, von ähnlich Erkennenden zu erfahren. Wenn Ihnen je und je derartiges in der katholischen Literatur begegnet, so lassen Sie es mich bitte wissen. Ἡ χάρις κετὰ πάντων ἡυίρν .[88]

Martin Buber

[88] »*Gnade sei mit uns allen*!« (Titus, 3:15)

#5 LB

BENEDIKTINER-ABTEI MARIA LAACH, DEN 17. Februar 50
MARIA LAACH ÜBER ANDERNACH
BEZ.KOBLENZ/RHLD.
(ETC.)

Verehrter Herr Professor,

gleichzeitig mit diesem Brief geht nun endlich »Welt und Person«, das Sie sich ja gewünscht hatten, an Sie ab. Da ich das Buch sonst nirgends hatte auftreiben können, wandte ich mich an den Autor selber, der unserer Abtei ja kein Fremder ist. Es traf sich gut. Herr Prof. Guardini konnte noch über ein Exemplar verfügen, das er Ihnen – wie Sie aus der Widmung ersehen – in froher Erinnerung durch mich zusenden läßt. Mir bereitet es besondere Freude, und es war mir eine selbstverständliche Pflicht der Dankbarkeit, daß ich Ihnen das Buch vermitteln durfte. Herr Professor Guardini sendet Ihnen herzliche Grüße auf diesem Wege. – Darf ich noch zwei Bitten anfügen? Es wäre mir lieb, wenn Sie mir den Empfang des Buches wieder bestätigten. Diesmal kann ich das Buch leider nicht von der Schweiz aus absenden lassen. Es geht also einen unsichereren Weg. Nun täte es mir freilich gerade in diesem Falle besonders leid, wenn es sein Ziel nicht erreichte, eben weil es sich um ein Geschenkexemplar handelt. – Die zweite Bitte: würden Sie mir gelegentlich bitte mitteilen können, was alles Sie über den Chassidismus[89] veröffentlicht haben? Dann, welche Verlage diese

[89] Hier bezieht sich Caesarius auf die in Polen im 18. Jh. durch Baal-Sehm-Tov, den »Meister des Guten Namens«, aufgekommene jüdische Bewegung, die von verschiedenen Elementen des mehr esoterischen Mystizismus der mittelalterlichen Kabbala beeinflußt war und dagegen aufbegehrte. Chassidismus entstand in Reaktion auf Verfolgungen, die mehrere falsche Messiasse hervorbrachten, sowie auf den akademischen Formalismus des rabbinischen Judentums. In seinen vielerlei Formen betont der Chassidismus das Erbarmen Gottes und ermutigte zu freudigem religiösen Ausdruck in Musik und Tanz. Der Ch. verbreitete sich schnell, insbesondere unter den ungebildeten Massen. Der Baal-Shem lehrte, daß

Dinge herausgebracht haben und was davon augenblicklich wohl noch zu bekommen ist? Alles das geht uns Mönche benedictinischer Prägung ja sehr an. Doch haben wir hier auf unserer Bibliothek nicht eine Zeile von der in dieser Richtung gehenden Literatur, soweit ich sehe. Welche Werke würden Sie mir empfehlen, die einem die Welt des Chassidismus wirklich nahezubringen geeignet sind, außer denen, die Sie selber darüber veröffentlicht haben? – Was sagen Sie über Gabriel Marcel?[90] Ich glaube, er sieht Einiges gut und richtig, zum mindesten ist manche seiner Erkenntnisse geeignet, das ›dialogische Anliegen‹ zu fördern. –

---

die Reinheit des Herzens Gott mehr gefällt als Lernen. Dies erregte Widerstand unter den Talmudisten, die 1871 den Ch. zu einer häretischen Bewegung erklärten. Vgl. **Briefe #6 MB**. Bubers enger Freund Gershom Scholem, der Verfasser der *Hauptströmungen der jüdischen Mystik*, stand Bubers Deutung des Ch. sehr kritisch gegenüber. Über ihre unterschiedlichen Deutungen gibt es zahlreiche Untersuchungen. Denjenigen, die Buber studieren möchten, sei empfohlen das 6. Kapitel von Grete Schaeder, *The Hebrew Humanism of Martin Buber*, Detroit: Wayne state Press 1973. Der Titel dieses Kapitels lautet »*Die Botschaft des Chassidismus*«.

90 Gabriel Marcel (1889-1973), geb. in Paris, französischer Philosoph, Dramatiker und Kritiker, der 1929 zum Katholizismus konvertierte. Er war Buber und Caesarius bekannt als der führende französische christliche existenzialistische Philosoph, Verfasser von: *Metaphysisches Journal* (1927), *Sein und Haben* (1935), *Du refus à l'invocation* (1940) und *Das Geheimnis des Seins* (1950). Gegenüber dem deutschen Idealismus nannte sich Marcel selbst einen »konkreten Philosophen«, dem Philosophie keine Formulierung eines Systems darstellt, sondern eher eine persönliche Besinnung auf die menschliche Situation. Der Philosoph muß »engagiert« sein, auch persönlich, denn Existenz und menschliche Person sind bedeutender als Abstraktionen. Wider die Unpersönlichkeit der mechanistischen modernen Welt und im Aufruf des Menschen zu einer Aufmerksamkeit dem Geheimnis des Seins gegenüber spricht Marcel von der Entwicklung des Individuums aus dem Dialog von Mensch zu Mensch. Menschliche Existenz finde ihre Befriedigung auf Erden in der auf Gott ausgerichteten Kommunion der Personen, welche sich durch gegenseitige Treue und Hoffnung auszeichnen. Vgl. **Briefe #6 BL** und den Austausch zwischen Buber und Marcel in Schilpp und Friedman, *The Philosophy of Martin Buber*, LaSalle, Ill.: Open Court Publishing Co. 1967 (dt. *Martin Buber*, Stuttgart 1963).

Ihnen, verehrter Herr Professor, treu und dankbar gedenkend, grüßt Sie herzlich

P. Caesarius Lauer

#6 BL

Jerusalem 7.3.50

Verehrter Pater Caesarius –

Ich weiß Ihnen besonderen Dank für die freundliche Vermittlung. Das Buch ist heute wohlbehalten eingetroffen. Übermitteln Sie bitte Herrn Prof. Guardini meinen Dank und herzlichsten Gruß. Es ist mir sehr lieb sein Buch zu besitzen, zumal mit seiner Widmung.

Meine heute noch gültige Veröffentlichungen über den Chassidismus sind:

1. Die chassidischen Bücher (erschien 1928 bei Hegner in Hellerau, ging dann in den Schocken Verlag über). Dieses Buch umfaßt die früher erschienenen: a) Die Geschichten des Rabbi Nachman (1906), b) Die Legende des Baalschem (1902), c) Der große Maggid und seine Nachfolge (1921), d) Das verborgene Licht (1924), e) Mein Weg zum Chassidismus (1918).

2. Des Rabbi Israel ben Elieser, genannt Baal-Schem-Tow, das ist Meister des guten Namens, Unterweisung im Umgang mit Gott, aus den Bruchstücken gefügt (erschien 1927 bei Hegner, ging dann in den Schocken Verlag über).[91]

---

[91] Vgl. *Des Baal-Schem-Tow Unterweisung im Umgang mit Gott*, Hellerau: Jacob Hegner Verlag 1927.

3. Die chassidische Botschaft (die hebräische Ausgabe erschien 1945, die englische – unter dem Titel »Hasidism« – im Verlag der Philosophical Library in New York; die deutsche Ausgabe wird von Lambert Schneider in Heidelberg vorbereitet und wird voraussichtlich im nächsten Winter erscheinen). Dieses Buch ist die Darstellung der Lehre.[92]

4. Die Erzählungen des Chassidism (erschien 1949 in der »Bibliothek der Weltliteratur« des Manesse Verlag in Zürich; eine hebräische und eine englische Ausgabe sind vorangegangen). Dieses Buch enthält auf S.15-110 eine geschichtliche Einleitung und auf S.111-842 etwa 1300 Geschichten und Aussprüche nach den Personen der »Zaddikim« geordnet, darunter alles in 1c und 1d Enthaltene.

5. Gog und Magog (erschien 1949 bei Lambert Schneider in Heidelberg; vorher erschienen die hebräische und die englische Ausgabe). Diese »Chronik« erzählt das Unterfangen einiger Zaddikim zur Zeit Napoleons, diesen auf dem Weg der »praktischen Kabbala« zu dem Gog der ezechielischen Prophetie zu machen dessen Kriege nach einer Tradition dem Kommen des Messias vorausgehen sollen, den Kampf anderer Zaddikim – gegen dieses Vorhaben, und den – geschichtlich Beglaubigten – Untergang aller Beteiligten innerhalb eines einzigen Jahres.

Von diesen Büchern kann ich, wenn es Ihnen erwünscht ist, 1 und 2 vorraussichtlich noch in Tel- Aviv auftreiben; von der englischen Ausgabe von 3 kann ich selber Ihnen ein Exemplar senden; 4 und 5 sind wohl in Deutschland erhältlich, 5 ja auf jedem Falle. Zunächst erhalten Sie also Nr. 3.

Das geschichtliche Hauptwerk in Deutscher Sprache ist: S.M. Dubnow, Geschichte des Chassidismus, 2 Bde., Berlin 1931. Brauchbar ist auch S.A. Horodezky, Leaders of Hasidism, London 1928.

---

[92] Vgl. *Die chassidische Botschaft*, Heidelberg: Verlag Lambert Schneider 1952.

Reiches Material bietet L.I. Newman, The Hasidic Anthology, New York 1934. G. Scholems grundlegendes Buch über Die Kabbala, Major Trends in Jewish Mysticism, 2. Aufl. New York 1941, enthält im Schlußkapitel einige Hinweise.

Bei Marcel habe ich besonders in seinem letzten Buch »Du Refus à l'invocation«, einiges Vortreffliches gefunden. Wertvoll ist auch sein Aufsatz »Les techniques d'avitassement dans le monde et la pensée d'aujourd'hui« in dem Sammelwerk »Le mal est parmi nous« (in der Serie »Présences«, 1948). Dagegen ist, was er in seinem Journal métaphysique zum dialogischen Anliegen sagt, eher eine Abschwächung dessen, was er bei mir (wie seine Widmung in dem mir gesandten Exemplar bezeugt) vorgefunden hat und bei Ebner zumindest vorfinden konnte. Er erfaßt nicht klar genug, daß es ein ontologisches Anliegen ist. Ich selbst betone dies in einer neuen, noch unveröffentlichten Arbeit noch stärker als zuvor.[93]

---

[93] Ferdinand Ebner (1882-1931). Österreichischer römisch-katholischer Schullehrer – vgl. hierzu Konrad Wünsche, *Der Volkschullehrer Ludwig Wittgenstein*, Frankfurt/Main: 1985 (edition suhrkamp 1299) [A.d.Ü.] – , Dichter und Philosoph, dessen dialogische Schriften einen wichtigen Einfluß auf Buber ausübten. Vgl. M. Buber, *Nachwort – Zur Geschichte des dialogischen Prinzips*, in: ders., *Das dialogische Prinzip*, op. cit.: »Die katholische Philosophie hat damals vornehmlich Gabriel Marcels >>*Journal métaphysique*>> (1927) hervorgebracht, in dem, anscheinend unabhängig von dem bis dahin in deutscher Sprache Gesagten, die zentrale Einsicht mit ihrem jeweiligen Kommen aufgezeichnet erscheint, ohne daß sie irgendwo den elementaren Erfahrungen des katholischen Denkers Ebner vergleichbar wäre; an die Tiefen des Sprachreichs wird hier nicht gerührt. Doch haben mir Tatsachen wie die, daß hier der grundlegende Satz von >>*Ich und Du*>>, das ewige Du könne seinem Wesen nach nicht zum Es werden, wiederkehrt, die Universalität des geistigen Werdens, von dem dieses Nachwort handelt, erneut bestätigt.« Op. cit., S. 311. Zu Ebner und Buber vgl. Michael Theunissen, *Der Andere*, Berlin: de Gruyter 1968; Bernhard Casper, *Das dialogische Denken: Franz Rosenzweig, Ferdinand Ebner, Martin Buber*,Freiburg. Herder Verlag 1967; Harold Stahmer, »*Speak That I May See Thee!« – The Religious Significance of Language – Hamann, Rosenstock-Huessy, Rosenzweig, Buber, and Ebner*, New York: Macmillan 1968. Vgl. die wichtige Untersuchung von Rivka Horwitz zu den Ursprüngen von Bubers Begriff »das Du«: Rivka Horwitz, *Buber's Way to »I and Thou«, An Historical Analysis and the First Publication of Martin*

Sie herzlich grüßend

Martin Buber

Ich lege dem Buch »Hasidism« noch ein Büchlein »Ten Rungs«[94] bei, das sich aber zum großen Teil mit den in (den) »Erzählungen der Chassidim« enthaltenen Texten deckt.

#7a. LB*

Abtei Maria Laach, 18.5.50

Verehrter Herr Professor,

Sie haben mich wieder reich beschenkt mit Ihrem gütigen Brief vom 7.III. und den beiden Büchern »Hasidism« und »Ten Rungs«. Sie schreiben mir überdies, daß Sie für mich auch noch »Die chassidischen Bücher« and des »Rabbi Israel ben Elieser Unterweisung im Umgang mit Gott« in Tel-Aviv auftreiben wollen. Das wäre mir freilich mehr als »erwünscht«. Ist es unbescheiden, wenn ich Sie bitte, mir ein Logion in eines der Bücher hineinschreiben zu wollen, falls Sie mir diese senden; vorausgesetzt, daß Sie so etwas gerne tun. Doch wird mir nun tatsächlich ein wenig bange bei dem Gedanken, daß ich mit meinen Wünschen und Briefen Ihnen vielleicht lästig bin. Aber ich kann Ihnen kaum recht klarmachen, was die Begegnung mit Ihnen in Ihren Büchern für mich bedeutet. Keinesfalls kann ich Ihnen gutmachen, was Sie für mich tun. Sollten Sie einen Wunsch haben, so lassen Sie ihn mich doch bitte wissen. – Ja, wer

---

Buber's Lectures »Religion als Gegenwart«, Heidelberg: Verlag Lambert Schneider 1978 [auf Englisch – A.d.Ü.].

94 Ten Rungs, *Hasidic Sayings*. Translated by Helga Marx, New York: Schocken Books 1947.

dialogisch leben darf, der erst lebt eigentlich. In dieser seinstreuen Existenz wird der Mensch wieder heil. Mit dem dialogischen Leben ist eben doch mehr als bloß ein »Umbruch des Denkens« gemeint. Mir fällt immer wieder auf, daß so manche Deuter Ihres Werkes, dem nicht ganz gerecht werden, was Sie eigentlich meinen. Diese Interpreten schwächen ab und verdünnen, weil die meisten von ihnen noch zu stark dem Intellectualismus verhaftet sind, vielleicht ohne daß sie es selber merken. Aber auch die, welche sich Existenzialisten nennen, kommen nicht an die Seinswirklichkeit heran, die Sie meinen und die das dialogische Leben ohne allen Zweifel auch ist, freilich nur für den, der es vollzieht. Mir wird mehr und mehr deutlich, daß die eben gekennzeichneten Deuter beider Richtungen das gemeinte Anliegen nicht recht würdigen und erst recht nicht »erfassen« können, weil sie selber im Grunde nur monologisch da sind und oft auch aus dem Gehäuse ihres monologischen Daseins gar nicht herauswollen. Freilich, ich will gerecht und demütig bleiben: mit obiger Erkenntnis geht Hand in Hand jene, daß dialogisch leben – vor aller Anstrengung von unten her – Gnade ist. Es ist ja ein Leben in und aus der Liebe, die von Ihm, Gott, kommt, χάρις, was ja Liebe und Gnade heißt. – Ich freue mich darüber, daß Sie nicht locker lassen, den ontischen Charakter dialogischen Lebens immer klarer herauszuarbeiten. Noch eine Frage: Wie würden Sie das Verhältnis zwischen dialogischem Leben, wie Sie es erkennen, und dem »Personalismus« Emmanuel Mouniers näher bestimmen?

In dankbarer Verehrung Sie grüßend

P. Caesarius Lauer

PCL NOTES:
Etwas verändert abgesandt.
»Philosophie« von oben
vor allen XXXXX und die alten Anliegen alles Inneren
erfassend und doch sie überwindend. Sie ist nicht eine Philosophie neben anderen weil sie eine XXXXX ist. Sie ist an der Offenheit orientiert.

#7b. LB*

Abtei Maria Laach, 21. Mai 50

Verehrter Herr Professor,

Sie haben mich wieder reich beschenkt mit Ihrem freundlichen Brief vom 7. III. und den beiden Büchern »Hasidism« und »Ten Rungs«. Sie schreiben mir überdies, daß Sie für mich auch noch »Die chassidischen Bücher« und »des Rabbi Israel ben Elieser Unterweisung im Umgang mit Gott« in Tel-Aviv auftreiben wollen. Das wäre mir freilich mehr als »erwünscht«. Ist es unbescheiden, wenn ich Sie in diesem Zusammenhang darum bitte, mir ein Logion in eines der Bücher hineinschreiben zu wollen, vorausgesetzt, daß Sie das gerne tun. Doch wird mir tatsächlich ein wenig bange bei dem Gedanken, daß ich Ihnen mit meinen Wünschen vielleicht doch lästig bin. Ich schrieb Ihnen schon, daß ich Ihnen kaum recht klarmachen kann, was die Begegnung mit Ihnen in Ihren Büchern für mich bedeutet. Keinesfalls kann ich Ihnen ja gutmachen, was Sie für mich tun. Sollten Sie aber irgendeinen Wunsch haben, so lassen Sie ihn mich doch bitte wissen. Wenn es mir möglich ist, werde ich ihn gerne erfüllen. – Es freut mich sehr, zu hören, daß Sie nicht locker lassen, den ontischen Charakter dialogischen Lebens immer klarer herauszuarbeiten. Sie tun damit ein großes Werk der Liebe. Sie zeigen dem irrenden Menschen, was er eigentlich ist, und Sie zeigen ihm damit zugleich den Weg zur ganzheitlichen, seinstreuen Existenz. Nur darin wird der Mensch wieder heil: wenn er durch sein Leben antwortet auf sein durch göttliches Schöpferwort dialogisch gegründetes Menschsein. Der Mensch soll leben wie er ist und was er ist: dialogisch. Beides ist seinsmäßig aufeinander hingeordnet; was die Freiheit aber gar nie in Frage stellt; ja es ist sogar der Schlüssel zur wahren Freiheit. Sehe ich das richtig? Letztens hat einer gesagt, was der Mensch sei, sei ontologisch nicht zu fixieren. Wie dem auch sei: mir scheint es gibt nur eine ontologische Aussage über den Menschen: daß er dialogisch seiend und daseiend ist. Das eben ist doch das Anliegen: daß dialogisches Dasein ist. Wenn ich recht sehe, wird so mancher Deuter dem nicht ganz gerecht, was Sie eigentlich meinen, weil sie fast alle – ich meine die vielen, die da über Sie und Ihre Arbeit schreiben – irgendwelchen Systemen oder auch Ideologien noch stark verhaftet, zwar dialogisch seiend – das sind sie ja, weil sie eben Menschen sind – aber monologisch daseiend – das sind sie, weil sie gefallene Menschen sind, was sie aber zum größten Teil nicht wahrhaben wollen – nicht an die Seinswirklichkeit herankommen können, die nicht nur das dialogische Wesen sondern auch das dialogische Leben ist. Dagegen werden die intellectualistischen »Seins«philosophen mit ihrem einseitig statischen Seinsbegriff immer sturmlaufen. Aber nicht nur dies, sondern auch manche »Existenzialisten«, die den ontischen Charakter des Lebendigen nicht richtig fassen, ja sie, den dynamischen Charakter des Seienden überbetonend, das Seiende des Lebendigen in Frage stellen und in die Dynamik hinein bezw. in das Nichts auflösen. In beiden Fällen aber ist echte Beziehung unmöglich gemacht. Im Falle des Intellectualismus: weil er einmal das Seiende zur Sache oder zum bloßen Gegenstand herabwürdigt, andererseits aber das so entleerte Sein – in ehrfurchtloser Weise die Seinsgrenze überschreitend – »verseelt«. Im Falle des Existentialismus (zum mindesten einiger Philosophen, die sich als »Existenzialisten« bezeichnen) aber weil er, das Seiende in die Dynamik auflösend, es ebenfalls verseelt«, nicht wie die »Seinsmystiker« in intellectualistischer Weise, sondern in voluntaristischer Weise, was ja noch ehrfurchtsloser ist. Anthropologisch gesehen bedeutet das, daß der Mensch in seinem monologischen Gehäuse drinbleibt und von sich aus dialogisches Leben unmöglich macht. Er lebt gegen sein Sein. In aller Vorsicht mit dem Urteilen und in aller Demut sei es gesagt: Mir scheint doch, daß viele »Existenzialisten« genau so wenig exsistieren im »Sinne des dialogischen Lebens wie die, welche sie überwunden zu haben meinen: nämlich die Idealisten und »Ontologisten«. Gar viele von ihnen scheinen mir eher – wie die, die sie bekämpfen – zur »Insistenzphilosophie« zu gehören. – Darf ich mir hier noch eine grundsätzliche Bemerkung zu Ihrer Stellung unter den Philosophen erlauben wie ich sie sehe? Die Eigenart Ihres Philosophierens sehe ich darin, daß es ein solches »von oben« ist. Sie kommen von der

Offenbarung her und wissen sich ihr dauernd verpflichtet. Bei den vielen anderen wirkt die Offenbarungswirklichkeit nicht recht hinein in ihr philosophisches Werk. Ich glaube nicht, daß Sie in diesen Worten eine »theologische« Abschwächung Ihres philosophischen Werkes erblicken. Aber die meisten philosophierenden Geister unserer Zeit sehen darin einen Eingriff von Theologen in ihr Gebiet, sehr zum Schaden der Philosophen. Kann man sich denn etwa mit dem Sein und Leben des Menschen befassen, ohne sich mit Gott zu befassen, der den Menschen erschaffen hat und ohne die Offenbarung, die uns doch allein sagen kann, was wir sind und was mit uns los ist. Was soll überhaupt der Streit um Kompetenz in einer so fundamentalen Frage: »Was ist der Mensch«? Hier meine ich, daß »Ihre« »Philosophie« vor aller Spaltung steht, die der unserige selbstherrliche Menschgeist vollzogen hat und dauernd vollzieht. Alle echten Anliegen der großen Philosophien beachtend und würdigend, führt sie auf einen neuen Weg inmitten der Ausweglosigkeit, auf den Weg, auf dem allein die Spaltung überwunden wird, weil er der uralte Weg ist, dessen Richtung von der Offenbarung bestimmt ist. Dieser Philosophie wächst von oben her die Wahrheit zu und von oben her wird ihr die lebendige Kraft. Das ist das »Kanonische« daran, wie ich meine. Echte Philosophie ist sie als Anstrengung des menschlichen Geistes; sie ist es aber auch als Lebenspendende und -formende Kraft. »Umbruch des Denkens« aber auch Umkehr des ganzen Menschen: Metanoia im Vollsinne. Das ist Ihre Leistung zunächst für die Anthropologie: Der Ansatz scheint mir so wesenhaft, daß sich von hier aus Wege auftun zu einer neuen Grundlegung der Kosmologie, die den Kosmos aus der reinen Immanenz herausführt. Für die Metaphysik bedeutet der neue Weg: Rettung aus der reinen Abstraktion, aus der Unfruchtbarkeit selbstgenügsam spekulierender Geister, so wie Sie in der Anthropologie den Menschen wieder richtig gestellt haben: in die gottgewollte Spannung von Immanenz und Transcendenz, indem Sie ihn bestimmten als dialogisches Wesen. Ihre Leistung? Gewiß. Doch dialogisches Leben ist nach dem Sündenfall – vor aller Anstrengung von unten her – Gnade. Ist es doch ein Leben von jener Liebe her und auf jene Liebe hin, die er, Gott selber, ist; in und aus jener caritas, die von Ihm, Gott selber kommt, – welches lateinische Wort ja vom griechischen sich herleitet, was doch vor allem Gnade heißt. Diese χάρις wünsche ich Ihnen von Herzen. Aus ihr heraus habe ich Ihnen die Worte dieses langen Briefes sagen müssen. In der χάρις sind diese Worte auf sie hin gesprochen. Ich stehe Ihrer Ant-Wort offen in der ʽΗ χάρις κετὰ πάντων ἡυίρν .

P. Caesarius Lauer

PCL NOTE
Reichlich verkürzt abgesandt. Vorläufig nichts erwähnt von dem Offenbarungscharakter der Buber'schen Philosophie; auch nicht von den Intellectualisten & Existenzphilosophen.

#7c. LB

Abtei Maria Laach, 21. Mai 50

Verehrter Herr Professor,

Sie haben mich wieder reich beschenkt mit Ihrem freundlichen Brief vom 7. März und den beiden Büchern »Hasidism« und »Ten Rungs«. Sie schreiben, daß Sie mir überdies auch noch »die chassidischen Bücher« und »des Rabbi Israel ben Elieser Unterweisung im Umgang mit Gott« in Tel-Aviv beschaffen wollen. Das wäre mir freilich mehr als »erwünscht.« Ist es unbescheiden, wenn ich Sie darum bitte, mir ein Logion in eines der Bücher hineinschreiben zu wollen, vorausgesetzt, daß Sie das gerne tun. Es wird mir tatsächlich ein wenig bange bei dem Gedanken, daß ich Ihnen mit meinen Wünschen doch vielleicht lästig bin. Ich schrieb Ihnen schon, daß ich Ihnen kaum recht klarmachen kann, was die Begegnung mit Ihnen in Ihren Büchern für mich bedeutet. Keinesfalls kann ich Ihnen ja gutmachen, was Sie für mich tun. Sollten Sie aber irgendeinen Wunsch haben, so lassen Sie ihn mich doch bitte wissen. Wenn es mir möglich ist, so werde ich ihn gerne erfüllen – Es freut mich zu hören, daß Sie nicht locker lassen, den ontischen

Charakter dialogischen Lebens noch klarer herauszuarbeiten. Sie vollbringen in dieser Arbeit ein großes Werk der Liebe, weil Sie so dem irrenden Menschen zeigen, was er eigentlich ist, um ihm so zugleich wieder den Weg zur ganzheitlichen, seinstreuen Existenz zu öffnen. Nur darin wird ja der Mensch wieder heil: wenn er durch sein Leben antwortet auf sein durch göttliches Schöpferwort dialogisch gegründetes Menschsein. Der Mensch soll leben, was er ist und so wie er ist: dialogisch. Mir scheint, daß – wenn überhaupt – nur eine ontologische Aussage über den Menschen möglich ist, nämlich die, daß er dialogisch seiend und daseiend ist. Das ist doch – wenn ich richtig sehe – das Anliegen: daß dialogisches Leben ein »Sein ist«. Was der Mensch sei, läßt sich ontologisch kaum anders fixieren. Nun meine ich – soweit ich das überhaupt zu erkennen vermag – daß viele Deuter Ihres Werkes dem nicht ganz gerecht werden, was Sie eigentlich meinen – vorausgesetzt, daß ich selber es richtig fasse, – weil sie nämlich dialogisch seiend monologisch dasind and deshalb an die Seinswirklichkeit, die das dialogische Leben ist, gar nicht herankommen können. Man muß heraus aus dem Gehäuse monologischen Daseins, um in den Blick zu bekommen, was dialogisches Leben ist und – daß es ist. Aber ich will gerecht und demütig bleiben: wer monologisch »lebt«, lebt eigentlich nicht; und nicht nur dies; er ist eigentlich auch nicht. Monologisches Dasein stellt das Menschsein selber in Frage. Wer monologisch daseiend gegen sein dialogisches Sein »lebt«, dessen Sein ist nicht. Er ist gleichsam nicht Mensch, wiewohl er Mensch ist. In der Sünde hat der Mensch die Freiheit, sein Sein zu wollen wie Gott es gewollt hat, mißbraucht. Er hat sich gegen sich selber entschieden. Die Folge dieser Tat ist die Spaltung und der Widerspruch. Wer darin verharrt verfällt dem Nichtsein. Die Gnade allein rettet ihn davor. Ich möchte sehr, daß Sie den Gnadencharakter dialogischen Lebens nicht als eine theologische »Abschwächung seines Seinscharakters« betrachten. Nach dem Sündenfall sind doch Dialogisches Sein und Dasein nicht mehr selbstverständliche seinshafte Einheit wie vor dem Fall. Die Gnade besteht eben darin, daß sie es wieder werden können. Dialogisches Leben ist doch ein Leben von jener Liebe her und auf jene Liebe hin, die Er, Gott selber, ist; in und aus jener caritas, die von Ihm, Gott selber, kommt; – welches latinische Wort sich ja vom griechischen χάρις herleitet, was vor allem Gnade heißt. In der χάρις habe ich die Worte dieses Briefes zu Ihnen gesprochen. In ihr stehe ich auch Ihrer Ant-Wort offen. Ἡ χάρις κετὰ πάντων ἡυίρν P. Caesarius Lauer

#8 BL

Jerusalem 16.6.50

Verehrter Pater Caesarius –

Die gewünschten Bücher hoffe ich Ihnen bald senden zu können.

Was Sie in Ihrem Brief vom richtigen und falschen Verstehen der Dialogik sagen, entspricht durchaus meiner eigenen Ein- und Absicht.[95] Und daß die Gnade es ist, die uns je und je den dialogischen Charakter des Lebens schenkt, ist mir die wesentliche Erfahrung (s. »Dialogisches Leben« S.23, womit freilich auch S. 84 zu vergleichen ist) und wird es immer mehr. Nur zu dem, was Sie

[95] In unseren Gesprächen 1980 sagte Caesarius, daß er und Buber grundsätzlich darin übereinstimmten, daß es bestimmte »Grenzen« gebe, die unsere Fähigkeit, dialogisches Leben oder Erfahrungen in Worten oder Begriffen auszudrücken, regieren, dies gelte »insbesondere in Verbindung mit »Begriffen«, z.B. für Kants Erkenntnistheorie. Im Falle der »Worte« jedoch spüre Caesarius, daß er eine gegenüber Buber noch »engere und eingeschränktere« Auffassung habe, denn für ihn können »Worte«, sogar »dialogisches Sprechen«, niemals die aktuelle »ontologische Erfahrung« dessen, »was gerade geschieht« im Bereich des Zwischenmenschlichen oder Dazwischen, erfassen oder ihr Gerechtigkeit widerfahren lassen. Während dieses Gespräches enthüllte Ceasarius, daß er zum erstenmal Buber während seiner Studien in Beuron 1948 gelesen habe, beginnend mit *Daniel. Gespräche von der Verwirklichung* (1913), dann *Ekstatische Konfessionen* (1909) und *Die Rede, die Lehre und das Lied* (1920). Vgl. Tonbandaufzeichnung **#25**.

den Sündenfall nennen, mit seinem »vor« und »nach«, muß ich anders stehen als Sie. Ich habe mich gerade im letzten Jahr damit zu befassen gehabt, würde mich aber über das uns hierin Scheidende lieber mündlich – ich hoffe, den Dezember in Deutschland verbringen zu können – als brieflich äußern, wiewohl ich einiges hierüber aufgezeichnet habe, das vielleicht doch noch die Buchgestalt gewinnt.[96] In dem Buch über Pistis und Emuna[97], das Ihnen demnächst zugeht, habe ich diese Frage (die schon im Zentrum meiner Gespräche mit Leo Schestow[98] gestanden hat) nur erst peripher behandeln können oder dürfen.

---

96 Vgl. *Bilder von Gut und Böse*, Köln und Olten: J. Hegner Verlag.

97 Vgl. *Zwei Glaubensweisen*, Zürich: Manesse Verlag 1950.

98 Leo Schestow (1866-1938). Bekannter russischer jüdischer Schriftsteller, Philosoph und Gesellschaftskritiker, der als »von Gott vergifteter Mensch« einmal beschrieben wurde. 1920 zogen er und seine Familie nach Paris, wo er an der Sorbonne Vorlesungen hielt. Eine seiner bekanntesten Schriften heißt *Athen und Jerusalem* (1937). Er schrieb ebenfalls regelmäßig Beiträge für die Zeitschrift *Die Kreatur*, so »*Wissenschaft und freie Forschung*«, 1. Jahrgang, 1926-27, S.247-267; »*Kinder und Stiefkinder der Zeit*«, 2. Jahrgang, 1927-28, S.343-396; »*Die großen Vorabende*«, 3. Jahrgang, 1929-30, S. 343-371 [vgl. *Die Kreatur* (Reprint), Nendeln/Liechtenstein: Kraus Reprint 1969; Elizabeth Petuchowski, »*Die Kreatur, an Interdenomomnational Journal, and Martin Buber's Strange Use of the Term »Reality« (»Wirklichkeit«)*«, in: Deutsche Vierteljahreschrift für Literatur und Geistesgeschichte 4/1995-A.d.Ü.]. Caesarius erzählte mir, daß er gehört habe, Buber und Schestow hätten sich distanziert zueinander verhalten. Buber schrieb einmal: »Schestow ist einer der repräsentativen Denker unserer Epoche. Er ist ein Denker, der Fragen stellt. Aber nicht wie Sokrates, der schon die richtige Antwort weiß und diese erst einmal ›ironisch‹ dem Dialogpartner vorenthält, denn Schestow habe keine fertigen Antworten im Ärmel. Er weiß hingegen, was heute in Frage gestellt werden muß. Das lehrt er uns zu fragen. Hierbei scheut er auch nicht zurück, zwei Antworten zu finden, die einander widersprechen. Er hat selbst in einem ›Pro domo‹ überschriebenen Kapitel geschrieben, daß er gewohnt sei, über solche Widersprüche frei zu sprechen. Dadurch lehrt er uns zeitgenössischen Menschen etwas sehr wichtiges: solche Widersprüche können nicht einfach überwunden werden, wenn sie noch nicht reif sind oder so scheinen. Diese unerschrockene Ehrlichkeit seines Fragens machte Schestow zu dem herausragenden Denker, der er ist.« Aus: Maurice Friedman, *A Believing Humanism,* Gleanings by Martin Buber, New York: Simon and Schuster 1969.

Mein Gruß aber sei der Ihre: ῾Η χάρις κετὰ πάντων ἡυίρν .

Martin Buber

#9a. LB*

Abtei Maria Laach, 14 Sept. 50

Verehrter Herr Professor,

froh erwarte ich Sie und will mich mittlerweile bereiten Ihm ganz gegenwärtig zu werden, damit ich es Ihnen sein kann in Ihm wenn Sie kommen. Von meiner Seite soll nichts im Wege stehen, daß wir die Gnade erfahren, einander »ins Herz der Augen zu schauen.« Wir wollen zueinander hinschweigen, wir wollen zueinander hinsagen das uns Einende, das uns Scheidende; was uns scheidet, wird uns nicht spalten; was uns eint, nicht vermischen. Die Wirkkraft dialogischen Vollzuges ist mächtig genug, beides in fruchtbare Spannung hineinzuläutern. Diese Spannung ist ja geradezu vorausgesetzt, wenn dialogisches Leben sich ereignen soll. Je wahrhaftiger und entschlossener sie beiderseitig durchgehalten wird, umso echter und tiefer ist die Begegnung. Der Dialogik eignet ja Wahrheit und Liebe, Charakter und Hingabe. Hier ist das eine ohne das andere nicht denkbar, nicht vollziehbar. – Ich heiße Sie herzlich willkommen. Sie werden bei uns »Menschliches – Allzumenschliches« finden, aber auch wohlwollende offene Herzen. Zu meiner Freude haben sich noch andere Menschen der Gemeinschaft, in der ich stehe, dem dialogischen Anliegen geöffnet, an erster Stelle der Vater unserer Klosterfamilie. – Ich wäre traurig darüber wenn »Pistis und Emuna« den gefahrvollen langen Weg von Jerusalem nach Laach nicht überstanden hätte. Das muß ich erwähnen, einmal, weil Sie sich ein Sich-Ausschweigen meinerseits über Bücher, die Sie vielleicht längst an mich abgesandt haben, nicht erklären könnten, zum andernmal aber, weil ich mich schon lange vorher jedesmal herzlich auf Ihre Gaben freue.

Ehrerbietig & dankbar

P. Caesarius

so abgesandt
am 18/9.50

#9b. LB

Abtei Maria Laach, 17-9.-50

Verehrter Herr Professor,

froh erwarte ich Sie und will mich mittlerweile bereiten Ihm ganz gegenwärtig zu werden, damit ich es Ihnen sein kann in Ihm wenn Sie kommen. Von meiner Seite soll nichts im Wege stehen, daß wir die Gnade erfahren, einander ins »Herz der Augen zu schauen«. Wir wollen zueinander hinschweigen, wir wollen zueinander hinsagen das uns Einende, das uns Scheidende; was uns scheidet, wird uns nicht spalten; was uns eint, nicht vermischen. Die Wirkkraft dialogischen Vollzuges ist mächtig genug, beides in fruchtbare Spannung hineinzuläutern. Diese Spannung ist ja geradezu vorausgesetzt, wenn dialogisches Leben sich ereignen soll. Je wahrhaftiger und entschlossener sie beiderseitig durchgehalten wird, umso echter und tiefer ist die Begegnung. Der Dialogik eignet ja Wahrheit und Liebe, Charakter und Hingabe. Eines im anderen. Hier ist das eine ohne das andere nicht denkbar, nicht vollziehbar. – Ich heiße Sie herzlich willkommen. Sie werden bei uns Menschliches – Allzumenschliches finden, doch auch wohlwollende, offene Herzen. Zu meiner Freude haben sich noch andere Menschen der Gemeinschaft, in der ich stehe, dem dialogischen Anliegen geöffnet, an erster Stelle der Vater unserer Klosterfamilie. –

Gar traurig wäre ich, wenn »Pistis u. Emuna« den gefahrvollen langen Weg von Jerusalem nach Laach nicht überstanden hätte. Das muß ich erwähnen, einmal, weil Sie sich ein Schweigen meinerseits über Bücher, die Sie vielleicht längst an mich abgesandt haben, nicht recht erklären könnten, zum andernmal aber, weil ich mich schon lange vorher jedesmal wirklich auf Ihre Gaben freue.

Ehrerbietig und dankbar

P. Caesarius Lauer

#10 BL

VERLAG LAMBERT SCHNEIDER
(etc.BRIEFKOPF)

3.1.51

Verehrter Pater Caesarius –

Diesen Gruß sende ich Ihnen aus Heidelberg. Die Reiseplaene haben sich verschoben, ich bin erst jetzt nach Deutschland gekommen, und nach Maria Laach könnte ich erst in der letzten Januarwoche auf der Fahrt nach England kommen, – wenn es Ihnen dann paßt. Jetzt geht es zunächst nach Regensburg und München; am 12. bin ich wieder hier. Lassen Sie mich bitte (entweder nach München, Hotel Hörhammer, oder hierher) wissen, ob Sie meine Bücher »Zwei Glaubensweisen« und »Der Glaube der Propheten« inzwischen erhalten haben; was Ihnen etwa noch fehlt, soll Ihnen jetzt geschickt werden. Von der philosophischen Grundlegung der Dialogik geht jetzt ein kleiner Abschnitt hier in Druck.

Ihnen herzlich ergeben

Martin Buber

Notiz PCL auf dem Umschlag:
beantwortet am 9.1.51
nach Heidelberg

mehr äußeres
Art!

#11 LB

Maria Laach, 4. Januar 51

Verehrter Herr Professor,

der Dezember ist vorüber. Leider hat er mir Ihren Besuch nicht gebracht. So frage ich mich, ob Sie die Reise nach Deutschland überhaupt angetreten haben, ob Sie etwa unterwegs sind; oder ob Sie vielleicht doch in unseren Landen weilen, aber infolge anderweitiger, wichtigerer und dringenderer Verpflichtungen bis jetzt den Weg nach Laach nicht einschlagen konnten. – Wie dem auch sei, inzwischen haben Sie mich wieder gegrüßt mit zweien Ihrer Bücher, die mir der Manesse-Verlag in Ihrem Auftrag zugestellt hat. »Zwei Glaubensweisen« kam bereits im Oktober an und »der Glaube der Propheten«[99] just am Weihnachtsabend. Solche Gaben zeigen mir, daß Sie mich nicht vergessen und überdies gar väterlich um mich besorgt sind. Das ist mir um der Liebe dessentwillen, von dem jede gute Gabe kommt, eine bleibende Freude und ein großer Trost. –

[99] Vgl. *Der Glaube der Propheten*, Zürich: Manesse Verlag 1950.

Mittlerweile habe ich auch Ihren »Moses«[100] erwerben können; dann von der chassidischen Literatur, die Sie veröffentlicht haben: »Gog und Magog« und vor wenigen Tagen »die Erzählungen der Chassidim«, die mir meine Geschwister auf den Weihnachtsgabentisch legten. Ich bin entzückt über diese Werke, vor allem auch über das letztgenannte in der handlichen Ausgabe der Manesse Bibliothek der Weltliteratur, erfreut darüber in Bezug auf Form und Inhalt. Darin strömt gelebtes dialogisches Leben, so unmittelbar und ungeschwächt, daß man unwillkürlich von diesem Strom erfaßt wird. – Ich weiß Ihnen innigen Dank dafür, daß Sie uns den Strom solcher gelebten Dialogik unermüdlich zuleiten. Das ist bei Ihrem Alter doch keine Selbstverständlichkeit. Was Sie so vermitteln, sind wahre Heilsgaben an die Menschen unserer Zeit, die das wahre Leben von Tag zu Tag gründlicher zerstören dadurch, daß sie immer mehr fliehen vor Sein und Dasein, vor Wort und Tat in die Wörter eines alles Sein auflösenden Geredes und in die Un-Taten einer alles Dasein vergewaltigenden und vernichtenden Betriebsamkeit.-

Ich darf schließen mit dem nicht ganz uneigennützigen Wunsch daß Er – Gott – Sie uns bewahre in dieser Zeit und Sie schützt in diesen schlimmen Tagen.

Ihr P. Caesarius

#12 LB

Abtei Maria Laach, 10. I. 51

Verehrter Herr Professor,

um die Jahreswende habe ich Ihnen einen Luftpostbrief nach Je-

---

[100] Vgl. *Moses*, Zürich: Georg Müller Verlag 1948.

rusalem gesandt, nach dem der Dezember nun Ihren Besuch nicht gebracht hatte. Meine in diesem Brief ausgesprochene Vermutung, Sie könnten vielleicht doch in Deutschland sein, ist ja inzwischen durch Ihren gütigen Brief vom 3. I. aus Heidelberg, für den ich herzlich danke, bestätigt worden. Ich bin hocherfreut, daß Sie kommen wollen. Die letzte Woche des Januar ist mir passend. Teilen Sie mir, bitte, den Tag und die ungefähre Stunde Ihrer Ankunft mit. Sie benützen gewiß einen D- oder Eil-Zug. Es ist gut, wenn Sie sich an der Abfahrtstation gleich erkundigen, ob der Zug auch in Andernach (15 km unterhalb Koblenz) hält. Einige D. u. E.-Züge halten dort, andere wieder nicht. Hält der Zug, den Sie benützen, nicht in Andernach, dann müssen Sie in Koblenz in einen Personenzug – Richtung Köln – umsteigen. Da der gewöhnliche Weg von Andernach nach Laach unter Umständen mit großen Unannehmlichkeiten verbunden ist, die ich Ihnen auf jeden Fall ersparen will, hole ich Sie in Andernach mit unserem Auto ab. Ich darf Sie bitten, nach Ihrer Ankunft in Andernach sich vom Bahnhof zu der Wohnung des mir bekannten Dentisten Dr. Albert auf der Breitestraße mühen zu wollen. (Wenn Sie aus der jetzt nicht mehr überdachten Bahnhofsvorhalle heraustreten, gehen Sie bitte linkerhand die kleine Straße hinauf; nach etwa 20 m stoßen Sie auf die Breitestraße, auf der Sie nach rechts abbiegen und nach 10 m auf (der) linken Seite das Haus des Herrn Dr. A. finden). Wenn Sie dort angekommen sind, ruft mich der Arzt telephonisch an. Dann komme ich Sie abholen. So ist's am besten, vor allem auch schon deshalb, weil die genaue Stunde Ihrer Ankunft in Andernach kaum auszumachen ist. –

Zu Ihrer Frage bezgl. Ihrer Bücher: »Zwei Glaubensweisen« kam im Oktober an. »Der Glaube der Propheten«, am 24. Dezember. Inzwischen erwarb mein Bruder für mich »Gog und Magog«; auf den Weihnachtgabentisch legten meine Geschwister mir »Die Erzählungen der Chassidim«, in der kleinen entzückenden Ausgabe der Manesse Bibliothek der Weltliteratur. Der »Moses« wurde mir von einer Tante geschenkt. So fehlen mir von Ihren jüngst erschienenen Büchern: 1) aus der chassidischen Literatur »Die chassidische Botschaft« (ob dieses Buch, das ich vor wenigen Wochen angezeigt sah, inzwischen bei L. Schneider herausgekommen ist, weiß ich freilich nicht.) Von den früheren Büchern über den Chassidismus besitze ich keines; sie werden auch wohl alle vergriffen sein. »Die Legende des Baalschem« wurde mir von der Beuroner Bibliothek leihweise überlassen, da wir dieses Buch hier nicht haben. 2) »Pfade in Utopia« 3) »Israel und Palästina«. Über andere früher erschienenen und von mir sehr begehrte Bücher können wir dann so Gott will in 14 Tagen miteinander sprechen. Ich kann Ihnen dann auch zeigen, was von Ihrem bisher veröffentlichten Werk überhaupt hier ist. –

Sie froh erwartend

P. Caesarius

#13 BL

Heidelberg, 21. Januar, 1951

Verehrter Pater Caesarius –

Eine leichte Krankheit nötigt mich, meine Reisepläne in einigem zu ändern, und so muß ich, zu meinem Leidwesen, den Abstecher nach Maria Laach auf die Rückfahrt aus London verschieben, die ich doch wieder über Deutschland nehmen will. Möchte sich dann nicht wieder ein Hindernis ergeben! Ich gedenke bis Ende Februar in England zu bleiben (wohin ich am 30. fahren will) und dann über Deutschland und Italien heimzureisen.

Ihr Ihnen herzlich ergebener

Martin Buber

»Die chassidische Botschaft« ist deutsch noch nicht erschienen.

Adresse im Februar: c/o Friends of the Hebrew University, 9Z B???
London, W.1

#14 LB

Abtei Maria Laach, 26. Januar 1951

Verehrter Herr Professor,

irgendwie ahnte ich, daß Sie erkrankt seien. Hoffentlich handelt es sich auch wirklich um eine »leichte« Krankheit. Doch auch in diesem Falle bin ich recht besorgt um Sie, und ich darf Sie wohl bitten, nicht einfach vom Bett in den Zug zu steigen. Ich nehme an, daß die Grippe Sie befallen hatte. Aber dieser Grippe ist es eigentümlich, daß sie einen oft erst dann recht packt, wenn man glaubt, man habe sie überstanden. Dazu kommt, daß Sie ja schließlich 73 Jahre alt sind. Fahren Sie also, bitte, nur, wenn Sie wirklich ganz in Ordnung sind. Ich freue mich zu sehen, daß Sie entschlossen sind, nach Laach zu kommen. Ich kann Ihnen gar nicht sagen, wie sehr ich es bedauern würde, wenn Ihr Besuch nicht stattfinden könnte. Heute, nachdem ich von Ihnen schon so manchen gütigen Brief habe empfangen dürfen, kann ich es Ihnen ja auch mit Ihren eigenen Worten sagen: »Mit der Lehre des Meisters braucht der Schüler auch – wenigstens für einige Tage zunächst einmal – das Dasein des Meisters, sein Dasein als das des vollständigen Menschen, sein ganzes leibliches Dasein, in dem sich die Vollständigkeit des Menschen bewährt.« Es hängt für mich wirklich viel davon ab. Sehen Sie, ich bin also nicht ganz uneigennützig. Sie werden mir das verzeihen; darf ich doch zugleich sagen, daß ich ein wenig eigennützig bin um einer großen Wirklichkeit willen, von der ich will, daß auch Mitbrüder und Mitmenschen dazu hinfinden. So habe ich auch Grund anzunehmen, daß Gott nichts dagegen hat, daß wir uns sehen, wenn Er auch offensichtlich nicht gewollt hat, daß wir uns jetzt schon sehen. Doch braucht das ja nicht zu bedeuten, daß Er es überhaupt nicht will. Auf Begegnungen muß man harren können. Sie werden sich dann nur umso wirklicher und wesentlicher ereignen. Wenn es garnicht anders geht, wäre ich bereit, Sie in irgendeiner – von Laach nicht allzu weit entfernt liegenden – Stadt des Rheinlandes zu treffen.

»Pfade in Utopia« habe ich dankbar erhalten. Was Sie da sagen, nimmt mich wieder ganz gefangen, wenn ich auch sagen muß, daß ich einiges nicht ganz bejahen kann. Vielleicht kann ich es noch nicht mitvollziehen. – Ganz besonders liegen mir am Herzen: »Die chassidischen Bücher.« Ob Sie dieses Buch noch irgendwo für mich auftreiben können? Ach, ich bin wie ein kleines Kind, dessen Dank immer zugleich auch eine neue Bitte einschließt. Seien Sie mir, bitte, darob nicht böse. Wie man Kindern ja auch nicht jeden Wunsch erfüllt, so sollen Sie auch mir nicht jeden erfüllen, wie Sie das bisher in so rührender Weise getan haben. – War die Voranzeige, daß demnächst bei L. Schneider Ihr Buch: »Die chassidische Botschaft« auch deutsch erscheine, etwa eine Fehlanzeige? Auch das würde ich bedauern. Zum Schlüsse wünsche ich Ihnen, verehrter Herr Professor, erstens vollständige Genesung, dann gute Reise und für den Englandaufenthalt alles, was Sie selber sich wünschen, schließlich zum 73. Geburtstag am 8. II. Gottes reichen Segen.

Vor Ihm Ihrer weiter treu gedenkend

Ihr P. Caesarius

P.S. Darf ich ein kleines Zeichen von England aus erbitten
(**hier abgeschnitten**)
ich weiß, wie es Ihnen dort geht und gegen Ende des Monats Februar um eine Mitteilung, ob Sie zu kommen and an welchem Tage Sie in Andernach anzukommen gedenken. Es bleibt dann dabei, wie wir es ausgemacht haben: daß Sie sich am Bahnhof zu Herrn Dr. Albert begeben und von dort nach Laach durch ihn anrufen lassen. Ist's Ihnen so recht? – In London – South-Harrow habe ich

eine Verwandte wohnen, die Sie gerne beherbergt und betreut, falls Sie wegen Unterkunft und Beköstigung Schwierigkeiten bekommen sollten. Genaue Anschrift:

Miss Emmy Bentz
2 Brendon Gardens
South-Harrow

#15 BL

ATHENAEUM COURT
116, Piccadilly, London W.I.
Grosvenor 3464

22. Februar 1951

Verehrter Pater Caesarius –

Verzeihen Sie, daß ich Ihren Brief erst jetzt beantworte. Die Verpflichtungen in England und Schottland (Bibelkurse in hebräischer Sprache und englische Vorlesungen über biblische Gegenstände, beides sich zu dem von mir intendierten Bibelmonat zusammenschließend) hatten mich allzusehr beansprucht. Sie sehen schon daraus, daß es mir, mit Gottes Hilfe, gesundheitlich wieder gutgegangen ist.

Ich gedenke, Sonntag, den 4., von hier (über Ostende) nach Köln zu fahren, nachts dort einzutreffen und dort (Hotel Kölner Hof) zu übernachten. Montag 10:32 möchte ich nach Andernach fahren und 12:02 mittags dort ankommen. Dann will ich Ihrer Weisung gemäß zu Dr. Albert gehen und bei Ihnen anrufen lassen – oder soll ich es von dem (mir noch nicht bekannten) Gasthof in Andernach tun lassen, wo meine Frau, mit der ich reise, mich erwarten wird, während ich in Laach bin? Oder etwa besser noch schon am Morgen vom

Hotel in Köln aus? Es geht ja wohl insbesondere darum, ob der angegebene Zug auch wirklich geht. Am besten wäre es wohl, wenn Sie mir in den Kölner Hof Bescheid und vielleicht auch Rat für die Wahl des Gasthofs in Andernach (nur für den Tag, am Abend muß ich nach Heidelberg weiter) geben wollten.

Herzlich ergeben

Martin Buber

#16 LB

Maria Laach, 3. März 1951

Verehrter Herr Professor,

eben kommt Ihr Brief vom 27. 2. hier an, und schnell schreibe ich Ihnen – Ihrem Vorschlag gemäß – nach Köln. Mir wurde gesagt, daß der Zug, mit dem Sie kommen wollen (ab Köln 10:32 – an Andernach 12:02), auch wirklich verkehre. So werde ich mit dem Auto, Montag 12 Uhr, am Andernacher Bahnhof sein, um Sie und Ihre Frau Gemahlin zu empfangen.[101] Für alles Weitere ist gesorgt. Wenn Ihre Frau Gemahlin nicht mit nach Laach fahren will, so wird sie einen ihr gewiß angenehmen Aufenthalt bei einer mir nahestehenden Arztfamilie finden, während Sie in Laach sind. Anschrift dieser Familie: H. Dr. Pomp, Andernach/Mayener Hohl.[102] Dorthin

---

[101] Der 5. März war das Datum der Begegnung mit Martin Buber und seiner Frau in Maria Laach.

[102] Dr. Pump, seine Gattin und ihre Kinder waren eine tief gläubige römisch-katholische Familie in Andernach. Dr. Pump war ein warmherziger und fürsorgender Arzt, der für seine positive Einstellung dem Leben gegenüber bekannt war, auch für sein oft sehr offenherziges Temperament. Pater Caesarius und die Pumps waren sehr befreundet; so auch die Beziehung

können Sie also ruhig schon gehen, falls ich nicht ganz pünktlich sein kann. Zu Herrn Dr. Albert brauchen Sie sich also nicht zu bemühen, und der Anruf erübrigt sich so auch.

In froher Erwartung

Ihr P Caesarius Lauer

P.S. Rufen Sie bitte aber an, wenn durch widrige Umstände abermals eine Änderung eintreten sollte, damit ich nicht vergebens nach Andernach fahre. Telephon: Abtei Maria Laach, Niedermendig Nr. 392.

#17 LB

Maria Laach, 9. April 1951

Verehrter Herr Professor,

hoffentlich sind Sie und Ihre Frau Gemahlin mittlerweile glücklich in Jerusalem angelangt. Vor wenigen Tagen sandte ich Ihnen dorthin einen Gruß – den ersten nach unserer Begegnung[103] – in der Form von Steinbüchels Buch[104], das ich Ihnen ja versprochen hat-

von Pater Caesarius zu dem Zahnarzt Dr. Albert in Andernach. Damals war Dr. Pump so etwas wie der Hausarzt der meisten Mitglieder der Laacher Gemeinschaft.

[103] Vgl. **Anhang B** gibt eine Transkription von Pater Caesarius' mündlicher Darstellung seiner ersten Begegnung mit Buber in Maria Laach.

[104] Theodor Steinbüchel, *Der Umbruch des Denkens – die Frage nach der christlichen Existenz erläutert an Ferdinand Ebners Menschdeutung*, Regensburg: Friedrich Pustet Verlag 1936. 182 Seiten. Auf dem Buchumschlag ist zu lesen: »Das Sein des Menschen, des Christen zumal, ist die ernste Frage der Zeit an den Christenglauben. Lange schon ward fraglich, ob überkommenes Denken die Antwort geben könne. So steht das Denken

te. – Es drängt mich, verehrter Herr Professor, Ihnen und Ihrer Frau Gemahlin nochmals herzlich zu danken, daß Sie nach Laach gekommen sind, obwohl Sie anderweitig stark beansprucht waren. Gott aber danke ich dafür, daß wir uns wirklich begegnet sind. Das Zusammensein mit Ihnen – vor allem das Gespräch auf unserer Zelle – wird mir unvergeßlich bleiben. Aus unserer Begegnung fließt mir täglich neue Kraft zu intensiverem dialogischen Leben zu. Unser Dialog erweist sich so doch untrüglich als ein wirklicher – weil wirkender. So ist es doch, nicht wahr? Sie wissen, daß es mir immer wieder um die wirkende Wirklichkeit dialogischen Lebens geht; darum, daß unser Leben mit Gott sich als solches ausweise im Leben mit der lebendigen Mit- und Umwelt. Geist und Leben, Bücher und Menschen: Wie sinnig war das doch, daß Sie mir kurz vor dem Abschied Ihr kleines Schriftchen »Bücher und Menschen« schenkten. Was Sie da sagen, ist mir wieder aus dem Herzen gesprochen. Es ist wahr: ich habe tatsächlich nur zu solchen Büchern ein wirkliches Verhältnis, die mir helfen, mein Leben mit Gott und das Leben mit den Menschen immer dichter zu leben. Ihre Bücher gehören zu diesen. Sie kommen aus der Verwirklichung und drängen den richtigen Leser wieder zu umso wesenhafterer Verwirklichung. Das ist es. Das ist das Motiv bei meinen häufigen Bitten um das eine oder andere mir noch fehlende Buch Ihres reichen Werkes. Durch Sie selber ermuntert wage ich es also, verehrter Herr Professor, diesen Brief mit einer Bücherliste zu schließen. Ich erlaube mir alle aufzuführen, die ich noch nicht habe – soweit ich Ihr Werk überhaupt überblicke bis jetzt. Vielleicht können Sie das eine oder andere davon für mich dort noch finden:

1) Das Buch der Preisungen;[105]

---

im Umbruch. Gläubige, wie Ferdinand Ebner, sehen dies. Neues Denken sucht allenthalben neue Wege zu alter Wahrheit. Dieses Buch will gegenwartsnahe diese Wege heutiger Philosophie und Theologie mitgehen. Es fragt nach Sein und Sinn des Menschen, nach dem Ich vor Gottes und des Menschen Du.«

[105] *Die Schrift*. In Zusammenarbeit mit Franz Rosenzweig. Berlin: Lambert und Schneider 1935.

2) Die chassidischen Bücher;[106]
3) Die Legende des Baal-Schem;[107]
4) Des Baal-Schem Unterweisung im Umgang mit Gott;[108]
5) Die chassidische Botschaft, deutsch: hier wollte ich eigtl. nur wissen, ob und wann sie erscheint, und ob bei L. Schneider oder bei Hegner.[109]
6) Ekstatische Konfessionen;[110]
8) (sic) Reden über das Judentum;[111]
9) Israel und Palästina, zur Geschichte einer Idee. Zürich 1950?[112]
10) Rosenzweig Fr.: »Der Stern der Erlösung«; dafür habe ich hier zwar eine Suchanzeige aufgegeben, doch können Sie das Buch leichter vielleicht dort auftreiben.[113]

Mit freundlichem Gruß auch an Ihre verehrte Frau Gemahlin, bin ich, verehrter Herr Professor, herzlich

Ihr P. Caesarius

---

106 Gesamtausgabe. Hellerau: J. Hegner Verlag 1928.
107 Frankfurt am Main: Rütten und Loening 1908. Wiederaufgenommen in *Die chassidischen Bücher*. Gesamtausgabe, Op. cit.
108 *Das Baal-Schem-Tow. Unterweisungen im Umgang mit Gott*. Hellerau: J. Hegner 1927.
109 Heidelberg: Lambert und Schneider 1952.
110 Jena: Eugen Diederichs Verlag 1909.
111 Frankfurt am Main: Rütten und Loening 1923; Berlin: Schocken Verlag 1932.
112 Zürich: Artemis Verlag 1950.
113 Frankfurt am Main: J. Kauffmann Verlag 1921. »Die 2. Auflage bei Kaufmann (1930) war nicht lange im Handel und ist bald, von Schocken übernommen, durch die ebenfalls als 2. Auflage deklarierte Schocken-Ausgabe, Berlin 1930, ersetzt worden.« M. Buber, *Briefwechsel*, Op. cit., Bd. III, S. 319.

#18 BL

Jerusalem 20. April 1951

Lieber Pater Caesarius –

Heute, da sich die in den letzten Wochen meiner Abwesenheit angesammelte Post noch nicht bewältigen läßt, kann ich Ihnen nur sagen, daß Ihr Brief in meine Hand und mein Herz gelangt ist. Ich gedenke der gemeinsamen Stunden in jenem Brudergefühl, das aus der Erfahrung der Kindschaft erwächst.

Die noch fehlenden Bücher werde ich nach und nach zu besorgen suchen. Ein neues Büchlein, »Urdistanz und Beziehung«[114], habe ich Ihnen durch Schneider zugehen lassen.

Unterwegs ist mir Ihre Frage, ob Sie über Ihr Verhältnis zur Dialogik schreiben sollen, neu in den Sinn gekommen. Ich glaube, Sie sollten es tun.

In herzlicher Verbundenheit

Martin Buber

Meine Frau, die Ihren Gruß erwidert, denkt oft an Laach zurück.

---

[114] Heidelberg: Verlag Lambert und Schneider 1951.

#19 LB[115]

Maria Laach, 15. August 1951

Verehrter Herr Professor[116],

heute sei Ihnen gedankt für drei Gaben. Zunächst für Ihren Brief vom 20. April, den Sie mir aus Jerusalem nach Ihrer Rückkehr geschrieben haben, obwohl Sie sich doch genug mit der während Ihrer Abwesenheit eingelaufenen Post zu plagen hatten. – Dann für »Urdistanz and Beziehung«; L. Schneider sandte mir das Büchlein sofort auf Ihre Veranlassung hin. – Schließlich für »die chassidischen Bücher«, auf die ich ganz besonderen Wert legte. – Ich kann Ihnen nicht in ähnlicher Weise gutmachen, was Sie für mich tun; versuche es aber in der mir möglichen Weise: durch mein Gebet um immer tiefere Erfahrung der Gnade dialogischen Lebens und durch mein Bemühen mehr und mehr hineinzuwachsen in dieses Leben, auf das Sie die Menschenkinder Ihr ganzes Leben hindurch eindringlich und unermüdlich hingewiesen haben. – Inzwischen nimmt das »Gespräch« über das Gespräch zwar allenthalben zu. Das sollte einen freuen. Mich erfüllt das aber mit einiger Sorge. Denn – wenn nicht alles täuscht – das Gespräch selber, das leben-

---

[115] Dies ist der einzige maschinenschriftliche Brief an Buber.

[116] Diesen Brief sandte Buber an Maurice Friedman, der aus ihm einen langen Auszug (»Inzwischen nimmt (...) daß man ihn beschreite«) in seiner Biographie Martin Buber: The Life of Dialogue, Op. cit., S. 271-72, zitierte. 1980 erzählte mir Caesarius, daß er mit der Übersetzung ins Englische sehr unglücklich gewesen sei, so daß er, unterstützt von Pater Albert Hammenstede, O.S.B., dem früheren Prior von Laach, der während des 2. Weltkrieges sich in den USA in der St. John's Abbey aufgehalten hatte, eine neue Übersetzung anfertigte, die dann für die Publikation auch benutzt wurde. Als ich in Maria Laach war, besuchte mich Pater Albert eines Nachmittags, um Erinnerungen seiner Zeit in den USA auszutauschen. Wenn er Klassenführungen in Maria Laach machte, erzählte Pater Albert den jungen Leuten immer, daß die Zukunft Europas und der Welt abhingen von der Verwirklichung der geschichtlichen Überlieferungen und Werte des im Rheinland verkörperten römischen Katholizismus. Vgl. die Darstellung von Friedmans und Bubers Beziehungen zu Pater Caesarius: M. Friedman, *Martin Buber's Life and Work*, Bd. III, S. 193-194, sowie meine Darstellung im vorliegenden Werk.

dige Ereignis dialogischen Lebens nimmt unter den Menschen ab. Da muß also mit dem »Gespräch« über das dialogische Leben etwas nicht stimmen. Man muß es wirklich mit Anführungszeichen versehen. In der Dialogik ist der Vollzug entscheidend; ist sie doch wirkende Wirklichkeit, eben – Leben. Nun, das Wort gehört gewiß mit zu diesem Vollzug, wie Ebner gut gezeigt hat. Aber eben das Wort, nicht die Wörter, das Gerede, die logizistische Dialektik. Die Dialogik ist logoshaft. Aber in einer Dialektik über die Dialogik ergehen sich jene, die über die Dialogik von Kopf zu Kopf reden, womit sie nur beweisen, daß sie gar kein Verhältnis zur Dialogik haben. Gerade die »Geistigen« von heute erliegen in erschreckender Weise der alten Versuchung des Menschengeistes, auch noch das lebendige Geschehen zu vergegenständlichen. Als aus dem Vollzug Herausgetretene – sofern sie überhaupt je darin waren – gehen sie dann dazu über, die ihnen zum Gegenstand und zum Problem gewordene lebendige Ganzheit zu zerreißen. Sie meinen auch über Dialogik reden zu müssen, weil sie über gar alles und jedes reden. Es ist auch bequemer so. Der Vollzug fordert einen ja ganz und gar. Das aber ist gar keine bequeme Angelegenheit. Diese »dialogischen« Dialektiker scheinen nicht zu ahnen, das die Dialogik wesentlich Weg ist. »Der Weg aber ist da, daß man ihn beschreite«, so haben Sie einmal gesagt.[117] Doch dazu entschließt man sich zu allerletzt, oder überhaupt nicht. Dazu hat man keine Zeit und keine Kraft, man muß ja darüber reden. – Muß nicht, verehrter Herr Professor, unsere Zeit an diesem Punkte unerbittlich gestellt und durchbrochen werden? Müssen wir nicht ganz unbeirrbar daran festhalten, daß zu einem wirklichen, wesenhaften, eben dialogischen Wort vor- und mitgegeben sein muß das dialogische Geschehen im Sprechenden selber: die conversio des ganzen Menschen zum sprechenden Gott, des ganzen Menschen zum konkreten, ganzen Mitmenschen, der Ineinanderblick von Ich und Du; das »einander ins Herz der Augen-Schauen«; das auch im Schweigen vom Herz zum Herzen-Sprechen; das auch im

[117] Das Zitat stammt aus Bubers Vorwort zu seiner chassidischen Sammlung *Das verborgene Licht*, Frankfurt am Main: Rütten und Loening 1924.

Sprechen aufeinander- Hinhorchen; das für den anderen Dasein und ihm ganz Gegenwärtigbleiben; das Ausharren in der leidvollen Spannung; die dieser Ineinanderblick, diese Beziehung von Ich und Du bedeutet; das unaufhörliche Sich-Ent-äußern in der Hingabe an das Du, und das ehrfürchtige Er-innern des Du durch die unverkürzte Annahme seines Wesens und dessen sinnenhafter Gestalt. Und noch deutlicher, damit auch das nicht ein im Allgemeinen sich verflüchtigendes, zu nichts verpflichtendes Postulat bleibe: Ist es nicht so, daß ich, dieser konkrete Mensch, unsere Zeit, jetzt, an dieser Stelle durchbrechen muß durch mein ganz persönliches personales Leben? Muß ich nicht bei mir selber immer wieder ansetzen, mein Verhältnis zur »Über- Mit- und Umwelt« illusionslos zu prüfen, nicht zuerst auf seine Gestalt, sondern vor allem auf seinen lebendigen, wirkenden Gehalt? Muß ich nicht unablässig beten um diese Gnade echten dialogischen Lebens, in der der lebendige Gott sein Wort zu mir hinspricht und mich anruft, und muß ich nicht unentwegt streben, dem Wort dieser Gnade immer und überall und unter allen Umständen mit dem ganzen Menschen zu antworten? Ist es jetzt nicht ganz dringend, in dieser Zeit der »Dialoggespenster«, der Täuschungen und Vortäuschungen, in diesem entscheidenden Punkte bei sich selber für gründliche Enttäuschung zu sorgen? Sehen Sie, darin erkenne ich klar meine Aufgabe. Ob mir dann noch Möglichkeit und Kraft bleibt, mein Verhältnis zur Dialogik auch zu sagen, zu schreiben: Ist das dann noch so wichtig? Es kann wichtig, ja unumgänglich notwendig sein. Ihr Leben und Ihr Werk zeigen das. Aber zum doppelten Werk dialogischen Lebens und seiner Verkündigung im gesprochenen und geschriebenen Wort bedarf es auch einer doppelten Gnade und eines besonderen Auftrages, einer eignen Berufung gleichsam. Ihr Leben ist in besonderer Weise duch diese besondere Berufung gekennzeichnet. Doch dialogisch zu leben, dazu sind alle Menschen aufgerufen. Ist es nicht so? – »Urdistanz und Beziehung« hat mich in vielem sehender gemacht. Freilich muß man sich immer das in »Ich und Du« und vor allem das im »Problem des Menschen« Gesagte gegenwärtig halten. Dann rundet sich das Bild. Möge, was noch aussteht, bald folgen!

Was macht die Verdeutschung der Schrift? Wollen Sie zuerst die restlichen Bücher übersetzen und dann die Ganze Schrift nochmals überarbeiten, oder umgekehrt? Ich würde zu ersterem raten. Hinter diesem Rat steht mein Anliegen: Ihre Verdeutschung darf kein Torso bleiben. – Ist Morris Friedmanns Versuch über Sie und Ihre Werk nun erschienen? Sie hatten diese Arbeit mir gegenüber im März als glücklich bezeichnet, weil sie das Zentralproblem des Bösen auch wirklich als Mitte habe. –

Nun denken Sie ganz gewiß: Der unruhige P. Caesarius mit seinen vielen Fragen.« Und Sie haben auch ganz recht. Aber ich weiß, daß Sie für mich und alles, was mir auf der Seele brennt, gütiges, ja väterliches Verstehen haben. Manche Frage würde ich gern im konkreten Gegenüber zu Ihnen hinsprechen. Sagten Sie mir im März nicht auch, daß Sie sommers nach Amerika reisen wollten: Nehmen Sie den östlichen oder den westlichen Weg? Und: kommen Sie dann noch mal über Deutschland, vielleicht auch über Laach?

Nehmen Sie bitte, verehrter und lieber Herr Professor, diesen Brief als Ausdruck einer argen Not, von der ich glaube, sie sei doch nicht nur eine persönliche. Mir will scheinen, daß sich das Heil der Menschen an der Weise entscheidet, wie sie auf obige Fragen antworten. Es geht um das Leben selber, um seinen gottgewollten Vollzug. Denn das Schlimmste ist doch: gelebt und doch nicht gelebt zu haben. Das ist doch gleichbedeutend mit Unheil und Untergang. Aus dieser Not heraus habe ich's mal wieder gewagt, Ihnen einen so langen Brief zu schreiben. –

Ehrerbietigen Gruß von mir an Ihre Frau Gemahlin.
Ihr Ihnen herzlich und dankbar verbundener

P. Caesarius

#20 GB

PROF. E. GORSEMANN
LEHER HEERSTRASSE 127
BREMEN-HORN

21. August 51

Sehr verehrter Herr Professor Buber!

Bitte wundern Sie sich nicht von einer Ihnen unbekannten Person ein Buch gesandt zu erhalten. Es ist so gekommen: Im Kloster traf ich Pater *Caesarius Lauer*. Am Ende unseres Gespräches nachdem dieser mein Buch gelesen, sagte er, ich möchte Ihnen dasselbe senden. Er wisse, Sie würden Freude haben.

Es soll mir eine wahre Befriedigung sein, wenn ich Ihnen eine Freude machen kann, denn Sie sind mir seit über 40 Jahren kein Fremder. Schon im ersten Weltkriege hatte ich in Constanza am Schwarzen Meer einen Kameraden Dr. *Carl Thiel*[118], der Sie in Heppenheim[119] traf und der mir von Ihnen erzählte. In diesem letzten Kriege sind seine 3 Söhne gefallen und er starb aus mir unbekannten Ursachen. Dann traf ich später in Zürich Prof. *Theo Spoerri*[120], der mir auch

---

118 Carl Thiel (1886-1946) war klassischer Philologe und Studienrat. 1933 war er aus dem Schuldienst entlassen worden. Er war ein Freund Bubers und dessen Freunden Hans Trüb (1899-1949) und Wilhelm Michel (1877-1942). Vgl. Bubers Briefwechsel, Bd. II, S. 557, und Bd. III, S. 38.

119 Die Bubers lebten zwischen 1916 und 1936 in der Werlestraße 2 in Heppenheim, »einem bezaubernden, überall von Blumen bestandenen Dorf an der Bergstraße, in einer Weinanbauregion südlich von Darmstadt«. Vgl. den informativen Hinweis zu ihrem Leben dort in Friedmans *Martin Buber's Life and Work*, Bd. II, S. 158ff. In einem Kommentar zu einem Brief an Trüb (14.4.1940) bezieht sich Buber auf die äußeren Lebensumstände, die Depressionen verursachten und die es ihm schwermachten, noch Briefe zu schreiben. »Der endgültige Verlust der polnischen Besitzungen Bubers, wodurch es ihm auf absehbare Zeit unmöglich wurde, ein Darlehen Trübs, das ihm seinerseits den Hauskauf in Heppenheim ermöglicht hatte, zurückzuzahlen.« *Briefwechsel*, Bd. III, S. 37.

120 Theophil Spoerri (1890 –), Professor für romanische Literatur an der Universität Zürich.- Das Buch von Bernard Grasset ist 1929 in Paris erschienen. Vgl. *Briefwechsel*, Bd. II, S. 611.

von Ihnen erzählte und mit dem mich seither Freundschaft verbindet.

Pater Caesarius war im Mai in stillen Stunden so angetan von der Begegnung mit Ihnen, daß er strahlte, wenn er von Ihren Gesprächen berichtete.

In Dankbarkeit u. Ehrerbeitung
grüße ich Sie

Ihr Ernst Gorsemann

#21 BL

Adresse im November und Dezember: c/o The Jewish Theological Seminary, Northeast Corner, Broadway and 122nd Street, New York 27, N.Y.[121]

---

[121] Buber war Gast von Universitätskanzler Louis Finkelstein am Jewish Theological Seminary, einem konservativen jüdischen Seminar auf den Morningside Heights in New York City, an dem auch sein lebenslanger Freund Abraham Joshua Heschel Professor für Jewish Mysticism and Ethics war. Das Seminar liegt dem Union Theological Seminary gegenüber, wo Bubers Freunde Reinhold Niebuhr und Paul Tillich lehrten. Es war der erste von drei Besuchen Bubers in den USA, der erste im Oktober 1931, der letzte im April 1952. Letzterer fiel mit seiner Emeritierung an der Hebräischen Universität zusammen. Auf dieser Reise sprach Buber an mehr als 15 Colleges, Universitäten oder auf deren Campus. Während dieser Reise kam es zu der denkwürdigen Begegnung mit Eugen Rosenstock-Huessy, von der ich im vierten Teil erzähle. Um diese Zeit kam ein anderer enger Freund und Briefpartner von Harvard an, Jacob Taubes, um an beiden Seminaren zu lehren. Während dieses Besuches hielt Buber die Vorträge und Vorlesungen, die dann in *Gottesfinsternis* (1953) veröffentlicht wurden. Friedman gibt eine genaue Darstellung von Bubers Besuchen der USA samt Hinweisen auf Caesarius, Rosenstock-Huessy und den Autor. Vgl. *Martin Buber's Life and Work*, Bd. III, S. 133-245.
Als Buber 1965 starb, hielt sich Heschel gerade in Jerusalem auf. Zu dem Lokalberichterstatter von *Newsweek* sagte er: »Ich kenne niemanden, dessen Leben derart reich an geistigen Abenteuern war, auch niemanden, der

Jerusalem, 25. September, 1951

Lieber Pater Caesarius[122] –

Ihr Augustbrief ist mir in einer besondern Weise zu Herzen gegangen. Denn das, was Sie so treffend kennzeichnen, die stete, ja wachsende Gefahr, daß die Entgegenständlichung selber vergegenständlicht werde, das ist ja, heute mehr als je, mein eigentlichstes Anliegen. Ja, Sie sollen wissen, daß sich in mir selber je und je ein Rechten vollzieht: nun kommt es an den Tag, daß du nicht genug getan, dem Auftrag nicht genuggetan hast. Und der Ankläger hat allein das Wort – was könnte ich ihm, mir antworten! Man findet bei sich keine Gnade, man findet sich nirgends als bei der Gnade. Solcherweise ist man anheimgegeben.

Mit der »Schrift«, nach der Sie fragen, steht es so, daß die »Fünf Bücher« ja seit langem in einer revidierten Fassung (gedruckt in der Hitlerzeit, aber nicht in den Handel gekommen) vorliegen, die nur noch einmal zu vergleichen ist. Diese kann im Herbst 1952 erscheinen. Im Frühjahr, wenn ich aus Amerika zurückkomme, hoffe ich mit Gottes Hilfe zugleich die Revision weiterführen und die noch ausstehenden Bücher verdeutschen zu können, wofür schon manche Vorarbeit getan worden ist; insbesondere Hiob habe ich Mal um Mal vorgenommen.

---

so kraftvoll auf ihre Herausforderungen erwiderte wie Martin Buber. Sein größter Beitrag war er selbst in Fleisch und Blut. Ein Zauber lag auf seiner Persönlichkeit, seine Seele war überreich. Seine bloße Gegenwart war eine reine Freude ... Er hörte gerne zu und liebte zu sprechen, manchmal dauerten unsere Diskussionen 12 oder 13 Stunden. ›Ich bin kein jüdischer Philosoph‹, sagte er einmal zu Heschel. ›Ich bin ein universeller Philosoph!‹ Buber sprach auf eine Weise zu Juden, die alle Menschen ansprach. Es gab weder Apologetik, noch Engstirnigkeit. ... Er stellte sich den Herausforderungen der modernen Gesellschaft und zugleich beharrte er auf Treue zum Judentum.« Vgl. Friedman, op. cit., S. 422-423.

122 In unseren Unterhaltung 1980 sagte Caesarius, daß gerade dieser Brief, insbesondere die Bemerkungen im 1. Absatz, besondere persönliche Bedeutung für ihn gewannen.

In der nächsten Zeit soll wieder einiges in Druck gehen. »Die chassidische Botschaft« ist schon gesetzt und soll demnächst bei Lambert Schneider erscheinen. Ein kleines, aber mir wichtiges Buch »Bilder von Gut und Böse« geht dieser Tage bei Hegner in Satz. Und im Frühjahr möchte ich das – bis auf einen kurzen Schlußabschnitt, den ich noch nicht schicken kann – soeben fertiggestellte Buch herausgeben, dem meine amerikanischen Vorlesungen entnommen sind und in dem ich klärend-kritisch das Verhältnis zwischen der Religion und einigen Geistesgebieten zu behandeln versucht habe.[123]

Wir gedenken am 25. Oktober über Paris nach New York zu fliegen und im April heimzukehren. Doch hegen wir die Hoffnung, auch Deutschland und Laach und Sie in unferner Zeit wiederzusehen.

Mit guten Wünschen für Sie und Ihre Sache

Ihr Martin Buber

Maurice Friedman ist auf Anregungen des Chicagoer Universitätsverlags, aber auch aus eigenem Antrieb dabei, das umfangreiche Buch kürzend umzuarbeiten

#22 LB

Abtei Maria Laach, 18. Dezember 51

Verehrter Herr Professor,

als mein Augustbrief an Sie abgegangen war, kamen mir Bedenken, ob ich Ihnen darin nicht allzu kühn von der Gefahr der »Vergegenständlichung der Entgegenständlichung« gesprochen habe. Gewiß, eigene Not drängte mich, auf diese Gefahr und die damit

---

[123] Vgl. *Gottesfinsternis*, Zürich: Manesse Verlag 1953.

verbundene neue Schuld hinzuweisen. Aber vielleicht war mir bei solchem Tun doch zu wenig die eigene Schuld gegenwärtig, die darin besteht, daß ich selber mit der Verwirklichung noch weit hinter Einsicht und Erkenntnis zurückbleibe und gar oft dem Anruf im Leben ausweiche. Ihre Antwort ist zugleich ein so ernstes und demütiges Wort, daß sie mich zu neuer Antwort in der Form obigen Bekenntnisses drängt und darüber hinaus zu noch entschiedenerer Ein- und Umkehr, die freilich Gnade sind, um die wir Gott täglich bitten müssen. Sie haben mir mit Ihrem Oktoberbrief wieder einen großen Liebesdienst erwiesen. Herzlichen Dank dafür! –

Mittlerweile habe ich wenigstens indirekt erfahren, daß Sie gut in Amerika angelangt sind. Herr Prof. Eugen Rosenstock schrieb einem seiner Schüler, der für längere Zeit unter uns weilt, Sie seien am 13.11. in Four Wells zu Gast gewesen. Dieser Amerikaner, ein ganz intensiv dialogisch lebender junger Mensch, und ich waren Ihnen gestern abend besonders nahe, als wir am Radio Ihrer Stimme lauschen durften, die uns von Büchern und Menschen kündete. Wir waren beide ganz beglückt über dieser wie mir scheinen will auch im Rahmen gut durchgeführten Sendung. Dazu kamen vorgestern zusammen Ihre beiden neuesten Bücher hier an, die mein Herz froh und von neuem Ihnen gegenüber dankbar machen. Daß »Bilder von Gut und Böse« ein Ihnen besonders wichtiges Büchlein ist, kann ich mir denken. Bei unserem Gespräch im März ist mir das ganz deutlich geworden. Aber auch für das Erscheinen des Buches: »Die chassidische Botschaft« in deutscher Sprache sind die deutschen Leser Ihrer Bücher gewiß sehr dankbar. So liegt wohl das ganze Werk über den Chassidismus jetzt nicht nur deutsch, sondern überhaupt vor, die runde, in über 40jähriger Bemühung ausgereifte schöne Frucht, für die ich mit Ihnen Gott, der Sie dieses Werk glücklich vollenden ließ, freudig danke. Nun erbitte ich von Ihm, daß Er Ihnen noch genug Lebenszeit und Kraft schenke, damit auch der Abschluß der Schriftverdeutschung noch gelingt und hoffentlich ein Gleiches auch noch für die ontologische Grundlegung der Dialogik. –

Daß Herr Prof. Gorsemann Ihnen sein Buch »Vom Morgen bis zum Mittag«[124] gesandt hat und daß dieses Buch Ihnen Freude bereitet hat, freut auch mich. Herr Prof. G. ist augenblicklich in Memphis/Tennessee, wo er einen Auftrag für das Wintersemester hat. Er wird Sie vielleicht einmal persönlich aufsuchen oder Ihnen wenigstens schreiben. Er ist für die Dialogik aufgeschlossen. So wächst der Kreis dialogisch sich mühender Menschen in den Exilen dieser Zeit und Welt. Wir wollen beten, daß er vor allem intensiv wachse. –
Ich bin glücklich darüber, daß Sie mir Ihren und Ihrer Frau Gemahlin Besuch in Laach fürs kommende Frühjahr in Aussicht stellen. Sie wissen, daß Sie hier immer ganz herzlich willkommen sind. –
Für das Jahr 1952 wünscht Ihnen, verehrter Herr Professor, und Ihrer Frau Gemahlin, die ich ehrerbietig Grüße, Gottes Gnade und Segen

Ihr P. Caesarius Lauer

#23 BL

8. September 52

Lieber Pater Caesarius –

Die von Ihnen mitunterzeichnete Karte mahnt mich daran, daß ich Ihnen längst eine Nachricht schulde. Wir konnten diesmal – weil die Rückreise sich sehr verzögert hat – nur ganz kurz nach Deutschland und gar nicht nach Maria Laach kommen. Nach der Heimkehr bin ich zweimal krank gewesen und noch nicht ganz erholt. Ich hoffe aber sehr, daß wir im Frühjahr wieder nach Deutschland kommen und dann auch Ihnen wieder begegnen dürfen. Im Frühjahr soll auch die deutsche Ausgabe meiner amerikanischen Vorlesun-

[124] Ernst Gorsemann, *Vom Morgen zum Mittag. Jugenderinnerungen eines Bildhauers.* Stollhamm-Berlin: H. Rauschenbusch Verlag 1949.

gen über die Beziehung zwischen Religion und Philosophie, eines mir wichtigen Buches erscheinen (die englische ist schon ausgedruckt), die Ihnen dann natürlich zugeht. Die Amerikareise hat uns beiden erstaunlich viel gegeben; auch das »Negative« hatte ein Positivum kundzutun. Lassen Sie uns doch wissen, wie es Ihnen geht und was sich inzwischen begeben hat. Ich hoffe bald so weit zu sein, ausführlicher schreiben zu können.

Mit unseren herzlichen Grüßen

Ihr Martin Buber

Besitzen Sie mein Psalmenbüchlein (»Recht und Unrecht«[125])? Wenn nicht, schicke ich es Ihnen.

#24 LB

Abtei Maria Laach, 17. 9. 52

Verehrter und lieber Herr Professor,

Herzlichen Dank für Ihre Nachricht vom 8.9. Es beruhigt mich Sie wieder glücklich in Jerusalem zu wissen. Der Brief zeigt mir aber auch, daß meine Sorge um Ihr Wohlergehen nur zu begründet war. Gott schenke Ihnen bald die volle Gesundheit wieder! – Sie fragen wie es mir gehe und was sich inzwischen begeben habe. Nun, das Bemühen um bessere zwischenmenschliche Beziehungen scheint leider immer weniger fruchtbar zu sein. Der Ehrgeiz von vielen belastet die wenigen, zu einem wesenhafteren Leben entschlossenen Menschen mit einer Menge vermeintlich notwendiger Dinge so stark, daß dialogisches Leben immer weniger möglich

[125] Vgl. *Recht und Unrecht. Deutung einiger Psalmen*. Basel: Sammlung Klosterberg, Verlag B. Schwabe 1952.

wird. Viele wollen einfach nicht mehr Mitmenschen werden. Manche können es nicht mehr. Der Wille und die Fähigkeit zu wirklicher Begegnung sind durch Überforderung in oberflächlichen Dingen bedenklich geschwächt. Die meisten sehen in ihren Mitmenschen nur noch Objecte, die sie gebrauchen oder mißbrauchen, um ihre eigenen Ziele zu erreichen. Solche Menschen sind nicht da, weil sie nicht sind und sie sind nicht, weil sie nicht da sind. Es gibt fast nur noch »Einzige« und Kollective. Denn nichts anderes sind ja – trotz allen Redens über Gemeinschaft – die jetzt überall laut geforderten und mit einem ungeheueren Aufwand an irdischen Machtmitteln gewaltsam vollzogenen Zusammenschlüsse. Das ist eine wenig ermutigende Feststellung. Aber wir sind nicht uns selber überlassen. Gott steht trotz aller Untreue seiner Geschöpfe mit unbeirrbarer Treue zu dem Bund, den Er mit den Menschenkindern geschlossen hat. Auch wir Menschen können treu sein, weil wir an Seiner Treue teilhaben. Wer auf Ihn vertraut, muß auch den Menschen trauen. Wenn Er es immer wieder mit uns Menschen versucht, müssen auch wir es immer wieder miteinander versuchen, die so vielfach vergifteten Beziehungen entgiften und die oft verpestete Luft des zwischenmenschlichen Raumes reinigen, indem wir mutig und unaufhörlich das Mißtrauen, das sich überall einschleichen will, durch größeres Vertrauen überwinden. – Ist es nicht so? Ich brauchte jetzt mehr denn je zuvor Ihr tröstendes und weisendes Wort lieber Herr Professor. So Gott will dann im Frühjahr. Dankbar und herzlich mit freundlichem Gruß auch an Ihre Frau Gemahlin

Ihr P Caesarius

Das Psalmenbüchlein hatte ich angefordert oder vielmehr durch einen Mitbruder bestellen lassen. Es ist aber bis heute nicht gekommen. Sind in Jerusalem noch die Preisungen aufzutreiben? Ich habe immer wieder versucht sie zu bekommen. Bis zur Stunde vergebens.

#25 GB

Poststempel: 1. Oktober 1952

Lieber Herr Buber! Unsere gemeinsame Stunde in N. York schloß mit Ihren Worten: »In Deutschland auf Wiedersehen.« Auf diesen Tag freue ich mich und wenn es sein darf komme ich nach Maria Laach damit wir in diesem Bereich unser Gespräch[126] weiter und tiefer führen. Von Herzen bleibe ich Ihnen zugetan

(die andere Seite des Luftpostbriefes fehlt)

#26 LGB

Maria Laach, 7. 10. 1952

Verehrter und lieber Herr Professor Martin Buber,

mit meinem Briefe von Mitte September wollte ich nicht nur auf die Übermacht der dem dialogischen Leben drohenden Mächte hinweisen, ich wollte auch sagen, daß diese Mächte z. größten Teil Schöpfungen unseres eigenen Herzens sind, die, im Herzen gehegt

---

[126] 1980 sagte Caesarius, dies beziehe sich auf ihr früheres Treffen in Laach, als sie darüber diskutierten, ob und in welchem Umfange man den Begriff »Religion« einschließen sollte. Dies bezieht sich auf Bubers »Vorrede« und Rosenzweigs Kritik an Bubers Gebrauch des Begriffes »religiöse Wirklichkeit«. Caesarius: »Der Mensch ist, was er ist als menschliches Wesen, nur durch ›Religion‹. Die Substanz unseres Lebens ist ›Religion‹.« Dafür, wie gelegentlich auch Dewey, gebrauchte Buber das Substantiv, häufig gebrauchte er die Adjektivform »religiös« – z.B. eine »religiöse Handlung« oder »religiöse Wirklichkeit«. Bubers Freund Franz Rosenzweig kritisierte alle diese Formen. »Gott schuf keine Religionen.« Bernhard Casper untersucht die Unterschiede zwischen Buber und Rosenzweig in seinem Buch *Das dialogische Denken*, Freiburg: Herder Verlag 1967.

und gepflegt und einmal aus ihm entlassen – furchtbare Gestalt u. vernichtende Gewalt annehmen und so auf es zurückfallen. Es drängt mich, Ihnen zu bekennen, daß ich den letzten Brief auch in dem Bewußtsein häufigen eigenen Versagens u. also neu angehäufter eigener Mitschuld an der Bedrängnis, die auf uns alle zukommt, geschrieben habe. Wie das Unheil aus uns selber kommt, – so führt der Weg zum Heil immer wieder nur durch unsere lebendigen Menschenherzen hindurch die sich von Gottes Gnade öffnen u. umwandeln lassen. Dieses Heilswerk geschieht, wenn wir ebenso schlicht wie direkt auf Sein Wort antworten, das Er durch Menschen und Situationen, die Er uns zureicht, zu uns hinspricht, damit wir in ihnen Ihn, den lebendigen Gott, tun. Begegnungen, die Er uns schenkt bereiten den Raum, in dem u. aus dem heraus Er durch uns Menschenkinder wirkt; lassen die Atmosphäre entstehen, in der wir mit Ihm u. durch Ihn zu Seiner Verherrlichung nur wieder eine solch lösende u. erlösende Begegnung geworden, in der ich die Treue Gottes erfahren durfte u. die mich von neuem froh und vertrauend gemacht hat in all meiner Not u. Schwachheit. Herr Prof. Gorsemann, den Sie ja auch kennen, ist hier. Unser Gespräch befreit uns in einer beglückenden Weise. Das verdanken wir vor allem Ihnen, weil Sie als Dritter – doch nicht als »er«, sondern als unser gemeinsames Du – mit da – sind. Sie bewirken in einer geradezu greifbaren Weise, daß wir nicht »Ich« und »Er« bleiben, sondern Ich und Du wurden. Das wollten wir beide Ihnen jetzt sagen, um Ihnen solcherart von dem gemeinsamen Glück mitzuteilen, das Sie ja auch mitgeschaffen haben. So findet das mitmenschliche Geschehen Erfüllung u. Vollendung. Besteht denn nicht alle Heillosigkeit gerade darin, daß zwei über einen dritten – über Gott oder über einen Menschen reden, solcherweise das Menschtum des dritten und das Göttlichsein Gottes und damit ihr eigenes Menschsein vernichtend, anstatt mit ihnen, mit Gott und Mensch zugleich zu sprechen und so das in Seiner Schöpfung als Herrlichkeit sich offenbarende heilige Wesen Gottes mitoffenbarmachend Mal um Mal selber neu und wirklich Mensch zu werden? – Wir freuen uns, daß wir die Aussicht haben, Sie im kommenden Frühjahr zu sehen, so Gott will. –

Ist das Büchlein »An der Wende«, Hegner Köln[127] eine neue Sache, oder sind darin die Reden über das Judentum aus der früheren Zeit?

Herzlich Ihre

Caesarius Lauer und
Ernst Gorsemann

#27 BL[128]

Jerusalem 8. Oktober 52

Lieber Pater Caesarius –

Dank für beide Briefe. Besonders der zweite, von Gorsemann mitunterzeichnete, hat mir das Herz bewegt. Ich empfinde die Situation, in ihrer Not und ihrer Gnade, geradeso wie Sie.

Haben Sie im August des »Merkur« meine New Yorker Abschiedsansprache[129] gelesen? Vielleicht komme ich noch dazu, über den Glauben und die Liebe für diese Stunde etwas zu sagen.

Mit der gewöhnlichen Post sende ich Ihnen das Psalmen Büchlein. Die Theologen aller Bekenntnisse kreiden mir an, daß ich in Ps 73 nicht ein Fortleben in der Zeit sondern ein Aufleben in der Ewig-

---

[127] *An der Wende. Reden über das Judentum*, Köln und Olten: J. Hegner Verlag 1952. Die drei Ansprachen wurden als *The Israel Goldstein Lectures* am Jewish Theological Seminary, New York, November und Dezember 1951 gehalten.

[128] Das Original dieses Briefes ist in sehr schlechtem, fast nicht mehr lesbaren Zustand.

[129] Auf Deutsch »*Hoffnung für diese Stunde*«, in: *Hinweise*, Heidelberg: Verlag Lambert und Schneider 1953, S. 313-327. Gehalten 1953 in der Carnegie Hall, New York, zum Abschluß seiner USA-Reise.

keit finde. In der Ewigkeit auch ich selbst traue weder der Zeit noch der indiv(iduellen) »Seele« allzuviel zu; im Psalm aber kommen sie, (**unlesbar**) am geläufigen Begriff einer weiterlaufenden Serie, gar(**unlesbar**) nicht vor.[130]

Die bei Hegner erscheinenden drei Reden sind von 1951.

Von den »Preisungen« ist hier kein Exemplar aufzutreibe ich habe nur meine beiden Handexemplare. Es soll aber eine Anzahl von Exemplaren, die angeblich auf Auslandsbestellung hingeliefert werden, bei Schocken Publication House in Tel-Aviv, Lilienblum-Street 19, vorhanden sein. Es wäre mir lieb, Ihnen beweisen zu können, daß sie Ausland-Bestellungen (am besten aus der Schweiz) nicht ausführen. Sie legen nämlich der Neuausgabe der »Schrift« Hindernisse in den Weg und berufen sich darauf, daß es noch eine Restauflage gebe.

Herzlich der Ihre

Martin Buber

#28 LB

Abtei Maria Laach, 8. Dezember 52

Lieber und verehrter Herr Professor Martin Buber,

viele Menschen haben keine Zeit mehr. Dafür hat die Zeit die Menschen. Die als »weiterlaufende Linie«. Diesen schlimmen Zustand

[130] In einem Brief an den Verfasser vom 21.4.1957 schreibt Buber: »Unter ›Ewigkeit‹ verstehe ich nicht ›Zeitlosigkeit‹, sondern etwas, was Zeit und Raum umfaßt und nicht auf sie reduziert werden kann, ›endless time‹ macht genauso wenig Sinn wie ›finished time‹.«

haben jene Theologen mitbewirkt, die für Ihr aus dem Gotteswort geschöpftes Verständnis der Zeit kein Verständnis haben. Wer sich aber über das Wesen der Zeit von der Zeit aufklären läßt, statt vom Herrn und Schöpfer der Zeit, dessen Kritik ist wohl nicht allzu ernst zu nehmen. – Das Psalmenbüchlein ist wahre Heilkraft für mich. Sie sollten alle Psalmen kommentieren. Freilich werden Sie jetzt wohl nicht dazu kommen, weil Sie augenblicklich Ihre ganze Kraft für die Neuausgabe der Schrift aufwenden müssen. Wann, glauben Sie, wird wohl mit dem Erscheinen der Neuausgabe der Schrift zu rechnen sein? Geht's mit der Bearbeitung der letzten Bücher gut vorwärts? – Lassen Sie mich in diesem Zusammenhang nochmals auf die »Preisungen« der Schocken Ausgabe zurückkommen. Ich habe dieses Buch wiederholt bei dem sehr leistungsfähigen Antiquariat der Galerie Lutz-Meyer/Stuttgart angefordert. Die Galerie hat sich ebenso oft bemüht, das Buch aus Jerusalem zu bekommen, bei der Stelle – wie ich vermute – die Sie in Ihrem Briefe erwähnen: Schocken Publication House, Tel-Aviv, Lilienblumstreet 19. Diese Stelle hat auf die Anfragen gar nicht geantwortet, wie die Galerie mir mitteilt. Es ist also erwiesen, daß sie dort Ausland-Bestellungen garnicht ausführen, jedenfalls nicht alle. – Gestern sandte Hegner in Ihrem Auftrag Ihr Büchlein »An der Wende«. Auch dafür danke ich. – Ihre New Yorker Abschiedsansprache hat mich noch deutlicher meine eigene Schuld und Not erkennen lassen, aber zugleich auch die Gnade und Aufgabe für diese Stunde. – Kommen Sie im Frühjahr nach Europa und nach Deutschland? Sind Sie wieder ganz gesund? Herzlich Ihrer und Ihrer Frau Gemahlin, die Sie, bitte, von mir grüßen wollen, gedenkend

Ihr P Caesarius Lauer

#29 LB

16. I. 1953

Verehrter und lieber Herr Professor Martin Buber,

Lassen Sie mich bitte ohne Umschweife in medias res gehen. Heute komme ich zu Ihnen als ein Bettler. Als einer, der – irdisch gesprochen – gar nichts mehr hat. Ich habe die letzten irdischen Sicherungen aufgegeben, damit ich – gesichert an Gott allein – unverzüglich das Dialogische Leben zu leben beginnen kann. Sie werden sagen, das sei nicht richtig so. Der dialogische Mensch habe anzunehmen u. verwirklichend zu verwandeln, wer u. was ihm zugereicht wird. Gewiß – ich will mir auch gar nicht die Menschen u. die Verhältnisse eigenmächtig wählen, mit denen u. in denen ich die Dialogik tun will wenn ich nun doch dazuschreite, mit wenigen Menschen in einer kleinen Gemeinschaft ein dialogisches Leben aufzubauen, so tue ich das nicht, um nur den Bereich dialogischer Verwirklichung selber zu bestimmen und innerhalb dieses Bereiches eine esoterische Elite heranzubilden mitzuhelfen (das wäre ja der gefährlichste, weil hinter einer sog. Gemeinschaft getarnte Egoismus), sondern um gegenüber den jedes personale Leben erstickenden ideologischen Ansprüchen und sogen. absoluten Notwendigkeiten von seiten allmächtiger Institutionen u. Organisationen, die abzubauen und zu entflechten mitzuhelfen ich in einer für mich aufreibenden Weise aber ganz vergeblich versucht habe, in einer kleinen Gruppe den Rahmen mitzuschaffen zu helfen, in dem wenigstens diese wenigen Menschen Gott und einander wieder wirklich gegenwärtig und also tatsächlich Mensch und Mitmensch werden können. Das dialogische Leben, das in solchem bescheidenen Bereich aufkeimt und wächst und Frucht bringt, soll keineswegs in diesen Bereich eingegrenzt werden, was ja dem dialog. Leben selber widerspricht. Es soll vielmehr in andere hineinwirken und auch sie zu einem solchen Leben anfeuern. Ich sehe keine andere Möglichkeit das individualistische und kollectivistische Verbrechen am Menschen zu sühnen und keinen anderen Weg, die Menschen – einerseits von ihrer wahnsinningen Selbstüberhebung zu heilen mitzuwirken, die nur auf Bemühen und Leistung des Individuums vertraut, – anderseits sie aus dem würdelosen Zustand herauszuführen in welchem alles nur von dem anonymen Zusammenschluß vieler erhofft wird. – Ich muß jetzt in meinem Beruf als Mönch die Antwort geben, mögen andere über »die Antwort der Mönche« schreiben u. reden. Ich werde so Gott will – und ich glaube, daß Er es nicht bloß will, sondern fordert, – noch in diesem Frühjahr zu diesem Werk entweder nach Frankreich oder nach Indien gehen, wo Entscheidendes auf dem Spiele steht; weshalb Indien wahrscheinlich zuerst in Frage kommt.[131] Ich würde versuchen auf der Reise nach Indien zu Ihnen zu kommen, um mir in einem belehrenden u. weisenden Gespräch mit Ihnen Kraft zu holen. Ihre vielleicht schon gemachten Reisepläne sollen Sie aber deshalb unter keinen Umständen ändern. – Es kostet mich nun, wie Sie sich denken können, eine gewaltige Überwindung, Sie folgendes zu fragen: Die Reise nach Indien kostet natürlich viel Geld. Ich habe keines. Können Sie mir helfen, raten, Möglichkeiten aufzeigen? Verzeihen Sie, daß ich so unvermittelt frage. Aber ehe ich zu den »Konfessionellen« mit einer solchen Bitte gehe, möchte ich zu meinen Freunden gehen, die spüren, um was es hier geht. – Ich habe, verehrter Herr Professor, in den vergangenen Monaten besonders um des dialogischen Lebens willen gelitten. Wir sind alle in einer tödlichen Gefahr. In einem Briefe vom Jahre 1951 an Sie, den Sie Maurice Friedman (wie dieser mir vorgestern schrieb) in einer Kopie zur Veröffentlichung zugesandt haben, habe ich diese Gefahr zu kennzeichnen versucht. Auf alle Versuche, diese Gefahr und damit den Ernst dieser Weltstunde zu verharmlosen, kann u. muß ich als Mensch u. Mönch nur mit dem Beispiel des gelebten Dialogs antworten. Das tue ich jetzt. Wollen Sie, bitte, vor allem

---

[131] 1953 war für Pater Caesarius ein besonders »kruziales« Jahr. Der Kluft zwischen seinen Hoffnungen und seinen wirklichen Möglichkeiten machten ihn verzweifelt und verlassen. Frankreich und Indien schienen die vielversprechendsten Möglichkeiten für seine Versuche zu bieten, den Dialog als Leben in spirituellen Gemeinschaften zu leben. In **Briefe #32** kommt Caesarius auf seine Pläne und Frustrationen näher zu sprechen.

meiner Mitstreiter und meiner im Gebete vor Ihm gedenken in dieser Hinsicht. – Haben Sie meinen Dezemberbrief erhalten? Ich bange manchmal um Ihre Gesundheit.
Bitte antworten Sie von nun ab nicht nach M Laach, sondern nach meiner Heimatstadt:

PCaesarius Lauer,
Oberwesel/Rhein
Simmernerstr.22
Rhineland/Germany

Herzlich, mit ehrerbietigem Gruß auch an Ihre Frau Gemahlin,

Ihr P Caesarius Lauer

#30 BL

Jerusalem 22. Januar 53

Lieber Pater Caesarius –

Ihr Brief vom 16. ist mir recht zu Herzen gegangen. Ich kann ihn heute (ich möchte nicht Sie auf eine Äußerung von mir warten lassen), einer – nicht ernsten – Krankheit wegen, nur ganz kurz beantworten. Aber das hängt auch damit zusammen, daß ich ehe ich Ihre Sache konkret überdenken kann, deutlicher sehen muß, welches Ihre Lage und Ihre Absicht sind. – Das heißt, ich muß zunächst fragen. Somit bitte ich Sie, wenn keine Diskretionspflicht Sie daran hindert, mir mitzuteilen:

1. Ist Ihr Entschluß von Konflikten bestimmt oder mitbestimmt worden: Welcher Art waren diese von mir vermuteten, aber auch aus Ihren Worten erschlossenen Konflikte?

2. Welches ist gegenwärtig Ihre Haltung zu Ihrem Orden und Ihres Ordens zu Ihnen?

3. Was ist es, das für Indien spricht? Ich hätte gedacht, daß gerade in Frankreich verwandt gesinnte Menschen, sowohl Kleriker wie Laien, zu finden sind.

Ehe ich noch Auskunft von Ihnen erhalte will ich in Bezug auf die Finanzierung der Reise eine Erkundigung einholen, die aber vorerst nur allgemeiner Natur sein kann.

Mit allen guten Wünschen von uns beiden, zunächst für das nächste Stück Wegs, das ja besonders schwierig sein muß,

Ihr Martin Buber

#31 BL

Jerusalem 24.1.53

Lieber Pater Caesarius –

Noch eine Frage habe ich den bereits gestellten hinzuzufügen:

Welches sind die äußeren Grundlagen der Gemeinschaft, an die Sie denken? Welcher Art die gemeinsame Arbeit? Welches die bisherigen Werk-Erfahrungen der Teilnehmer? Seit ich Ihrem Brief nachdenke, ist es mir in wachsendem Masse Bedürfnis geworden, bald ein Bild zu bekommen von dem, was vorgegangen ist, um ein wenn auch nur ungefähres von dem, was Sie im Sinne haben. Zunächst sieht alles noch so unbestimmt aus.

Ähnlich empfindet meine Frau, die herzlich teilnimmt.

Ihr Martin Buber

#32 LB

Oberwesel, 3. Februar 53
(Oberwesel, Simmernerstr.22)

Verehrter und lieber Herr Professor Martin Buber,

herzlichen Dank für Ihre beiden Briefe vom 22. u. 24. I., die mir zeigen, wie sehr Sie und Ihre Frau Gemahlin sich um mich sorgen. Inzwischen hat sich meine Sache soweit geklärt. Hier gebe ich einen kleinen Bericht auf den Sie nach meinem letzten Brief sowieso ein Anrecht haben. Ihre an mich gestellten vier Fragen werden darin beantwortet, damit Sie sich ein einigermaßen klares Bild machen können. –

Im Grunde genommen hat eine einzige Schwierigkeit sachlich-persönlicher Art zu meinem Entschluß geführt. Es geht mir, wie Sie wissen, immer um den Menschen; den Raum mitschaffen zu helfen, in dem der Mensch, Gott und dem Mitmenschen antwortend, Mensch werden kann. Solches Tun – nicht das Reden darüber – ist mir aufgetragen. Ich habe das immer wieder im konkreten Bereich des Klosters MLaach zu tun versucht. Aber die dortige Ordnung stellt sich immer unerbittlicher dem Menschen entgegen. Unter Berufung auf gewisse Notwendigkeiten, die ich als solche weder erkennen noch anerkennen kann, verhindert diese »objective« Ordnung die Menschwerdung des Menschen. So ist »an diesem Ort die wesensgemäße Erfüllung des mir Aufgetragenen inzwischen unmöglich geworden. Also bin ich gegangen. – Von vornherein war es nun mein Bestreben, die unaufschiebbare

Antwort des Mönches innerhalb des Ordens zu geben. Durch die Erfahrung in Laach belehrt, war mir freilich ebenfalls von vorneherein klar, daß dies innerhalb dieses festgefügten, durch die Ismen von 1500 Jahren geprägten Ordo (sic) sehr schwierig, vielleicht sogar ganz unmöglich sein werde. Ich suchte nun nach ähnlich Erkennenden und gleicherweise Entschlossenen im Bereich des Mönchtums. Indien schien mir der gegebene und aufgetragene Raum, weil dort Entscheidendes vor sich geht. Wache Menschen rufen dort nach gelebter Dialogik, damit Restauration und Revolution in diesem Lande in der gegenwärtigen Weltstunde überwunden und vermieden werden können. Indien steigt, wenn ich mich nicht gar sehr täusche, als echte dritte Möglichkeit zwischen dem individualistischen Amerikanismus und dem kollektivistischen Bolschewismus auf. In den indischen Raum hinein haben nun die Mönche zu sprechen begonnen.[132] Leider ist der erste dort unternommene Versuch bereits auf dem besten Wege dazu, zu einem »Reden über« zu werden. Er ist also bereits am Anfang schon am Ende, weil er im Ansatz falsch ist, die Restauration fortsetzt und so die Revolution mit heraufbeschwört. Ein zweiter Versuch, der seit 3 Jahren versucht wird, scheint wesenhafter zu sein, akzentuiert aber zu stark die eremitische Vollzugsweise. In diesem Zusammenhang nun und aus all diesen Gründen habe ich mich entschlossen, nach indischen Men-

---

[132] Caesarius stand im Briefwechsel mit französischen Mönchen, die in Indien gelebt hatten und mit Yoga und indischer Spiritualität vertraut waren. Er sagte, daß ihre anfänglichen Anstrengungen erfolglos geblieben seien, weil sie in ihrem Lernprozeß sich dadurch schuldig machten, daß sie ihre eigenen Ideen über Spiritualität in diese Lernsituation einzubringen versuchten, statt zu horchen und auf die Personen zu hören, zu denen sie ausdrücklich gegangen waren, um von ihnen zu lernen (vgl. Tonband #11/1980). Pater Caesarius' Offenheit als Mönch für solche neuen Formen spiritueller Gemeinschaften kann zurückverfolgt werden auf den Einfluß von und die Freundschaft mit Abt Raphael Walzer, O.S.B., einem sehr bemerkenswerten Menschen, dem er zwischen 1946 und 1948 begegnet war, als er seine theologischen Studien in Beuron beendete. Pater Walzer, ein Freund von Max Scheler, Edith Stein und Stephan Zweig, war schon mit 28 Jahren Abt geworden und ging in der Folge nach Afrika, um in Tlemcen, in der Nähe von Oran, in Algerien, eine nordafrikanische Benediktiner-Gemeinschaft zu gründen.

schen und Mönchen zu fahnden, die zu echter Antwort bereit sind. Ein Inder, Mönch und Priester wie ich, der schon seit 1931 den gleichen Kampf kämpft, ähnliche Ein- und Absichten hat, bat mich, nach Indien zu kommen, um gemeinsam mit ihm und noch einigen anderen seiner indischen Freunde sofort zu beginnen. Wir haben nun zuerst eine abendländische Abtei für den Plan zu gewinnen versucht. Vergebens. Dann hat sich ein katholischer Bischof in Indien für die Sache interessiert und uns gerne die Erlaubnis erteilt, in seiner Diözese anzufangen, auf gutem, ertragreichen Land, auf dem ein Haus steht, das wir zu billigem Preise mieten oder sogar erwerben können. Es hätte also sofort der Anfang gemacht werden können. Aber mein Abt sperrt sich dem ganzen Plan beharrlich aus Gründen, die ich hier nicht nennen kann. Es sind kaum sachliche Gründe dabei. Eine tragische, zudem noch unnötig dramatisierte Geschichte ist das. Lassen Sie mich darüber schweigen. – Lange vor der indischen Sache nun hatte ich vor 2 Jahren etwa mit französichen Freunden Fühlung genommen, weil mir ähnliche Auffassungen und Versuche im französichen Raum bekannt waren. Ich kenne eine kleine Gemeinschaft, in der einige Mönche seit 3 Jahren dialogisch leben. Mein Abt gab mir aber vor 2 Jahren auch für diese Gemeinschaft nicht die Erlaubnis. Als er in der indischen Sache unnachgiebig blieb, faßte ich vor 3 Wochen von neuem die französiche Möglichkeit fest ins Auge, da ich den [**kairos**]für mich als gekommen anzusehen nicht umhin kann. Durch einen Mitbruder, der mit mir schreiten will, aber noch nicht Mönch ist, ließ ich die Lage in Frankreich konkret sondieren. Das Ergebnis war positiv. Daraufhin wurde ich bei meinem Abte von neuem vorstellig und erhielt von ihm nach einer für beide Teile unerquicklichen, für mich besonders leidvollen Auseinandersetzung, die Erlaubnis nach Fr. zu gehen. Der Versuch geschieht innerhalb des Ordens. Vor wenigen Tagen nun sprach ich mit dem Abt, der seine Hand über das junge Reis hält. In ihm habe ich den Mann gefunden, der mich restlos versteht, der das als richtig und dringlich Erkannte unverzüglich in die Tat umsetzt, weil er großes Gottvertrauen hat und außerordentlich mutig ist. So gehe ich, – so Gott will, noch in dieser Woche – nach Frankreich, um sofort zu beginnen, glücklich darüber, daß ich doch noch innerhalb des Ordens das neue und doch so alte – weil gültige Leben mitaufbauen darf. Den Inder, dem ich mich nach wie vor verpflichtet fühle, habe ich eingeladen, mit uns zu schreiten, später seine Freunde nachzuziehen, eine kleine Gemeinschaft mit ihnen aufzubauen, die dann später Indien dieses Leben bringen kann. Da er Europa gut kennt, und er eher die Möglichkeit hat nach hier zu kommen als ich nach Indien, liegt der Vorschlag auf der Hand. Wir werden sehen. – Nun noch zu Ihrer letzten Frage in dem Brief vom 24. I.. Der Ort, an dem wir verwirklichen wollen, liegt in der Nähe von Valence in 1000 m Höhe auf der letzten Bergkette vor dem Rhonetal. Wir werden zu 6 sein; 3 Franzosen, 3 Deutsche. Unser Leben: Gebet, gemeinsam und einsam, geistliche Lesung, Abbau des Intellectualismus, Säuberung des geistigen Lebens von aller nur orientierenden Vielwisserei und von dem lebentötenden, nur die Neugier befriedigenden Halbwissen. Gesunde Entsagung; aller Akrobatismus im aszetischen Leben muß vermieden werden, wie überhaupt jeder Ismus. Diskretion in allem und allem offenbleiben, ist unser Bestreben. Gott und in Gott einander unerbittlich gegenwärtig bleiben. Nicht in die Anonymität ausweichen, und sich nicht in sich selber verschließen. In einer kleinen Gemeinschaft von 6 Menschen ist weder das eine noch das andere möglich. Alle sind Mönche mit gleichen Rechten und Pflichten. Die verhängnisvolle Zweiteilung in Priestermönche, die auf Einzelzellen ein eigenes akademisches Leben »leben« und in Laienbrüder, die weitgehend zusammenhausend von dem Übermaß an Handarbeit erdrückt werden, wird durch eine neue soziale Struktur abgelöst, wie die beste Tradition innerhalb monastischer Verwirklichung sie immer angestrebt hat. Alle müssen ein bestimmtes Maß an Handarbeit täglich leisten. Labore manuum suarum vivant.[133] Es sind unter den 6 solche, die praktischer veranlagt sind und solche, die es weniger sind. Dem wird natürlich Rechnung getragen. Einer hat bereits 3 Jahre in einer Fabrik gearbeitet. Aber bestimmte Arbeiten können und müssen alle leisten. Einer trage des anderen Last. Bei aller Rücksicht auf Veranlagung Begabung und Berufung, – jeder Mensch ist

---

[133] *»Laß sie von ihrer Hände Arbeit leben.«*

ja ein heiliges Mysterium – werden wir einander um des Lebens in der Wahrheit u. Liebe willen, schonungslos die Eigenwege nennen, auf die der Ehrgeiz, der Geltungsdrang usw.. den Menschen immer wieder treiben. Einer muß den anderen von diesen Fremdwegen zurückreißen auf den gemeinsamen Weg, der wiederum für jeden soviel Raum läßt, daß jeder so schreiten kann, wie Gott es von ihm will. Kurz: nach Gehalt und Gestalt muß sich unser Leben als dialogisches erweisen; in allem und überall. Im Reden darüber wird ja solches Leben nicht. Ich kann nicht genug auf diese schreckliche Gefahr hinweisen. Aber damit ist's ja auch nicht getan. Für mich ist jetzt der Augenblick gekommen dieser Gefahr sans phrase – eben durch das Tun energisch zu begegnen. Denn Leben wird und ist nur in dem Masse als es vollzogen wird. Es kann vieles »darüber« gesagt werden. Aber das nützt nichts. Wenn wir das Leben wirklich leben ist es erst tatsächlich vorhanden. Es schafft dann aus sich heraus die ihm gemäße Gestalt. Der Abt, der sich unserer kleinen Gemeinschaft annimmt, sagte mir ganz richtig: Faites, marchez, realisez! Alors on verra.[134] Natürlich muß man das Ziel klar haben und den Weg wissen, auf dem man es erreichen oder ihm näher kommen kann. Doch dann beginnt das eigentliche Werk erst: Wir müssen den Weg gehen und bei solchem sachgemäßen und zugleich mutigen Schreiten werden wir je und je klarer erkennen und solcherart zu immer tieferer und wesentlicher Verwirklichung fähig werden. Ist es nicht so? – Für Ihre Bemühungen um materielle Hilfe danke ich Ihnen. Diese Hilfe ist jetzt nicht so dringlich. Wenn Sie aber ein wenig tun wollen und können, bin ich froh darüber. –

Für Ihre und Ihrer Frau Gemahlin rührende Teilnahme an allem, was sich nun tut, muß ich besonders danken. Sie ist mir und meinen Mitstreitern in diesen schweren Tagen und in den noch schwereren der bevorstehenden Verwirklichung die kostbarste Hilfe. Ich darf Sie, lieber Herr Professor, u. Ihre Frau Gemalin also bitten, der

[134] *»Macht etwas, bringt's in Gang und führt es aus, und dann werden wir weitersehen!«*

bescheidenen und doch so entscheidenden Sache Ihr Zugetansein bewahren und Ihr Gedenken weiter schenken zu wollen. –
Alles hier Gesagte ist nur für Sie und Ihre Frau Gemahlin bestimmt. Niemand sonst darf von den Zusammenhängen erfahren damit keine Erschütterungen für die Gemeinschaft entstehen, die ich verlassen habe. –

Ihnen baldige Genesung wünschend und die von Ihnen mir zuteilgewordene Belehrung und Hilfe als ernste Verpflichtung in Dankbarkeit in die neue Verwirklichung mithineinnehmend.

Ihr P Caesarius Lauer

PS. Mit großer Sehnsucht schaue ich nach dem Erscheinen der Schrift aus. Da ich in Zukunft in bibliographischen Dingen nicht mehr so auf dem Laufenden werde sein können wie vordem als Bibliothekar von MLaach, bitte ich sie herzlich, mich über die von Ihnen erscheinenden Werke gelegentlich zu informieren. Die ganze neue Schriftübersetzung geht uns in der neuen Gemeinschaft besonders an – vor allem die Preisungen, – da wir sie in unserer Liturgie und lectio divina verwenden wollen.

#33 BL

Jerusalem 17. Februar 53

Lieber Pater Caesarius –

Ihr ausführlicher Brief leuchtet mir ein, im genauen Wortsinn, und ich fühle mich Ihnen noch näher als vordem. Geben Sie mir bitte weiter Nachricht und seien Sie stets meiner Gegenwart und meines Gebets gewiß.

Die Neuausgabe der Schrift ist durch die ermüdenden Verhandlungen mit dem Haus Schocken verzögert worden; erst heute habe ich die endgültige Formulierung der Bedingungen erhalten und sogleich an Hegner weitergegeben, bei dem nun die Entscheidung liegt.

Mein Buch »Gottesfinsternis«[135] kommt demnächst heraus und geht Ihnen gleich nach Erscheinen durch den Verlag zu, an die Oberweseler Adresse. Es enthält die amerikanischen Vorlesungen über Religion und Philosophie. Vielleicht führt Hegner doch noch auch seine frühere Absicht aus und druckt eine Sonderausgabe der Preisungen. Ich gebe hier gerade einen volkstümlichen Psalmen-Kurs.

Mit allen guten Wünschen von uns beiden Ihr

Martin Buber

Die Amerikanerin, an die ich dachte, wäre nur für Indien zu interessieren gewesen; aber ich vergesse auch diese Seite nicht.

#34 BL

Jerusalem 29. Mai 53

Lieber Pater Caesarius –

Ehe ich nach Europa reise, möchte ich Ihnen sagen, daß ich Ihretwegen besorgt bin, denn Gutes hätten Sie mir doch wohl berichtet. Lassen Sie mir doch Nachricht über Ergehen und Werk zukommen: p. Adr. Lambert Schneider Verlag, Heidelberg, Dantestr. 42. Wir gedenken am 12. dort zu sein.

---

[135] Zürich: Manesse Verlag 1953.

Mit herzlichen Grüßen

Ihr Martin Buber

#35 LB

Bremen-Horn, 9. 6., 53
Leher-Heerstr.127
bei Prof. E. Gorsemann

Verehrter und lieber Professor Martin Buber,

Sie sind in Deutschland und ich auch.[136] Das ist das Zeichen zu einer Begegnung. Ich bitte Sie darum, daß ich Sie sehen und sprechen darf. Teilen Sie mir, bitte, nach Oberwesel, Simmernerstraße 22 mit, ob, wann und wo wir uns treffen können. Gerne werde ich Ihnen entgegenfahren. Freilich müßte die Begegnung bis zum 22.6. stattgefunden haben, da ich nach dem 22. wieder nach Frankreich zurückfahren muß. Es wäre mir auch lieb, wenn der Ort unserer Zusammenkunft im Westen Deutschlands sein könnte. Natürlich sind Sie in meiner Heimat Oberwesel zu jeder Zeit herzlich willkommen. Bis zum 16. Juni bin ich hier in Bremen bei meinem auch Ihnen bekannten Freunde Ernst Gorsemann, der Sie grüßen und fragen läßt, ob Sie diesmal auch nach Norddeutschland kämen. In diesem Falle möchten Sie ihn besuchen. – Ich bin also vom 16.6. – 22.6. in Oberwesel.

[136] Ich war schon einige Tage zuvor bei den Gorsemanns eingetroffen. Prof. Gorsemann hatte mit der Büste schon in seinem Atelier angefangen.

Auf ein baldiges Wiedersehen hoffentlich

mit herzlichem Gruß

Ihr P.Caesarius

P.S. Sollten Sie am 12.6. in Heidelberg ankommen und nicht zu müde sein von der langen Reise, um sofort zu antworten, dann können Sie mir Ihre Antwort noch hier nach Bremen-Horn, Leher Heerstr. 127 senden. Sie wird mich hier bis zum 15. abends gewiß erreichen.

#36 BL[137]

Prof. Dr. Martin Buber
c/o. Pension Sonnenbühl
Röderweg 6
Heidelberg 16. Juni 1953

Lieber Pater Caesarius,

ich möchte es sehr gerne möglich machen, daß wir uns irgendwie begegnen; aber ich weiß weder Ort noch Zeit vorzuschlagen, da ich durch meine Vortragsreihe eine feste und ziemlich knappe Marschroute habe. Ich hielt gestern den ersten Vortrag in Heidelberg, spreche am 17. Juni in Frankfurt, am 19. in Bonn[138], am 22. in Münster und am 24. in Hamburg, von wo aus es nach England und Schottland geht.

---

[137] Diese maschinenschriftliche Abschrift stammt von Prof. Buber.

[138] Von der Begegnung mit Buber in Bonn berichte ich im vierten Teil. Auf dieser Reise sprach Buber über »*Geltung und Grenze des politischen Prinzips*«; im wesentlichen stammen die Gedanken hierzu schon aus dem Jahr 1947. Vgl. Hinweise, op. cit., S. 330-346.

Ich kann im Augenblick noch nicht überschauen, welcher dieser Orte für Sie am bequemsten ist; einen andern freilich als die genannten kann ich der kargen Zeit wegen nicht vorschlagen.

Vielleicht ist es Ihnen leichter, einen Vorschlag zu machen. Nachrichten erreichen mich bis einschließlich 18. Juni unter der oben angegebenen Adresse, danach zunächst durch die Universität Bonn.

Wir grüßen Sie herzlich

Ihr Martin Buber

Handschriftliche Bemerkung auf Rückseite(?):
Fortgang der Eindeutschung
der Schrift-
richtige Briefe ??

#37 LB

Villeneuve-Poligny
par la Fare en Champsaur
Hautes Alpes, France

15. Oktober 53

Verehrter Herr Professor Martin Buber,

über den Versuch im Sommer will ich Ihnen später ausführlich berichten.[139] Lassen Sie mich jetzt nur sagen, daß der Weg sich trotz aller Schwierigkeiten als gangbar und gut erwiesen hat. Ob wir auf diesem Wege auch im Winter weiterschreiten können, muß

[139] Hierzu Teil 4 mit mehr Informationen zu Caesarius' Versuchen, in Frankreich den Dialog als Leben in spirituellen Gemeinschaften zu verwirklichen.

erst erprobt werden. Die winterliche Verwirklichung ist wegen des langen, harten Winters in dieser Gegend besonders schwierig. Wir leben von unserer Hände Arbeit. Das gehört zum Wesen unseres Versuches. Die Handarbeit ist aber hier im Winter gering. Immerhin scheinen sich auch da gute Möglichkeiten für uns zu eröffnen. Genaueres kann ich darüber erst »post festum« sagen. Das verstehen Sie besser als irgendeiner sonst. Sie wissen außerdem, daß meine Sorgen gar nicht zuerst in dieser Richtung liegen. Viel schwerer lastet auf mir der Kampf mit der »Institution«. Ich danke Ihnen, daß Sie und Ihre Frau Gemahlin meiner gedenken. Bitte, tun Sie es weiter. – Nun noch eine andere Sache: Sie wissen, daß ich mit Sehnsucht seit langem auf das Neuerscheinen der Schrift warte. Hegner hat mir auf eine Anfrage geantwortet, daß der I. Band bald herauskomme. Sie hätten allerdings keine Anweisung gegeben, daß auch ich ein Exemplar bekomme. Nun kann ich mir gut vorstellen, daß Sie diesmal vielleicht in Not sind, mich zu beschenken. Ich darf aber doch wohl um genaue Mitteilung bitten, weil ich mir in jedem Falle diese Neuauflage der Schrift zulegen will und zwar früh genug, gleich beim Neuerscheinen, ehe sie wieder vergriffen ist. – Meine Schwester hat mir mitgeteilt, daß Sie den Friedenspreis des deutschen Buchhandels erhalten haben. Ich habe mich mitgefreut. Mein Wunsch ist, daß die Mitwelt Sie nicht nur durch Preise[140] ehrt, sondern auch dadurch, daß sie verwirklicht, was Sie im Wort und durch die Tat künden. Wer Sie durch Preise ehrt, muß ja auch wissen, daß es Ihnen nicht um Preise geht, sondern um den Menschen, um die Beziehung des Menschen zu Gott und zum Mitmenschen. – Mit frohem Gruß an Sie und Ihre Frau Gemahlin, in der Hoffnung, daß Sie Ihre sommerliche Reise gut vollendet haben und bereichert nach Jerusalem zurückgekehrt sind,

Ihr P Caesarius Lauer

---

140 Verleihung des Friedenspreises des deutschen Buchhandels in der Frankfurter Paulskirche am 27. September 1953. Der Titel von Bubers Rede hieß »*Echtes Gespräch und die Möglichkeiten des Friedens*«, in *Nachlese*, Heidelberg: Verlag Lambert und Schneider 1965, S. 219-231.

Beilagen:
Eine weitere handschriftliche Fassung obigen Briefes von PCL, Zeitungsartikel und Verlagsankündigungen von Titeln Martin Bubers mit einer handschriftlichen Notiz desselben:
Preisverleihung an Martin Buber in Ffm. u. der weitere Kampf um die ganze Eindeutschung der Schrift-

Meine kritischen Bemerkungen dazu!

#38 BL

Jerusalem 29. Oktober 53

Lieber Pater Caesarius –

wir sind erst vorgestern heimgekehrt und haben Ihren Brief hier vorgefunden. Ich kann mir was Sie berichten, gut vergegenwärtigen, im einzelnen wüßte ich gern mehr.

Der 1. Band der neuen Schrift-Ausgabe ist bis auf den größten Teil der Genesis (der als Probeband für die Frankfurter Messe hergestellt wurde) noch nicht gedruckt. Ich habe unterwegs nun einen Teil des – dreimaligen! – Korrekturlesens bewältigen können. Der Band soll im Frühjahr erscheinen und wird Ihnen dann selbstverständlich zugehen, mit einem die Methodik darlegenden kleinen Expose, das ich noch abfassen muß.

»Preise« sind freilich an sich belanglos, aber zuweilen verbindet sich ihnen eine Symbolik, die das durchaus nicht ist. So war es diesmal, wie Sie gelegentlich verstehen werden, wenn Sie meine Frankfurter Rede (die gedruckt war) lesen.

Ich bin am Leibe etwas müde, aber ich bin eher zuversichtlicher geworden.

Grußformel abgeschnitten

#39 LB

Postkarte von PCL an MB aus Algerien

14. II. 54

Verehrter Herr Professor –

aus einem Dialog mit jüdischen Freunden in Algerien in dem wir alle Ihre gute Gegenwart fast leibhaft spürten, grüße ich Sie und Ihre Frau Gemahlin zu Ihren 76 Jahren Sie beglückwünschend. Näheres später.

Ihr PCaesarius Lauer

Bemerkung und Unterschrift von dritter Hand

#40 LB

z.Zt. Oberwesel, 18. 4. 54

Verehrter und lieber Herr Professor Martin Buber,

Sie warten gewiß seit langem auf ein Zeichen von mir. Jetzt sollen Sie es haben. Wir haben unseren Versuch in Südfrankreich abbrechen müssen, obwohl er gut war und eine echte Antwort auf das jetzt Gebotene darstellte. Aber die Institution hat keine Formel für ihn bereit. Was jetzt vor sich geht, kann ich Ihnen kaum treffender kennzeichnen als Sie selber es in Ihrem neuesten Buch »Hinweise« auf S. 111/112 in dem Kapitel »Verantwortung« getan haben. Die entscheidende Frage in dem Drama der personalen Verantwortung ist für mich: Kann die Gruppe, der ich zugehöre überhaupt noch »Stätte der eigentlichen und schwersten Verantwortung und deren stete Erprobung sein, oder schließt die Zugehörigkeit zu dieser so beschaffenen Gruppe nicht notwendig eine Flucht vor dem immer neuen und immer anderen Verantwortenmüssen ein«, wenigstens für den jüngeren Menschen, jetzt, im Jahre 1954, nach den Erfahrungen eines furchtbaren Krieges, inmitten der tiefgreifenden Umwandlungen dieser Zeit und Welt. Und – was entscheidend ist: bedeutet die Zugehörigkeit zu dieser Gruppe für mich – ganz persönlich – nicht eine solche Flucht? Darüber kann ich jetzt keine Klarheit gewinnen. Da ich außerdem den anderen Versuch nicht fortsetzen kann, bleibt mir wohl zunächst nichts anderes übrig, als »die eigentliche und schwerste Verantwortung und deren stete Erprobung« auf's Neue in der Gruppe, der ich zugehöre, zu versuchen. Ich ahne, was das bedeutet. Es drängt mich, Sie in dieser Lage wiederum um Ihr Gebet zu bitten, das mir nun schon so oft geholfen hat. Sie bekommen dann weiter Nachricht. – Ihre Bücher »Hinweise« und »Einsichten« habe ich richtig erhalten. Herzlichen Dank. Ist der I. Band der Schrift noch nicht heraus? Ich warte sehnsüchtig darauf und bin Ihnen dankbar, daß Sie mir auch davon ein Exemplar durch den Verlag zukommen lassen wollen. Haben Sie inzwischen die ganze Schrift übersetzt? Oder haben die vielen anderen Arbeiten Sie nicht dazukommen lassen? Das wäre schade. Ich darf Sie bitten, auch im Namen anderer, daß Sie all Ihre Ihnen zur Verfügung stehende Kraft dafür einsetzen, daß diese Schriftübersetzung kein Torso bleibt.

Mit frohem Gruß auch an Ihre Frau Gemahlin

Ihr Caesarius Lauer

P.S. Ist Friedman's Buch über Sie nun heraus? Haben Sie meine Karte aus Alger vom 14.2. erhalten? Briefe u. Sendungen bitte weiter an die Oberweseler Adresse.

#41 BL

Jerusalem 28. April 54

Lieber Pater Caesarius –

Es ist gut, daß Sie mir geschrieben haben; ich habe mir schon Sorgen um Sie gemacht. Die Karte aus Alger ist angekommen, aber sie war nicht recht orientierend. Ich möchte mich dafür einsetzen, daß Sie so lange als irgend möglich in Ihrer Gruppe bleiben – und kämpfen. So etwas ist ein angewiesener Platz, bis man es nicht mehr als solchen verstehen kann.

Ich bin eine ganze Weile krank gewesen (schwere Grippe mit Komplikationen nebst Rezidive) und bin noch nicht völlig obenauf. Dadurch ist die Korrektur der Schrift I arg verzögert worden und der Band wird erst im Herbst erscheinen können. Ich bin jetzt mit der 3. Korrektur kaum zur Hälfte durch und muß noch das beizulegende Heft machen. An neues Übersetzen war und ist vorerst noch nicht zu denken. Von Mitte Juli bis Mitte September will ich in Tübingen arbeiten, daran und an sonstigen Biblica.

Friedman hatte Schwierigkeiten mit seinem Verleger und hat das Buch kürzen müssen. Es soll zum Herbst erscheinen. Er hat Ihnen vor einiger Zeit geschrieben aber der Brief kam als unzustellbar zurück.

Die neue Ausgabe »Die Schriften über das dialogische Prinzip« ist bei Schneider in Druck mit einem mir wichtigen Nachwort.

Wir grüßen Sie herzlich

Ihr MB

#42 LB

Oberwesel/Rhein 28. Oktober 1954
Simmernerstr.22

Verehrter Herr Professor,

es ist so weit. Ich gehe Anfang November in die Wüste Sahara. In dem, was augenblicklich in unseren Räumen vorbereitet und zu einer neuen Schuld angehäuft wird, bleibt mir nur dieses: dies Menschwüste durch das Opfer eines wirklichen Exodus in die geographische Wüste überwinden und verwandeln zu helfen. Der Exodus ist – im Unterschied zur Emigration – religiöse, verwandelnde Wirklichkeit und Kraft. Es geht nicht um die Wüste; es geht um die Stadt. Aber Schöpfer und Schöpfung, die gesamte Offenbarungswirklichkeit künden die Wahrheit, daß Gemeinschaft und Stadt ohne personalen Vollzug des Geistes der Wüste nicht möglich sind. Ohne personalen Vollzug: Die augenblicklich notwendig gewordenen Wüstengänge haben nicht den Sinn eremitisch-individualistischer Lebensbewältigung wie die der Wüstenväter des 2. und 3. Jahrhunderts, die zum großen Teil ihr Leben gegen die mitmenschliche und umweltliche Schöpfungswelt lebten. Heute bedeutet Wüstengeist: durch wesentlichen Vollzug des Dialogs mit Gott in wesentliche Beziehung zum Mitmenschen zu gelangen. In der auf unserem Continent geschaffenen und vergifteten Atmosphäre sind beide in den Schein hinein aufgelöst und damit zerstört. Dort wo ich leben werde, kann und soll die Hinwendung zur Überwelt in ihrer Unerbittlichkeit wirkliche Basis für eine in der Wahrheit stehende Hinwendung zur Mitwelt werden, welcher Vorgang hier durch die Macht der Systeme, die den Menschen zerstören, in Frage gestellt ist. »Meinen hier nur bis jetzt angewiesenen Platz, kann ich von nun an als solchen nicht mehr verstehen. Die Mitwelt in der Wüste, das sind 2 Mitbrüder, 2 Schwesterngemeinschaften, Europäer, Araber, Tuaregs u. Neger. Da ist die wichtige Seite des dialogischen Geschehens: die Gestaltung der zwischenmenschlichen Beziehungen u. ihrer ganzen (abgerissen)

Bei dem Werk das ich nun tue, bleibe ich Ihnen, sehr verehrter Herr Professor, wie bei allem was ich bisher tat, immer nahe und dankbar verbunden. – Wenn Sie mir ein Zeichen zukommen lassen wollen, dann über meine Oberweseler Adresse. Gerne wüßte ich, wie es Ihnen geht. So lange habe ich nichts von Ihnen gehört. Ist der 1. Band der Schrift noch nicht heraus? Mit allen guten Wünschen für Sie und Ihre Frau Gemahlin

Ihr P Caesarius

#43 LB

Oberwesel/Rhein, 31. Oktober 1954

Verehrter und lieber Herr Professor,

meinem Brief von der vergangenen Woche muß ich noch einen folgen lassen. Vorgestern von einer Frankreichreise nach hier zurückgekehrt, finde ich den 1. Bd. der Schrift vor, den der Verlag Hegner in Ihrem Auftrag mir zugesandt hat. Damit ist meine diesbezügliche Frage in meinem letzten Brief überholt, und ich kann nur wünschen, daß die übrigen Bände bald erscheinen können. Ich danke herzlich, daß Sie mich wieder mitbedacht haben. Dieser Schriftband, der ja den »Exodus« enthält, wird mir bei meinem vorläufigen Auszug aus dem Ägypten unserer Zeit in und durch die Wüste treuer Begleiter und spürbarer Helfer sein. Außerdem wird er das dankbare Gedenken an Sie immer in mir wachhalten. – Wenn Sie mir in Zukunft ein Zeichen zukommen lassen wollen, so zunächst bitte an meine Oberweseler Adresse. Ich werde Ihnen aber gelegentlich meine neue Adresse schreiben, damit Sie mir direkt schreiben können. Über das Konkrete meines bevorstehenden Versuches werde ich Sie auf dem Laufenden halten, je nach dem ob es sich lohnt, davon mitzuteilen.

Mit frohem Gruß für Sie und Ihre Frau Gemahlin

Ihr PCaesarius

#44 BL

Jerusalem, 27. Januar 55

Lieber Pater Caesarius –

Ihre beiden Briefe habe ich erst im vorigen Monat, aus Europa heimgekehrt, hier vorgefunden. Was Sie mir schrieben, hat mich stark berührt, doch kann ich mich noch nicht darin zurechtfinden. Was Sie mir über Ihren Entschluß sagen, ist mir zu allgemein, ich kann das Drum und Dran nicht sehen, und gerade das ist mir das Wichtige. Vielleicht können Sie sich einmal dazu bewegen, mir zu erzählen. Sie dürfen gewiß sein, daß ich es eben so, also unmittelbar, aufnehmen werde. – Wir leben nun wieder mit Kindern, Enkeln und (bereits 6) Urenkeln und stecken dabei tief in der Arbeit. Im Sommer haben wir 3 Monate lang auf einem Hügel über Tübingen gesessen und gearbeitet.

Für das nächste schwere Wegstück die guten Wünsche unsres Herzens.

Ihr Martin Buber

Notiz von PC:
beantwortet
13 Mai 1955

#45 LB

Tamanrasset, 13 Mai 1955
Sahara, Territóire du Sud Algérois,

Verehrter und lieber Herr Professor,

Madame Aboulker-Muskat, eine Bekannte aus Alger, die erst kürzlich aus Jerusalem zurückgekehrt ist, schreibt mir, Sie seien sehr krank. Ich bin in großer Sorge. Lassen Sie mich – vielleicht über Ihre Frau Gemahlin – wissen, wie es Ihnen geht. Seien Sie meiner Gegenwart im Gebet und im Gedenken stets gewiß. – Ihr Brief vom 27.1.55 hat mich in der Wüste erreicht. Ich verstehe gut, daß Sie konkreteren erzählenden Bericht wünschen. Auch ich selber bin durchaus kein Freund von Berichten, die zu allgemein gehalten sind. Anderseits aber bin ich noch viel weniger geneigt zu erzählen, was noch in den Anfängen der Verwirklichung steckt. Die heilsame – heute wohl seltene – Ehrfurcht vor dem wirklich gelebten Leben, die Abneigung vor dessen vorzeitiger Vergegenständlichung und also Zerstörung und – was dasselbe ist – die unablässige Sorge um Entgegenständlichung des Lebens, damit der Vollzug wirklich Vollzug bleibe, hindern mich, »darüber« zu »erzählen«. Das ist ein kategorischer Imperativ in meinem Leben. Ich bin offenbar nicht dazu berufen, dialogisches Leben durch das Wort zu künden, sondern eben »nur« durch dieses gelebte Leben selber. Hier, in der Wüste, ist mir diese mich seit meiner frühesten Jugend begleitende Ahnung zur Gewißheit geworden. So weit ich bis jetzt sehe, werde ich das dialogische Leben nie als Dialogik sagen oder schreiben können. Ihre Berufung ist umfassender. Sie haben diese früh und klar erkannt und selber in »Mein Weg zum Chassidismus« gekennzeichnet: der Menschenwelt das von Ihnen gelebte dialogische Leben auch im Wort zu kunden und so mitzuteilen. Es gibt aber noch eine andere, wie ich glaube wirksamere, heutzutage leider wenig verbreitete, aber zu allen Zeiten und für alle Menschen geforderte Weise der Mitteilung des Lebendigen; nämlich die, welche durch die dem Vollzug selber innewohnende Kraft geschieht, die eine auf andere spontan überspringende, in anderen eben dieses selbe Leben zeugende Kraft ist. Nur muß das Leben eben von Einzelnen wirklich gelebt werden, damit es auch in anderen sich ereigne. Und das deshalb weil dialogisches Leben eben Leben und nicht – wenigstens nicht zuerst – eine Lehre ist. Gehen wir darin einig? Ich kann mir kaum vorstellen, daß Sie in diesem ganz entscheidenden Punkte anderer Auffassung sind. Wir sind da ja wahrlich in the »heart of the matter.« –

Nehmen Sie also auch noch diesen »allgemeinen« Bericht so entgegen wie er ist. Ich bin gewiß, daß Sie ihn freundlich und mit viel Verständnis aufnehmen und ihn sogar bejahen, weil er sehr »konkret« unser gemeinsames Anliegen deutlich macht: Daß dialogisches Leben wirklicher, an der Mitwelt bewährtes und unter Mitmenschen tatsächlich vollzogenes Leben bleibe. – Möchte es Ihnen vorläufig also genügen, wenn ich Ihnen über mein augenblickliches Dasein nur sage, daß ich hier unmittelbarer im Vollzug der Dialogik bin und wirklicher auf dem Weg schreite als irgendwo sonst. Vielleicht, vielleicht, kommt auch einmal die Stunde, in der mir untrüglich klar wird, daß ich das gelebte Leben aus innerer Notwendigkeit durch das Wort anderen mitteilen muß. Doch das überlasse ich Gottes Fügung & Willen. Für das gegenwärtige leidvolle Wegstück Ihnen von Gott viel Kraft erbittend mit frohem Gruß auch an Ihre Frau Gemahlin

Ihr P Caesarius Lauer

#46 BL

Jerusalem 25. Mai 55

Lieber Pater Caesarius –

Ich bin in der Tat krank gewesen, aber ich habe mich schon einigermaßen erholt.

Meinen Wunsch nach einem konkreteren Bericht nehmen Sie vielleicht etwas zu schwer. Es war und ist weiter nicht als daß ich mir meine Freunde in ihren verschiedenen Situationen zu vergegenwärtigen liebe – für mich gehört das einfach »mit dazu«.
Dem, was Sie vom Leben als Mitteilung sagen, stimme ich uneingeschränkt zu. Nur daß das Wort eben ein Stück dieses Lebens sein kann, zwar gefährlich aber heilsam. Es kommt heute doch wohl sehr darauf an, das Wort wieder heilsam werden zu lassen.
Dies für heute. Ich bin bei Ihnen, so sehr als es mir gegeben ist.
Meine Frau grüßt herzlich mit.

Ihr Martin Buber

Handschriftliche Notiz von PC auf dem Umschlag:
bea.
25.1.1956

#47 LB

23. Januar 1956

Verehrter und lieber Herr Professor –

ich gedenke Ihrer immer froh und dankbar. Ihr Geburtstag ist mir willkommener Anlaß, Ihnen das zu sagen. Vor einigen Wochen sandte mir der Verlag Hegner in Ihrem Auftrag den 2. Band der Schrift. Das hat mich gefreut. Nun zu Ihrem Brief vom Mai, der mich in Tamaurasset erreichte. Wir gehen von Anfang an darin einig, daß das Wort zum dialogischen Leben gehört. Sie brauchen nur meinen Brief an Sie aus dem Jahre 1951 nachzulesen, den Sie auf englisch in Friedmans Buch über Sie wiederfinden (das habe ich dieser Tage festgestellt; über das Buch selber kann ich noch nichts sagen, da ich es noch nicht durcharbeiten konnte). Dort habe ich gesagt, was ich zu sagen hatte. Ich glaube, man kann das nicht zu ernst nehmen. Was mir seit langem die Sorge ist, wurde mir in der jüngst vergangenen Zeit nach meiner Rückkehr aus der Wüste zur leidvollen Erfahrung und Gewißheit: viele, zu viele reden über das Mysterium des dialogischen Lebens wie über ein Problem und daher leben es wenig, zu wenige. Das ist es: Wort, wirkliches, heilsames, ist ja nur in dem Maße möglich als das Leben vollzogen wird. Nur dann ist das Wort überhaupt Wort. Es ist klar, wo mein Platz ist: überall da, wo ich dialogisch leben kann. Er kann nicht dort sein, wo ich das nicht kann. Darin muß ich unerbittlich sein und bleiben. Ich wüßte gerne, was Sie dazu denken. Sie haben sich ja einmal für meine Rückkehr nach Laach ausgesprochen und gemeint, das sei ein angewiesener Platz. Auch ich habe das lange geglaubt; hier und da kommt mir der Gedanke, ich müsse vielleicht doch dort weiter«leben« d.h. in diesem Falle einfach: weiterkämpfen. Ich habe vor 2 Monaten Vater Abt gegenüber geltend gemacht, ich könne nur dann »zurück«kommen, wenn ich in Laach leben könne. Das heißt aber nach wie vor, daß viele Dinge in Frage gestellt werden müssen von meiner Seite, die das intensive wirkliche Leben hindern. Vieles an der Institution (wie an so vielen heutigen Institutionen) ist eben so fragwürdig geworden, daß es einfach nicht mehr verantwortbar ist. Wenn sich der Rahmen sich einer solchen In-Frage-Stellung nun einfach sperrt, muß man da nicht den Mut haben herauszutreten? Ich hätte in dieser ganzen Sache noch einmal gerne ein wesentliches, echtes Wort von Ihnen. –

Ich bin wieder mal hier, weil ich von neuem Schwierigkeiten überwinden muß, die mir den Weg versperren und das Weiterschreiten unmöglich machen wollen. Auf solche Weise wird mir der Lebensvollzug immer wieder in Frage gestellt. Wenn es mir nun überhaupt schon widerstrebt, über das, was ich lebe und wie ich lebe zu erzählen, konkret zu berichten etc., so ist es mir einfach unmöglich dies zu tun unter der Belastung, der meine ach so bescheidenen Lebensversuche jeweils bis jetzt ausgesetzt waren. Bei wem sonst, wenn nicht bei Ihnen, soll ich dafür Verständnis finden? Und ich bin dieses Verstehens und Mitfühlens Ihrerseits gewiß. Sie nehmen's mir also auch nicht übel, daß ich's zu »schwer genommen habe«. Aber es ist schwer, ein wirkliches Kreuz, und der Weg – ein Kreuzweg.

Ich weiß, Sie helfen mir dabei, auf Ihre Weise. Ich bitte von neuem darum.
Herzlich, an Ihrem Geburtstage Gottes Segen für das noch zu gehende Wegstück für Sie, verehrter und lieber Herr Professor, erflehend,

Ihr Fr Caesarius Lauer

Grüßen Sie Ihre Frau Gemahlin von mir. – Arbeiten Sie noch an der Schrift? Wenn Sie doch nur kein Torso bleibt! Das wäre xxxxx schade!
– Antworten Sie nach Oberwesel, Simmernerstr. 22 – Sie hören von mir, wie es weitergegangen ist.

#48 BL

Jerusalem 31. Januar 1956

Lieber Freund –[141]

Sie sagen, Ihr Platz sei überall, wo Sie dialogisch leben können. Einfach so, »dialogisch leben«, das können Sie nirgends, dazu werden Sie die Menschen nirgends bekommen. Der Mensch ist ja zwar ein dazu befähigtes, aber nur sehr bedingt und eingeschränkt ein dazu bereites Geschöpf. Aber Sie können, mir scheint: überall, das dialogische Leben wecken, es mehren, die Bereitschaft erhöhen. Das ist keine Theorie, sondern meine Erfahrung etwa vom 40. bis zum 78. Jahr. Freilich gibt es eine Grenze: wo man mir schlechtweg die Wahrheit zugesteht und ebenso schlechtweg die Wirklichkeit weigert. Aber diese Grenze, das jeweilige Dasein oder Nichtdasein dieser Grenze kann nicht vom Grundsätzlichen aus, sondern nur

[141] Das erste Mal, daß Buber Pater Caesarius mit »Lieber Freund« anredet. In den Gesprächen 1980 bezeichnete Caesarius diesen Brief als »ein harter Brief«, »eine harte Antwort«.

von der zuverlässigen Einsicht in das Hier und Jetzt aus erkannt werden. Sie fragen: »Muß man da nicht den Mut haben herauszutreten?« Je nachdem den Mut dazu oder den, zuweilen noch größeren, Mut zum Beharren.

Es bedrückt mich, daß ich Ihnen abstrakt antworten muß: weil Sie unkonkret gefragt haben. Das konkrete Sagen und Fragen gehört, wo man Vertrauen zu einem hat, zum dialogischen Leben, es gehört eminent dazu. Erfahren Sie da nicht an sich selbst die menschliche Behinderung, auf die ich Sie hinweise? Sie schreiben mir, es widerstrebe Ihnen »überhaupt«, zu erzählen was Sie leben; aber dieses »überhaupt«, ist eine bündige Absage an das dialogische Leben. Der eigentliche Gegenstand des Dialogs sind ja nicht die Dinge zwischen Himmel und Erde, sondern die faktische Existenz der Gesprächspartner, und Existenz ist (im Gegensatz zur Ansicht der Existentialisten) immer untypisch.

Natürlich arbeite ich weiter an der Schrift. Aber Sie werden bemerkt haben, wie viel da zu ändern ist, und so bin ich noch mitten im 3. Band; ein schweres langsames Werk, und ob die Lebensdauer zureicht, ist ja nun wirklich nicht meine Sache.

Ihre Grüße und Wünsche werden herzlich erwidert.

Ihr Martin Buber

(P.S.) Wir denken, wenn nichts dazwischenkommt (ich und meine Freunde, kämpfen, so eben es geht, gegen den Krieg) von Anfang April bis Ende Juni in Europa zu sein.

Notit von PC:
bea.
14.6.56

#49 LB

26. 6. 1956

Verehrter Herr Professor,

mit Ihrem Brief vom 31. Januar habe ich lange umgehen müssen. Ich kann dazu jetzt nur dieses sagen: Ich kann doch nicht einfach über etwas reden. Nichts anderes als eben dies ist jedes Erzählen, jedes »konkrete Sagen und Fragen« (wie auch jedes abstrakte), solange die Wirklichkeit, die »erzählt« wird, erst wird und reift. Ich will mit meinem Mitmenschen sprechen, das heißt, ihm Wirklichkeit mitteilen im Wort und ihm an Wirklichem teilnehmen lassen. Wo Wirkliches aber erst heranreift, also noch gar nicht wirklich ist, muß ich schweigen. Solches Schweigen ist aber doch Ehrfurcht vor dem Lebendigen und Aufrichtigkeit ihm gegenüber. Ja mehr: es ist ein Teil des Lebens selber, gleichsam die eine Hälfte der dialogischen Wirklichkeit. Wortoffen, wortzeugend + -trächtig +-gebärend ist es, also selber dialogisch; dem monologischen Verstummen genau entgegengesetzt; dem letzteren freilich müssen wir »bündig absagen«. Aber einem anderen gilt meine ebenso bündige Absage: dem »konkreten Sagen mit Fragen« und natürlich auch dem abstracten. Denn beiden, beides! hat mit dem Wort genau so wenig zu tun wie das dialogische Schweigen etwas mit dem monologischen Verstummen zu tun hat. »Konkret« oder »abstract«. Das ist Philosophie, ist Wissenschaft; diese aber hat ebenfalls nichts mit dem Leben und dem Wort, mit dem Dialog zu tun. Wir sind hier im Herzen des dialogischen Mysteriums. Finden wir uns da, oder nicht? Es ist für mich von größter Bedeutung, das zu wissen. – Zum Zweiten wichtigen Punkt Ihres Briefes. Ihren Glauben, daß man »überall« das dialogische Leben wirken und mehren kann, kann ich nur teilen, wenn Sie mit dem »überall«, jedweden Menschen überall meinen. Wenn Sie aber (was dem Wortsinn noch näherliegt) mit überall jeden beliebigen Ort meinen, so vermag ich dem nicht zuzustimmen, aus Erfahrung. Der »genius loci« ist unter den heutigen Verhältnissen oft, sehr oft ein verderblicher, dialogisches Leben im Keime erstickender. Mit dem Ballast all seiner Götzen (Tradition, Institution, Organisation usw) verhindert er, die Menschwerdung des Menschen. Als Diabolos Durcheinanderwerfen , und als schizophrene Aufspaltung treibt er sein Unwesen an sehr viel mehr Orten unser ach so beschäftigten Erde als Sie anzunehmen geneigt zu sein scheinen. Sie scheinen der Auffassung zu sein, die Orte, an denen man einem die »Wahrheit zugesteht und zugleich die Wirklichkeit weigert«, seien die Ausnahme. Aber sie sind beinahe die Regel. Das sage ich keineswegs »grundsätzlich« sondern aus Erfahrung, weil ich es oft und oft erfahren habe im Hier und Jetzt vieler Arten. Meine Ansicht hierüber hat sich gebildet aus zuverlässiger geduldiger Einsicht, die wiederum fundiert ist auf der Hingabe meiner besten Kräfte. Jahre hinnach, in Maria Laach, täglich, fast 20 Jahre lang. Ja »angewiesen« bleibt mir da ein Platz, an dem man noch kämpfen kann wo aber die Spaltung von Erkennen und Tun täglich weiter vorgetrieben wird durch das dauernde Zerreden jeder Wirklichkeit, obwohl theoretisch die meisten der Auffassung sind, daß es so nicht weitergehen kann, da ist kein Platz für mich. In solcher Situation kann das Heraustreten zur Gewissenspflicht, das Beharren aber zu einer Schuld werden. Ich bin in meiner Abtei und an manchen anderen Stellen an die Grenze gestoßen, wo man Wahrheit und Wirklichkeit trennt. Mein Herausgehen ist also in größter Not geschehen und kein Spaziergang, der mir gerade einmal eingefallen ist. Ich muß unterwegs bleiben solange in den bestehenden Gemeinschaften nicht der Wille praktisch deutlich wird, dem Zerfall der ursprünglichen Einheit entschlossen + aufrichtig entgegenzuwirken. Ich bin nicht so infantil, mich auf die Suche nach perfekten Menschen und perfekten Orten zu begeben. Das gibt es nicht, das weiß ich auch. Aber wir haben alle die Pflicht, echte Wege zu suchen und zu gehen, auf denen gelebt und gekämpft werden kann, und alle Pseudowege rücksichtslos hinter uns zu lassen, wenn wir einmal erkannt haben, daß sie eben falsch sind oder keine Wege mehr sind. – Ich bitte um Ihr Gebet. Sie sind bei mir nicht vergessen. Ich grüße Sie und Ihre Frau Gemahlin.

Herzlich

Ihr P Caesarius Lauer

#50 LB

Abtei Maria Laach, 2. Februar 1958

Verehrter und lieber Herr Professor,

seit unseren letzten Briefen habe ich doch nicht aufgehört, mit Ihnen zu sprechen. Es drängt mich, Ihnen das zum 8. Februar, an dem Sie 80 Jahre alt werden, zu sagen. Die Weise des Dialogs freilich ist eine andere geworden, obwohl Sie damals in Ihrem letzten Briefe meinten, ich hätte dem Dialog »bündig abgesagt«. Doch bin ich vor Jahren schon mit dem geschriebenen Wort einfach an eine Grenze gestoßen, die ich respectieren mußte, um wahr zu bleiben. Und wie ist's bei mir mit dem gesprochenen Wort? Auch da ist mir seit langem das Eigentliche nicht mehr oder noch nicht sagbar. Es scheint fast so, daß ich für die worthafte Seite der dialogischen Wirklichkeit nicht berufen bin. Das kann doch sein; ihre lebhafte Seite braucht man doch deshalb doch nicht zu verlieren, ja man wird ihr vielleicht nur umso tiefer verbunden sein. Vielleicht ist's aber auch dies: die worthafte Gestalt des dialogischen Lebens ringt sich nur neu und mühsam heraus aus ihrem lebhaften Inhalt, der eben je und je neue Dimensionen aufweist, die aber lebendig und ganz durchmessen sein müssen. Wir stehen doch immer wieder vor unerwarteten, neu zu empfangenden und zu bewältigenden Dimensionen dialogischen Lebens. Dazu aber braucht es das Schweigen, wortbereites und wortbereitendes, wortempfangendes and wortgebärendes – eben dialogisches Schweigen; natürlich dieses. Und dieses habe ich gemeint, nichts anderes; doch nicht monologisches Verstummen. Ich kann doch nicht über das von mir noch lange nicht bewältigte dialogische Leben, das mich je und je neu überwältigt »erzählen«.

Vollziehen Sie das noch mit, was ich da meine? Ich hoffe es. – Seit 6 Wochen bin ich wieder am »angewiesenen Platz«. Es wird sich zeigen, ob er wirklich noch ein angewiesener oder ein wieder angewiesener ist. –

Mich Ihrem und Ihrer Frau Gemahlin Gebet empfehlend bin ich ehrerbietig und herzlich mit dem Wünsche reicher Gnaden zum 80. Geburtstag und für weiterhin

Ihr P. Caesarius Lauer

P.S. Kommen der 3. u. 4. Band der »Schrift« noch heraus? Wann?

#51 BL

Gedruckter Danksagungsbrief Martin Bubers an alle, die ihm zum 80. Geburtstag[142] gratulierten:

JE ÄLTER MAN WIRD, um so mehr wächst in einem die Neigung, zu danken.
Vor allem nach oben. Das Leben wird ja nun, so stark wie es nie zuvor möglich gewesen wäre, als eine unentgeltliche Gabe empfunden, und gar jede restlos gute Stunde nimmt man, wie ein überraschendes Geschenk, mit ausgestreckten dankbaren Händen entgegen.
Sodann aber verlangt es einen Mal um Mal, seinem Mitmenschen zu danken, selbst wenn er nichts Besonderes für einen getan hat. Wofür denn? Dafür, daß er mir, wenn er mir begegnete, wirklich begegnet ist; daß er die Augen auftat und mich mit keinem andern verwechselte; daß er die Ohren auftat und zuverlässig vernahm,

[142] Martin Buber wurde am 8. Februar 1878 in Wien geboren.

was ich ihm zu sagen hatte; ja, daß er das auftat, was ich recht eigentlich anredete, das wohlverschlossene Herz.
Eine Stunde großen Dankes ist diese, in der ich das schreibe, vor mir in einer schönen, von meiner Enkelin hergestellten Riesenschachtel all die Bekundungen, empfangen an diesem Meilenstein-Tag meines Lebenswegs von Menschen, die mir unterwegs leiblich oder geistig begegnet sind, und in meinem Gedächtnis all die unmittelbaren Bekundungen.
Der Dank, den ich allen hier sage, ist nicht an eine Gesamtheit, sondern an jeden Einzelnen gerichtet.

Martin Buber

Notiz an PC:
Über das Eigentliche scheint mir zwischen uns keine Meinungsverschiedenheit zu bestehen und das andere wäre nur mündlich auszumachen. Von der Schrift ist der 3. Band im Druck, der 4. wächst langsam. März-Mai sind wir in Princeton, New Jersey, USA. (Department of Religion, University)

Bemerkung von PC auf dem Umschlag:
Martin Buber angekommen 15.3.58
Die Dankesantwort M. Bubers zum 80. Geburtstag
und ?seine nochmalige sehr strenge Stellungnahme zum ?Ideologischen Leben.

#52 BL[143]

z.Zt. 1 St. Laurel Road,
Princeton, New Jersey

16.5.58

Lieber Pater Caesarius –

Wir gedenken auf einer Europareise, die der Heimfahrt vorangehen soll, etwa die Tage vom 17. bis zum 19. Juni in Köln zu verbringen. Wenn Sie wie ich den Wunsch haben, daß wir noch einmal zusammenkommen, schlage ich vor, daß wir uns dort treffen. Nach Maria Laach kann ich diesmal nicht kommen. Ein Brief erreicht mich bis zum 27. hier, sodann bis zum 2. unter der Adresse: Butler Hall, 400 West 119th Street, New York.
Am 3. Juni gedenken wir uns einzuschiffen.

Alles Gute!

Ihr Martin Buber[144]

---

143 Während Bubers Besuch fuhr ich nach Princeton, um ihn dort zu treffen und mit ihm über seine Freundschaft und seine Unterschiede zu meinem Mentor Eugen Rosenstock-Huessy sowie über Fragen meiner Dissertation über die Wichtigkeit der Sprache in Bubers Schriften zu diskutieren. Am Ende meines Besuches fragte mich Frau Buber, ob ich Buber zu seinem Lieblingsdelikatessen- und Weingeschäft fahren könne, wo er Brot, Käse und Weine einkaufen wolle. In jedem Geschäft wurde Buber erkannt, und man wußte schon, was er alles haben wollte. Abgesehen von diesen Neuigkeiten über Bubers persönliche Eigenarten und Einkaufsgewohnheiten und Vorlieben fand ich dieses Treffen mit ihm nicht so informativ wie das Treffen 1953 in Bonn mit Caesarius oder auch mein Treffen mit ihm 1957 im Heim meines Freundes und Columbia-Kollegen Jacob Taubes und seiner Frau Susan.

144 Buber legte dem Brief eine Besprechung des Wissenschaftlers und Autors Walter Nigg aus der *Neuen Züricher Zeitung* vom 15. August 1958 bei, über die Caesarius diagonal »Sehr gut!« geschrieben hat. Im wesentlichen besteht diese Besprechung aus einer Diskussion der Kritik des Schweizer römisch-katholischen Theologen Hans Urs von Balthasar (1905 – 1988) an Bubers *Einsame Zwiesprache* (Köln: J. Hegner Verlag 1958). 1950 trat Balthasar aus seinem Orden, den Jesuiten, aus. Bekannt als sehr »konservativ«, wurde er nicht zum II. Vatikanischen Konzil eingeladen, er galt als

Bemerkung auf dem Umschlag:
11. Juni persönlich nach Paris. erledigt.

#53 LB

Paris, 28. Mai 1958
32 bis rue Jouvenet,
chez Madame Hovine.

Verehrter und lieber Herr Professor,

Ihr Brief vom 16.5. hat mich gestern hier in Paris erreicht wo ich mich bis zum 12. Juni aufhalte. Hoffentlich erreicht Sie diese

---

peritus. Andererseits schätzte ihn Johannes Paul II. außerordentlich, weswegen er ihn zum Kardinal ernennen wollte. Er starb jedoch drei Tage vor der Aufnahme in das Kardinalskollegium. Für die Unterschiede zwischen beiden vgl. Balthasars Aufsatz »*Martin Buber und das Christentum*« sowie Bubers Antwort in: Schilpp und Friedman (Hrsg.), *Die Philosophie Martin Bubers*, Stuttgart: Kohlhammer Verlag 1962. Bubers Antwort faßt ihre grundsätzlichen Unterschiede zusammen: »Balthasar behauptet, meine Position bestehe aus der ›absoluten Identität von Natur und Überbau‹. Den Begriff ›Übernatur‹ halte ich für falsch und irreführend. Über der Natur gibt es keine Übernatur, welche ja, damit man derart sprechen kann, eine strukturelle Analogie zur Natur sein muß, ein ›Königtum‹ über dem der Natur. Über der Natur jedoch ist nur Gott. Er steht über der Natur, trägt sie und durchdringt sie, so wie Er ist über dem Geist, ihn trägt und durchdringt. Beide gründen in Ihm, und Er ist so wenig an diese wie an andere Wirklichkeiten gebunden, seien diese unbekannt oder bekannt, sie gründen in Ihm. Er gießt seine Gnade aus durch alle Kausalketten, aber Er allein, nicht aber als Übernatur.(...) Ohne Christentum, so sagte Urs von Balthasar, mir, führt das Dialogische unausweichlich zu Hiobs Frage an Gott. Ja, dies tut er, und Gott preist ›Seinen Diener‹(Hiob 42:7). Mein Gott wird nicht erlauben, zum Schweigen gebracht zu werden im Mund Seiner Kreatur, die Klage über die große Ungerechtigkeit in der Welt führt; wenn in einer ungewandelten Welt Seine Kreatur dennoch Frieden findet, so einzig darum, daß Gott ihn mit seiner Nähe begabt hat, und Er ihn bestätigt. Frieden, sage ich; aber dies ist ein Frieden, der mit dem Kampf für Gerechtigkeit in der Welt vereinbar ist.« Op. cit., S. 712-713.

Antwort noch vor Ihrer Abfahrt. Auch ich freue mich auf das Wiedersehen. Kommen Sie über Paris? Dann könnten wir uns ja hier treffen. Sollten Sie aber nur Deutschland besuchen so bin ich gerne bereit, nach Köln zu kommen. Schreiben Sie mir dann bitte sofort nach Ihrer Ankunft im Rheinland, an welchem Tag und an welchem Ort in Köln das Gespräch stattfinden kann. Da ich mich nach meiner Rückkehr aus Frankreich zunächst nicht in Maria Laach aufhalte, sondern in der Benediktinerinnenabtei St. Hildegard (Eibingen – Post Rüdesheim – Windeck (Rheingau), bitte ich Sie, mir nach St. Hildegard zu schreiben.

Mit allen guten Wünschen für Sie und Ihre Frau Gemahlin

Ihr V. Caesarius

NB. In Paris können Sie mich immer über die oben angegebene Adresse erreichen. Telephon: Jasmin 73-31

#54 BL

New York
1.6.58

Lieber Pater Caesarius –

Wir gedenken am 10. mit der Ile de France in Le Havre einzutreffen und am selben Tag nach Paris weiterzufahren, wo wir im Hotel des Saints Peres, rue des Saints Peres, 6e, absteigen und bis über den 15. bleiben wollen. Ich rufe, wenn nichts dazwischenkommt, am 11. etwa 9 morgens bei Ihnen an.

Wir grüßen Sie herzlich.

Ihr Martin Buber

Notiz von PC auf dem Umschlag:
erl.
11. Juni in Paris 58
gesprochen.

anbei ein Nachruf auf Paula Buber, ohne Ort und ohne Datum, PC unbekannt, in Venedig gestorben.

#55 LB

Abtei Maria Laach, 18. August 1958

Verehrter und lieber Herr Professor,

Sie hatten mir in Paris gesagt, Sie hofften Mitte August wieder in Jerusalem zu sein. Gerade wollte ich Ihnen dorthin schreiben; da lese ich in einer Zeitung, Ihre Frau Gemahlin sei in Venedig gestorben und dort auch begraben worden.[145] Ich bin bestürzt und tief traurig. Welche Heimkehr für Sie! Darf ich gelegentlich Näheres erfahren? Die große Reise war doch wohl zu anstrengend für sie gewesen. Und jetzt ist mir's auch bange um Sie; nach den Strapazen der Reise, dieser Schlag. – Wer könnte ermessen, was diese Trennung für Sie bedeutet. Niemand vermag das Leid mitzuvollziehen, das Ihnen mit Ihren 80 Jahren noch zuteil geworden ist. Aber der tiefe Abgrund der schmerzlichen menschlichen Einsamkeit, in den Sie nun eingetaucht sind, ruft den noch tieferen Abgrund einer ganz neuen, Ihnen bisher vielleicht nicht widerfahrenen Gnade dialogischer Zweisamkeit, der ja Ihr und Ihrer Frau Gemahlin ganzes Leben gilt und galt. Sich in den ersten Abgrund bis auf den Grund versenken lassen, ist nun alles. Dann werden Sie im zweiten Abgrund Seiner

[145] Paula Buber Winkler starb am 11. August 1958 in Venedig. Darüber M. Friedman, *Martin Buber's Life and Work*, Bd. III, S. 241-245.

Gnade I H M begegnen damit wir nicht ihr Leid abschwächen. Welche Gnade ist doch in solcher Versuchung notwendig, und welche generosite von seiten des Menschen, den diese Versuchung antritt. »Générosité, être généreux« so las ich dieser Tage, c'est de dire »Oui« de tout mon coeur (mit meinem ganzen Wesen) avant même que Dieu ou un homme me parle.[146] Und Sie haben ein ganzes »Ja« gesagt. Mit Ihnen danke ich I H M, daß Sie es sagen konnten. Besonders an Ihrem 81. Geburtstag. Denn das Ja – lassen Sie mich das noch einmal sagen – scheint nur die untrügliche Probe zu sein auf alles, was Sie lebend im Wort gekündet haben. Ich freue mich für Sie, mit Ihnen; I H N lobpreisend, von D E M das alles kommt. –

Sie sehen, ich bin in Österreich in einer unserer Abteien – seit 2 Wochen als Mönch von Laach, der ich zu bleiben gedenke. Dieser Ortswechsel hat sich zunächst als notwendig erwiesen. Ob er sich als heilsam erweisen wird, muß ich ganz Gott überlassen. –

Eine wichtige Frage noch zur »Schrift«: Immer wieder werde ich gefragt, ob der noch zu erscheinende 4. Band der Neuerscheinung auch das enthalten wird, was bislang noch nicht übersetzt und also in der Schockenausgabe nicht erschienen war; das heißt: ob die Hegnersche Neuerscheinung die ganze Schrift umfasse oder wiederum ein »Torso« sei. Schreiben Sie mir bitte, wie es mit dem 4. Band und mit der Frage steht, ob Sie selber und der Verlag vorhaben, daß der letzte Band die vollständige Schrift abschließen soll. Es ist doch ermutigend zu erfahren, wie viele Menschen den glücklichen Abschluß der ganzen übersetzten Schrift ersehnen. Freilich, »das liegt nicht in Ihrer Macht.« Nach Frau Bubers Heimgang wird Ihnen wohl auch die tatkräftige Mithilfe bei dieser Arbeit fehlen. Soll ich nach Jerusalem kommen?

---

146 »Freigiebigkeit oder freigiebig zu sein, so las ich dieser Tage, das heißt, aus meinem ganzen Wesen ‹Ja‹ sagen, *sogar* bevor Gott oder ein Mensch zu mir spricht.«

Herzlich

Ihr P. Caesarius

#56 BL

Jerusalem 27. September 58

Lieber Pater Caesarius –

Es ist mir in den letzten Tagen in einer überraschenden Gnade wiedergegeben worden, mich Menschen spontan zuzuwenden, und so kann ich Ihnen nun sagen, daß ich Ihnen für Ihren streng – guten Brief dankbar bin. Er scheint sein Werk zu tun.

Meine Frau hatte vierzig Jahre lang keinen Arzt zu sich lassen wollen, und so wußten wir viel zu wenig von ihrer körperlichen Verfassung (hoher Blutdruck und was damit zusammenhängt). Kurz ehe wir uns in Venedig einschiffen wollten, kam eine Gehirn-Hämorrhagie und sie mußte in ein Krankenhaus am Lido gebracht werden, wo Sie zwei Wochen verbrachte. Die entscheidenden Tage lag sie, ohne große Schmerzen, mit dem Blick auf das geliebte Adriatische Meer (sie hatte kurz vorher unvermittelt gesagt: »Platens Grab ist in Syrakus«[147]), in einer unsäglichen Gelöstheit, Mildigkeit und Verklärung. – Dann trat eine Lungenentzündung hinzu, und fast gleichzeitig kam das Ende, ursanft, in einer Art von Schlaf. Unser Sohn und unsere Tochter waren bei ihr und sind mit mir nach Israel zurückgekehrt.

---

[147] Bezieht sich auf den deutschen Dichter August Graf von Platen (1796 – 1835).

Ich habe aufmerksam gelesen, was Sie mir von sich geschrieben haben. Alle guten Wünsche für das nächste Wegstück.

Ihr Martin Buber

Bemerkungen auf dem Umschlag von PC:
erhalten 2.10.58
beantwortet 29.1.59
antwortet auf meinen streng-guten Brief
Tod in Venedig Frau Buber

#57a. LB*

Abtei Seckau/Obersteiermark
Österreich, 28 – 1 – 59

Lieber und verehrter Herr Professor Martin Buber,

Einundachtizig – Wie geht es nun? Ihr Brief vom 27.9.58 liegt vor mir, und ich komme seit dem Empfang nicht davon los. Ja, jedes wirkliche Opfer bedeutet einen neuen Anruf und eine neue Bindung – aber eine Bindung, die – wie jede echte Gebundenheit – in ein neues, ungeahntes Freiwerden führt, sofern das Opfer wirklich, d.h. mit dem ganzen Menschen, mit der letzten Faser des Wesens, bejaht wird. Das freilich ist Gnade. Ihre Zeilen sagen mir, daß Sie auf diese Gnade einige Zeit haben warten müssen nach dem Heimgang Ihrer Frau Gemahlin. Gnade ist spontanes Ereignis. Wir müssen immer ihrer harren und um sie beten. Nun hat sie sich in Ihnen und durch Sie hindurch in Ihren Mitmenschen ereignet: Der Heimgang des Ihnen nächsten Menschen ist zu einem Heilsereignis für Sie und viele geworden. Für die vielen aber nur, weil Sie in diesem Heimgang Ihrer Frau neu mitgestorben sind. Dieses Mitsterben hat Ihnen neue Dimensionen dialogischen Lebens geöffnet; des Lebens das die Wahrheit ist. Sie hatten seit langem den Mut (der auch ein Geschenk und mitnichten zuerst unsere Leistung ist) die Wahrheit, die das Leben ist, als Weg zu sehen und zu gehen, zusammen – gemeinsam zu gehen. Der Mensch, mit dem Sie jahrzehntelang gemeinsam gegangen sind, ist unversehens weggegangen. Der nächste, einsame, für Sie vielleicht einsamste und schwerste Schritt – nach diesem Weggang, zu dem Sie aufgefordert sind, erscheint mir wie ein letzter Anruf für Sie und Ihr ganzes Lebenswerk, daß Gott Ihnen in diesem tiefen Dunkel das Licht und die Kraft Seiner Gnade wieder geschenkt hat, und ich danke besonders an Ihrem Festtage gemeinsam mit Ihnen I H M dafür, mit dem Wunsche, daß Sie die Ihnen noch zugedachten Wegstücke treu gehen und so den ganzen Weg vollenden können.

Sie sehen: ich bin in Österreich, in einer unserer Abteien. Das ist ein Wechsel (ich bleibe aber Mönch in Laach) der zunächst sich als wirklich not-wendig erwiesen hat und sich hoffentlich als heilsam erweisen wird. Aber auch das muß ich I H M überlassen.

Eine Frage noch zur Schrift: ich bin oft gefragt worden, ob der noch zu erscheinende 4. Band der Neuerscheinung bei Hegner auch das enthalten wird, was bisher noch nicht übersetzt und also in der Schockenausgabe nicht erschienen war, d.h. ob die Neuerscheinung die ganze Schrift darstelle oder ein »Torso«. Schreiben Sie mir bitte hier und da, wie es damit nun mit dem 4. Band steht. Es ist erfreulich, wie viele Menschen an dieser Erscheinung der Schrift »interessiert« sind....und der Verdeutschung (**hier bricht der Entwurf ab**)

#57b. LB Abgesandte Fassung

Abtei Seckau/Obersteiermark, 29.1.59
über Knittelfeld

Lieber und verehrter Herr Professor –

Einundachtzig – Wie geht es nun? Ihr Brief vom 27.9.58 liegt vor mir, und ich komme nicht davon los. Ja, jedes wirkliche Opfer ist ein neuer Anruf, eine neue Bindung; aber eine, die – wie jede echte Gebundenheit – in ein neues, bisher nicht erfahrenes Freiwerden führt, sofern das Opfer wirklich, mit dem ganzen Wesen, bejaht wird. Das ist freilich Gnade. Ihre Zeilen sagen mir, daß Sie auf diese Gnade einige Zeit haben warten müssen nach dem Heimgang Ihrer Frau Gemahlin. Nun, auf die Gnade müssen wir immer warten, ihrer harren und um sie beten, weil sie Gnade ist, spontanes Ereignis, freies Geschenk des unendlich freien Gottes. Sie hat sich in Ihnen ereignet, und Sie sind in dem Heimgang des Ihnen nächsten Menschen neu und wirklich mitgestorben. Dieses Mitsterben hat Ihnen neue Dimensionen dialogischen Lebens geöffnet; des Lebens, das die Wahrheit ist. So ist der Heimgang von Frau Buber für Sie und für viele Ihrer Mitmenschen zu einem Heilsereignis geworden. Wahrlich, wir müssen immer wieder neu, bei jedem neuen Anruf, den Mut und das Vertrauen aufbringen, die Wahrheit, die das Leben ist, als Weg zu sehen und zu gehen. Dazu gehört, daß ich nicht einen einzigen Schritt meines Weges schon vorher eigenmächtig fixieren und den Weg-Charakter des Weges in garnichts ganz neu begegnen und in I H M Ihrer lieben Frau und – darüber hinaus – allen Menschen in einer bisher von Ihnen nicht erfahrenen Weise. Das ist die für Sie persönlich gewiß schmerzlichste Prüfung, zugleich eine Ihnen von Gott angebotene Gnade, noch einmal Zeugnis abzulegen für das von Ihnen den Menschen dieser Zeit & Welt unermüdlich vorgelebten und unablässig gekündete dialogische Leben; ein Anruf zu einer vielleicht letzten Bewährung im Glauben und im Vertrauen. Im teilnehmenden Gedenken an Sie, lieber Herr Professor, erbitte ich von Gott für Sie noch die Gnade, daß Sie in dem Augenblick

Ihres eigenen Heimgangs dennoch die »warmen Hände eines gütigen Menschen« in Ihren dann erkaltenden Händen halten dürfen, wenn es nun auch nicht mehr die mütterlich sorgenden Hände Ihrer so gütigen, schlichten und treuen Frau Gemahlin sein werden. Als eine solche Frau bleibt Frau Paula Buber in meiner Seele lebendig. –

In den beiden Pariser Gesprächen haben Sie mir aus dem Herzen und direct in die Not des Herzens hineingesprochen. Mehr noch: Sie haben mich an einer ganz entscheidenden Kreuzung meines Lebens wieder einmal teilnehmen lassen an den tiefgründigen Erfahrungen und Einsichten Ihres langen Lebens und mir so – wie oft denn schon? – für meinen weiteren Weg wiederum einen unschätzbaren Dienst erwiesen. – Das ganz konkrete Ergebnis unserer Begegnung in Paris lautet für mich: zunächst noch auszuharren am angewiesenen Platz – da- seiend im Sinne des dialogischen Lebens, solange es geht, oder, wenn es wirklich gar nicht mehr geht, unter die Menschen zu gehen, vertrauend unter ihnen lebend, betend, dienend, eine solide Handarbeit verrichtend – ; eine dritte Möglichkeit scheint es nicht mehr für mich zu geben nach den in den letzten 5 Jahren gemachten Erfahrungen. Es hat keinen Sinn, sich von neuem Menschen auszuwählen, um mit ihnen eine Gemeinschaft zu bilden. Dann würde das ganze Drama mit all den bekannten Fragwürdigkeiten von neuem beginnen. »Die Gemeinschaften, die als solche bewußt gewollt werden, werden immer fragwürdiger,« sind es schon von vorneherein. Diese Einsicht haben Sie gewonnen und mir Gottdank auch gesagt. Ich trug sie seit einiger Zeit schon in mir. Wahrscheinlich wird die neue Gemeinsamkeit sich unter Formen anbahnen, die von außen her gesehen Einsamkeitscharakter aufweisen. – Hier in Laach versuche ich weiter innerhalb des gegebenen Rahmens täglich im Dienste meiner Mitbrüder eine Handarbeit (3 Stunden täglich) zu verrichten. Ein Mitbruder[148] hat sich mir dabei angeschlossen, andere, besonders unter den Jüngeren, sind dafür aufgeschlossen. Die übrige Zeit ist für das Gebet

[148] Nämlich Pater Chrysostomos, O.S.B.

und eine begrenzte geistige Arbeit. Dieser Rhythmus ist erlösend, befreiend und spürbar gesund. –

Den 3. Band der Schrift habe ich in Oberwesel erhalten. Ich bin froh, ihn zu haben.

Innig teilnehmend grüßt Sie, verehrter und lieber Herr Professor froh und dankbar

Ihr P. Caesarius L.

#58 BL

Jerusalem 28. März 59

Lieber Pater Caesarius –

Ich bin fast all die Zeit, mit sehr kurzen Unterbrechungen, krank gewesen und bin auch jetzt noch nicht wiederhergestellt; doch möchte ich die Antwort auf Ihre Frage nach der Schrift nicht länger verzögern.

Der Schlußband wird oder vielmehr soll alles enthalten, was noch fehlt. Darin sind der Verlag und ich einig. Aber ich kann nur sehr langsam arbeiten. Ich glaube hoffen zu dürfen, in diesem Jahr damit fertig zu werden. Gegenwärtig arbeite ich an der endgültigen Fassung des Hiob, den ich immer wieder umzuschmelzen hatte. Es gibt hier eine Reihe von Stellen, denen man nicht anders beikommt, als indem man den mündlichen vorschriftlichen Tonfall rekonstruiert; – wozu es nahegemäß jeweils einer vollen (also »gesunden«) Präsenz bedarf. Ist dies erst bewältigt, so steht an eigentlich Schwierigem nur noch das Hohelied aus.

Mit herzlichen Wünschen für Ihren gegenwärtigen Weg

Ihr Martin Buber

Notiz PC:
erhalten 4. April
Seckau

#59 LB

Abtei Maria Laach, 30. Januar 1960

Verehrter, lieber Herr Professor Buber,

Ihr nicht mehr ferner Geburtstag ermahnt mich, Sie wieder einmal übers Denken hinweg aufzusuchen. Wie mag es Ihnen gehen: Etwas in mir sagt mir, daß Sie nach dem Heimgang Ihrer guten Frau Gemahlin vielleicht bislang nie gekannte und nie erfahrene Einsamkeit durchleben. Daraus vielleicht auch eine besondere Anfälligkeit für körperliches Unwohlsein, welches ja an sich schon in so hohem Alter kaum fehlt; wenigstens berichteten Sie mir in Ihrem letzten Brief nach Österreich (Abtei Seckau) – vor bald einem Jahre nun schon wieder – Sie seien krank. Ist's nun so, wie ich zu spüren meine: Wenn es nicht so ist, umso besser; obgleich wir immer ja auch daran festhalten müssen, daß in neuen Kreuzen uns stets auch neue Gnaden angeboten werden, zu unserem persönlichen und damit auch zu unserer Mitmenschen Heil. Haben Sie im vergangenen Jahr noch arbeiten können? Sie sehen, lieber Herr Buber, was uns gemeinsam war, ist es noch, und möge mit Gottes Gnade es auch bleiben und im heiligen, ewigen Raum seines wortzeugenden Schweigens sich vollenden: daß wir zueinander in I H M hinschweigend, zueinander hinsprechen und immer miteinander reden. Mehr und Erlösenderes – aus Ihrer und meiner und unserer Einsamkeit Erlösenderes, – brauche ich Ihnen zu Ihrem Geburtstag nicht zu sagen, nicht wahr?

Herzlich mit dem Herzen bei Ihnen – mit meinem Herzen bei Ihrem Herzen

Ihr P.Caesarius

P.S. Sie sehen: ich bin wieder in Maria Laach seit 1 1/2 Monat. Ich empfehle mich dringend Ihrem Gebet. Darüber müssten wir mündlich sprechen. Wenn ich nicht zu Ihnen reise, wird das wohl kaum noch einmal werden, da Sie ja jetzt wohl kaum noch einmal werden reisen können...

#60 BL

Jerusalem 9. Februar 60

Lieber Pater Caesarius –

Dank für Ihren guten Brief.

Ich bin bis in den Oktober hinein krank gewesen. Seither aber ist es mir vergönnt, am Schlußband der Bibelübersetzung zu arbeiten; es bleibt mir jetzt, nach der bevorstehenden Vollendung des Daniel (der mir sehr widerstrebt), nur noch die Übersetzung von Esra, Nehemia und Chronik übrig.

Daß mir die Dimension der Einsamkeit – in einem mit einer anderen, nicht zu bezeichnenden – aufgegangen ist, trifft zu. Aber die konstante körperliche Labilität, auf die Sie hindeuten, hegt merkwürdigerweise gegen das eigentliche Kranksein eher ab, und ich darf daran denken, ein paar Sommermonate mit meiner Tochter in Europa zu verbringen. Ich habe sogar der Münchner Akademie den Vortrag über die Sprache, den ich im vorigen Jahr habe absagen müssen, für Ende Juni zugesagt.[149] Und so wäre denn doch auch ein Wiedersehn mit Ihnen zu erhoffen.

Mein Freund Ewald Wasmuth in Tübingen hat eben ein Büchlein über den Tod veröffentlicht, darin aber leider das allein Entscheidende, die Ewigkeit, nicht vorkommt.

In treuem Gedenken

Ihr Martin Buber

#61 LB

Maria Laach, 30. April 1960

Lieber Herr Professor –

Ja, E R schenke uns, daß Sie in diesem Sommer nach Deutschland kommen und wir uns bei dieser Gelegenheit noch einmal sehen können. Wie froh bin ich nun, daß Sie wieder so gut »beieinander« sind und an Dingen arbeiten können, die Ihnen und mir und vielen Menschen wichtig sind.

Vor einigen Tagen schrieb mir der auch Ihnen bekannte Prof. Gorsemann zu meiner Überraschung, er werde bald mit der Lektüre Ihrer inzwischen herausgekommenen Biographie beginnen. Ich habe gar nicht gewußt, daß Sie mittlerweile Ihr Leben geschrieben

---

149 Buber hielt diesen Vortrag, »*Das Wort, das gesprochen wird*«, auf der Tagung »*Wort und Wirklichkeit*« in München (11.-15. Juli 1960). Vgl. *Werke*, Band I, Schriften zur Philosophie (München und Heidelberg: Kösel Verlag und Verlag Lambert und Schneider 1962). Vgl. dazu meinen Abschnitt hierzu in **TEIL II, Das Wort, das gesprochen wird**.

haben. Daran nehme ich manchen Anteil wie Sie wissen. Darf ich erfahren, wo und wann die Biographie erscheint oder erschienen ist? Das hat Gorsemann mir nicht sagen können. Sie sehen übrigens, wie auch er Ihrer gedenkt.

Für heute nur dies.
Herzlich

Ihr P.Caesarius

#62 BS

Jerusalem, June 21, 1960

Dear Dr. Stahmer –

I have got your letter about a week before going to Europe for 3 months. I have in mind to meet P. Caesarius in the second half of July, but now I see I should first consult Dr. Jacob. I shall see him when I will be in Munich, between July 8 and 16, but I think to write him now. I am leaving here July 1, as I want to go first to Venice.

By the way, I have to give in Munich the opening paper at a conference on language. This is rather a »coincidence«, is it not? Of course, I am interested in your dissertation and would like to read it. If you can dispense with a copy, send it please either to Munich, Akademie der schönen Künste, Prinz Carl-Palais, or to my subsequent address in Switzerland, where I will be the whole of August: Wengen (Berner Oberland), Hotel Waldrand. I think to have my paper copied in Munich and if you want I could let you have a copy. As to the picture with signature you wish for here it is. Let me know what you want to do now, after having got the degree.

Yours sincerely,

Martin Buber[150]

---

[150] Jerusalem, den 21. Juni 1960

#63 BL

Jerusalem
27. Juni 60

Lieber Pater Caesarius –

Ich gedenke mit meiner Tochter am 1. nach Venedig zu fliegen und bald darauf über Zürich nach München zu fahren, wo ich am 11. (ein fast vermessenes Unterfangen) über »Das Wort, das gesprochen wird«, zu sprechen habe. In der zweiten Julihälfte wollen wir einige Tage in Westdeutschland verbringen. Kann ich dann mit Ihnen zusammenkommen? Geben Sie mir bitte Nachricht nach Zürich, Hotel Im Park.

Zwei Abschnitte aus meinen autobiographischen Fragmenten, die Sie seinerzeit erwähnten, sind im Juniheft der Münchner Monat-

---

Sehr geehrter Herr Stahmer,
Ich erhielt Ihren Brief eine Woche vor meiner 3 Monate dauernden Reise nach Europa. Ich gedenke Pater Caesarius in der zweiten Hälfte des Juli zu treffen, nun aber bemerke ich, daß ich zuvor Dr. Jacob konsultieren sollte. Ich werde ihn aber sehen, wenn ich in München zwischen dem 8. und 16. Juli bin. Ich werde ihm aber sogleich schreiben. Ich reise von hier am 1. Juli ab. Zuerst nach Venedig. Übrigens muß ich in München den Eröffnungsvortrag zu dieser Tagung über Sprache halten. Ist dies nicht ein seltsamer »Zufall« (coincidence)? Selbstverständlich bin ich an Ihrer Dissertation interessiert und läse sie gerne. Wenn Sie ein Exemplar erübrigen können, senden Sie es mir doch nach München, Akademie der schönen Künste, Prinz Carl-Palais oder an meine folgende Adresse in der Schweiz, in der ich mich den ganzen August über aufhalten werde: Wengen (Berner Oberland), Hotel Waldrand. Ich glaube, daß mein Vortrag in München vervielfältigt wird, und, wenn Sie möchten, lasse ich Ihnen eine Kopie übersenden. Anbei auch Ihr Wunsch nach einer Aufnahme mit Unterschrift. Lassen Sie mich wissen, was Sie vorhaben, wenn Sie Ihren Doktor gemacht haben.
Mit freundlichen Grüßen,
Martin Buber

schrift »Merkur« erschienen.[151] Ich vermute, daß sie Sie angehen können.

Ihr getreuer Martin Buber

Hinweis auf dem Umschlag von PC:
über das Wort das gesprochen wird Vortrag
solch ein fast unermeßliches Unterfangen das
z. Tod von Frau Buber in Venedig

#64 LB

(Postkarte)

le 5 juillet 60

Lieber Herr Professor,

eben erhielt ich hier in Paris Ihren nach M Laach gesandten Brief vom 27.6. Wie schade, daß ich nicht im Rheinland bin; bis zum 20. August vertrete ich in Orleans bei Benediktinerinnen einen Geistlichen. Wie lange bleiben Sie in Europa? Kommen Sie nicht auch nach Frankreich? Wenn Sie länger in Deutschland bleiben, wäre ja ein Treffen doch noch möglich. Bitte schreiben Sie mir ein Wort nach: P.C.L. aux bons soins des Benedictines du Calvaire – »Le Petit Cormier«, St. Jean de Braye (Loiret) Mit guten Wünschen für Sie auf Ihrer Reise durch Deutschland

Ihr P.Caesarius

---

[151] Vgl. »*Zwei Begegnungen*«, in: Merkur, Nr. 148 (Juni). Vgl. »*Autobiographische Fragmente*« und »*Responsa*« in Schilpp und Friedman (Hrsg.), *Die Philosophie Martin Bubers*, Stuttgart: Kohlhammer Verlag 1962.

#65 BL

Zürich 7. Juli 60

Lieber Pater Caesarius –

Ihre Karte erhielt ich kurz vor der Abreise nach München und will sie noch schnell beantworten. Ich gedenke in Deutschland bis gegen Ende Juli zu bleiben und mich dann vom 1. bis zum 30. August in Wengen (Berner Oberland), vom 1. bis zum 9. September wieder in Zürich und vom 10. bis zum 17. oder 18. in Paris, Hotel des Saints Peres, aufzuhalten. Von dort aus wollen wir nach Jerusalem zurückfliegen.

Läßt sich etwa doch noch Ihrerseits ein Wiedersehn ermöglichen, so lassen Sie es mich bitte bis etwa 20. Juli nach Tübingen, Im Rotbad 26 bei Krauss wissen.

Ihnen alles Gute wünschend,

Ihr Martin Buber

Notiz von PC:
zwischen 24 – 30.8 in Wengen!

Notiz auf Umschlag von PC:
beantwortet Vendome 16. Juli 60

#66 LB

16. Juli 1960

Lieber Herr Professor,

vielen Dank für Ihren Brief vom 7. Juli aus Zürich. Leider kann ich noch nicht genau sehen, wie das Ende meines Aufenthaltes in Frankreich aussieht. Soweit ich es sehen kann, waere es vielleicht möglich, daß ich Sie zwischen dem 24. und 30. August in Wengen zu erreichen versuche. Den genauen Tag würde ich Ihnen dann noch nach Wengen mitteilen, nachdem Sie mir Ihre dortige Adresse angegeben haben, bitte. – Ja, ich kann Ihnen garnicht sagen, wie sehr mir daran liegt, Sie noch einmal zu sehen und mit Ihnen zu sprechen. Es ist wichtig für mich, weil das Gespräch mit Ihnen stets heilsam ist. –

Für Ihren Aufenthalt in Europa Ihnen Gnade und Segen
herzlich wünschend

Ihr P.Caesarius

Meine feste Adresse in Frankreich bis zum 19. August:
»Le Petit Cormier«
St. Jean de Braye
Loiret

#67 BL

Tübingen 26. Juli 60

Lieber Pater Caesarius –

Meine Adresse in Wengen (Berner Oberland) ist: Hotel Waldrand. Wenn es Ihnen möglich ist, kommen Sie bitte nicht erst am 20., da erfahrungsgemäß so kurz vor der Abreise die innere Muße nicht ganz zureicht. Diese Muße des Herzens aber ist gewiß für unser Gespräch erwünscht, ja erfordert.

Auf ein gutes Wiedersehn!

Ihr Martin Buber

Auf Umschlag von PC:
Muße für unsere Gespräche unbedingt gefordert
bea 11. August
daß ich nicht kommen kann

#68 BL

z.Zt. Tübingen 28. Juli 60

Lieber Pater Caesarius –

Ich sehe eben, daß ich meinen Brief falsch adressiert habe. Also auf jeden Fall noch einmal, daß ich bis Ende August in Wengen (Hotel Waldrand) sein werde, Sie aber bitte, wenn es Ihnen ohne alle Schwierigkeit möglich ist, lieber ein paar Tage vor Monatsende zu kommen.

Ihr Martin Buber

#69 BS

Tübingen 31.7.60

Dear Dr. Stahmer –

As you probably know, P. Caesarius (who is yet in France) wants to come to see me in Wengen in the last week of August. I have in mind to do for him what is in my power, but my opinion on his situation is different from yours. Your either-or is not humane enough. And as to me, I am not a messenger, but a comrade, co-suffering and trying to help.

Because of an illness of my daughter I am only today leaving Germany for Switzerland. Before I leave I want to send you – enclosed – my Munich lecture. It is an uncorrected copy; I have not found the leisure to correct it. Friedman wants to translate it, so please communicate with him concerning quotations.

I think to stay at Wengen (Berner Oberland), House Waldrand, and the first September week at Zurich, Hotel im Park.

My best wishes for life and work,

Yours,

Martin Buber[152]

---

[152] Lieber Dr. Stahmer,
Wie Sie wahrscheinlich wissen werden, will Pater Caesarius (gerade in Frankreich) zu mir nach Wengen in der letzten August-Woche kommen. Ich möchte alles für ihn in meiner Macht stehende tun, meine Ansicht jedoch ist eine gänzlich andere als die Ihrige. Ihr entweder-oder ist nicht menschlich genug. Und ich bin kein Bote, sondern ein Kamerad, der mitleidet und zu helfen versucht.
Wegen Krankheit meiner Tochter reise ich schon heute ab in die Schweiz. Bevor ich aber abreise, möchte ich Ihnen – beiliegend – meinen Münchener Vortrag übersenden. Es ist ein unkorrigiertes Exemplar. Ich hatte bis

#70 LB

Orleans, 11 August 60

Lieber Herr Professor,

mein Abt ruft mich für den Beginn des letzten Monatsdrittels heim. So kann ich nicht ins Berner Oberland kommen. Wie leid mir das tut, daß ich Sie nicht noch einmal sehen und sprechen kann, kann und brauche ich nicht zu sagen. Wir müssen es so annehmen wie es ist. Dennoch gebe ich die Hoffnung nicht auf, daß wir uns hienieden nochmal sehen.

Mit allen guten Wünschen für Sie
herzlich

Ihr P. Caesarius

#71 BS

13.8.60

Dear Dr. Stahmer –

P. Caesarius writes me, he will not be able to come, because he has been called to come to Laach in the last third of this month. I regret

---

jetzt nicht die Muße, ihn zu korrigieren. Friedman möchte ihn übersetzen. Fragen Sie ihn nach betreffenden Zitaten.
Ich gedenke, in Wengen (Berner Oberland), Haus Waldrand, mich aufzuhalten, die erste September-Woche bin ich in Zürich, Hotel im Park.
Mit meinen besten Wünschen für Ihr weiteres Leben und Ihre Arbeit
Ihr
Martin Buber

it deeply, although I do not think as you do about »putting to the test« the life of dialogue.

I have read your dissertation with a particular interest, but if you want my remarks, I must go over it more attentively, and this I could not do before October, that means, before coming back to Jerusalem. For the moment I have only to remark, that by »Urdistanz« (so in the original) I do not mean an individual act like that with which relation is connected, but the primal fact constituting mankind, the fact that is the presupposition of the relation-act.

Art News have asked the Munich Academy of Arts for the permission to publish all the lectures. Mine will, I think, be translated by Friedman. It shall be included later on in a volume of my anthropological essays, to be published by Harper's.

Some time ago I found to my surprise an incorrect quotation of a sentence I wrote (in the preface to Two Types of Faith) on Jesus, – in the remarkable second volume of Rosenstock's »Soziologie«. He quotes me as calling Jesus »herablassend« my elder brother. In truth I have called Jesus »my great brother«, and what that means everybody knows who has read (in »Dialogue«) my talk with Florens Christian Rang about the Jews knowing something of Jesus »from within«. The word »herablassend«, used of my attitude to Jesus, is incomprehensibly unjust.

Yours sincerely,

Martin Buber[153]

---

[153] Lieber Dr. Stahmer,
Pater Caesarius schreibt mir, er könne nicht kommen, weil er nach Laach zum letzten Drittel des Monats gerufen worden sei. Ich bedauere dies sehr, obwohl ich nicht wie Sie der Meinung bin, das Leben des Dialogs »unter Beweis« stellen zu müssen.
Ich habe Ihre Doktorarbeit mit besonderem Interesse gelesen, wenn Sie aber Anmerkungen von mir möchten, muß ich sie noch einmal aufmerk-

If you want me to return you the dissertation copy before leaving Europe, let me know about it. My address is till the end of August as above and then till September 9 Hotel Im Park, Zurich.

#72 LB

Maria Laach, 8. September 1960
ü. Andernach, Rheinland

Lieber Herr Professor,

hoffentlich erreicht Sie dieser Brief im Hotel des Saints Peres, wo

---

samer studieren, was ich nicht vor Oktober tun kann, d.h. nicht vor meiner Rückkehr nach Jerusalem. Im Augenblick möchte ich nur bemerken, daß ich unter »Urdistanz« nicht einen individuellen Akt wie den verstehe, mit welcher Beziehung er verbunden ist, sondern die die Menschheit konstituierende Grundtatsache, die Tatsache, die die Voraussetzung des Beziehungsaktes ist.
ART NEWS haben bei der Münchener Akademie der Künste angefragt, ob sie alle Vorträge veröffentlichen dürfen. Meinen soll, denke ich, Friedman übersetzen. Er soll später in einen Band mit meinen Essays zur Anthropologie aufgenommen werden, der bei Harper erscheinen soll.
Vor einiger Zeit fand ich zu meiner Überraschung ein inkorrektes Zitat eines von mir geschriebenen Satzes über Jesus (im Vorwort zu den Zwei Glaubensweisen) im bemerkenswerten zweiten Band von Rosenstocks »Soziologie«. Er zitiert mich, ich habe Jesus »herablassend« meinen älteren Bruder genannt. In Wahrheit habe ich Jesus »meinen großen Bruder« genannt; was dies meint, kann jeder wissen, der – in Zwiesprache – mein Gespräch mit Florens Christian Rang über die Juden nachliest, die Jesus »von innen« kennen. Das Wort »herablassend« für meine Haltung zu Jesus ist unverständlicherweise ungerecht.
Mit freundlichen Grüßen,
Martin Buber

Wollen Sie Ihr Exemplar Ihrer Doktorarbeit vor meiner Abreise aus Europa zurückhaben, lassen Sie es mich wissen. Meine Adresse ist bis Ende August die obenstehende, danach ab dem 9. September das Hotel Im Park, Zürich.

wir uns vor nun schon wieder mehr als 2 Jahren das letzte Mal sahen. Dort habe ich ja Ihre Frau Gemahlin zum letzten Male gesehen. Jetzt trage ich einen doppelten Schmerz in meinem Herzen. Zunächst den, daß es mir nicht vergönnt ist, Sie auf Ihrer Europareise zu treffen. Es war, – wie ich Ihnen ja in die Schweiz von Frankreich aus geschrieben habe –, einfach nicht möglich, über die Schweiz heimzufahren. Die Zeit war zu kurz, und so wäre unsere Begegnung von vorneherein belastet gewesen. Wir haben ja leider kein Verhältnis zu der Art wie Menschen im allgemeinen heute einander treffen; eben: »im Allgemeinen« aber nicht im Konkreten, Personalen, Wirklichen. Deshalb habe ich mich – schweren Herzens freilich – entschlossen, das Opfer zu bringen. Solche Opfer können ja, wenn sie in der rechten Gesinnung gebracht werden, bewirken, was menschliches Gelingen oft nicht vermag. Möge die Innerlichkeit unserer Begegnung nicht leiden unter dem Verzicht auf ihre Leibhaftigkeit, der uns durch die äußeren Umstände auferlegt ist! – Zweiter Schmerz: Ernst Gorsemann ist am 19. Juli heimgegangen. Ich muß Ihnen mitteilen, was sich am 20. Juli ereignet hat: während der Beileidsbesuche im Hause spielte sein kleiner Enkel Mathias am Rande eines vor dem Hause befindlichen großen & tiefen Wasserbassins, unbewacht von der Großmutter & den Eltern, die eben mit den Besuchern zu tun hatten. Der Kleine fiel in das Wasser & ertrank. Nachher fand man ihn in dem klaren Wasser. Ja, es gibt Dinge und Geschehnisse, mit denen wir Menschen wahrlich nicht mehr mitkommen, durch die Gott uns aber erreicht, wie ER uns erreichen will, und ohne die ER uns nicht findet noch wir I H N. –

Herzlich mit dem Wunsche neuer Gnade für Sie

Ihr P. Caesarius

P.S. Wann wird der letzte Band der Schrift wohl herauskommen können?

#73 BS

Jerusalem, 4.1.1961.

Dear Mr. Stahmer,

I have been ill for some time, but am feeling now somewhat better and am taking up again my correspondence.

May I suggest you tell me what are the main points in your dissertation on which you would like to know my opinion. It will make it easier for me to deal with it.

You would oblige me very much by letting me know about he present stade [sic] of mind of P. Caesarius. I have not heard from him for some time, and a few days ago I got something from a monk of Maria Laach (unknown to me, personally) in which it is no mention at all of P. Caesarius.

I have not read Rosenstock's »Rückblick auf die Kratur« [sic] you mention and it is not to be found here. The connection between Die Kreatur and Patmos-Verlag is, as far as I know, only this that some persons have taken part in this and in that. The plan was the result of some talks between me and particularly Rang, Rosenzweig and Weizäcker. About the connection of the last with Die Kreatur you will find some remarks in the chapter 21 of Friedman's book.

Yours sincerely

Martin Buber[154]

---

[154] Lieber Mr. Stahmer,
Ich war für einige Zeit krank, fühle mich aber jetzt schon etwas besser, so daß ich nun meine Korrespondenz wieder aufnehmen kann.
Könnten Sie mir, bitte, die Hauptpunkte Ihrer Doktorarbeit nennen, zu denen Sie meine Meinung wissen möchten. Dies macht es mir einfacher.
Ich wäre Ihnen außerordentlich verpflichtet, wenn Sie mir berichten könn-

#74 LB

Abtei Maria Laach, 25. Januar 61

Verehrter und lieber Herr Professor,

»Autobiographisches«, in Ihrem Auftrag vom Verlag geschickt, habe ich erhalten, und bin herzlich froh, auch dieses Büchlein von Ihnen zu haben. – Jetzt ist bald Ihr Geburtstag. Die Jahre, die Sie in diesem Jahre erreichen, lassen in meinem Herzen einen Schmerz wach werden darüber, daß wir uns Ende August vergangenen Jahres in der Schweiz nicht haben sehen können. Auch damals hat mir das schon leid getan, weil wir nach menschlichem Ermessen uns hienieden wohl kaum noch einmal sehen werden. Doch bleibt auch hier – eben weil Sie noch leben und solange Sie noch leben – die Hoffnung auf ein Wiedersehen hier auf dieser Welt, besonders wenn Sie in diesem Sommer wieder nach Europa kommen wollen. Das ist wohl wahrscheinlicher als daß ich nach Jerusalem komme. – Hegner teilte mir mit, daß Sie und auch der Verlag bis Ende 1961 den letzten Band Schrift herauszubringen gedenken. Möge es so sein; ich bete, daß es Ihnen vergönnt sein möge, diesen noch ausstehenden Band, der das so bedeutende und einmalige Werk abschließen wird, bei der in Ihrem Alter doch noch möglichen gei-

---

ten, in welchem gegenwärtigen Geisteszustand (»the present stade[sic – d.Verf.]) Pater Caesarius sich befindet. Ich habe von ihm längere Zeit nichts mehr gehört, und vor einigen Tagen erhielt ich etwas von einem Mönch aus Maria Laach (mir persönlich unbekannt), aber keine Erwähnung von Pater Caesarius.

»Rückblick auf die Kratur[sic – d.Verf.]« von Rosenstock habe ich nicht gelesen, hier ist er auch nicht zu finden. Die Verbindung zwischen DIE KREATUR und dem PATMOS-VERLAG ist, soweit ich weiß, einzig die, daß es Personen gibt, die an beidem beteiligt waren. Der Plan war das Resultat einiger Gespräche zwischen mir und insbesondere Rang, Rosenzweig und Weizsäcker. Über die Verbindung des letzteren mit DIE KREATUR finden Sie einige Bemerkungen im 21. Kapitel von Friedmans Buch.

Mit freundlichen Grüßen
Martin Buber

stigen und körperlichen Frische, die man Ihnen auch nachrühmt, fertig zu übersetzen. – Ja, wir hätten uns wieder einiges zu sagen, lieber Herr Professor. Wichtiges; wir könnten von Wirklichkeiten sprechen, zu denen man eben nur durch immer wieder neue Erfahrung Zugang bekommt. Doch schon im Zueinanderhinsprechen unserer Herzen, im dem ja zutiefst auch die Wahrheit und Wirklichkeit des mündlichen Gesprächs (de vive voix wie die Franzosen so konkret sagen!) beschloßen sind, wachsen und reifen und vollenden wir uns. Und in diesem cor ad cor-Gespräch sind wir ja immer. Das macht mich ganz froh.

Mit brüderlichem Geburtstagswunsch Ihrer gedenkend, Ihnen dankend,

Ihr PCaesarius Lauer

#75 BS[155]

Jerusalem, 2.2.1961.

Dear Dr. Stahmer,

I am sending you enclosed some notes I made when reading your

---

155 Maschinenschriftlicher Brief. Lieber Dr. Stahmer,
anbei übersende ich Ihnen einige Anmerkungen während der Lektüre Ihrer Doktorarbeit.
Sie werden erkennen, daß ich sie aufmerksam gelesen habe. Es handelt sich zweifelsohne um eine ernstzunehmende Arbeit, geschrieben nicht nur mit dem nötigen Wissen, sondern auch aus einem wirklichen Verständnis.
Inzwischen habe ich einen Brief von Pater Caesarius erhalten, einen ziemlich guten.
Heute schicke ich Ihnen Ihr Manuskript mit der Post – eingeschrieben – zurück. Den Scheck, den Sie mir sandten, sende ich Ihnen mit diesem Brief zurück. Ich kann ihn nicht annehmen.
Mit freundlichen Grüßen,
Martin Buber

dissertation.[156] You'll see I read it attentively. It is undoubtedly a serious work, written not only out of real knowledge but also with real understanding.

I too had meantime a letter from P. Caesarius, a rather good one.[157]

I am returning you today your manuscript by the regular mail, registered. The check you sent me I am returning with this letter as I cannot accept it.[158]

Your sincerely,

Martin Buber

#76 BL

Jerusalem 5.2.61

Lieber Pater Caesarius –

Zu Ihrem Wunsch für die Vollendung der Schriftübertragung für den Ihnen besonders gedankt sei, möchte ich Ihnen gleich mitteilen, daß sie mir schon vor etwa zwei Wochen geschenkt worden ist. Es ist nur noch Korrektur zu lesen.

---

[156] Der Titel meiner Dissertation lautet: »*The Role of Language in the Dialogical Approach to Religious Truth: Being a presentation and evaluation of the role of language in the writings of Martin Buber*«. Cambridge 1959. Die Arbeit entstand unter der Anleitung von Dr. J.A.T. Robinson und Prof. Herbert Farmer. Buber sandte mir zwei engbeschriebene Seiten mit Kommentaren und Berichtigungen.

[157] Wahrscheinlich handelt es sich um **Briefe #74**.

[158] Ich hatte Buber einen Scheck in der Höhe der Postgebühren der Rücksendung übersandt.

Auch mir ist es sehr leid, daß wir uns nicht haben sehen können. Reisepläne mache ich zwar nicht mehr, aber es ist immerhin möglich, daß etwas mich zu noch einer Fahrt nach Europa veranlassen und mein Arzt sie genehmigen wird. In diesem Falle, will ich Sie rechtzeitig verständigen.

Ich wüßte gern mehr von Ihrem Ergehen; aber dieses Mehr läßt sich wohl nicht leicht schreiben. So bin ich denn darauf angewiesen, es mir auszudenken.

Alles Gute für das nächste Stück Ihres Weges!

Ihr Martin Buber

Notiz PC:
13. Februar an Hegner geschrieben,
er möge den Band, wenn er erschienen
ist nach Oberwesel, Rhein senden.
Sowie:
Die Bände (4) hat Buber mir dann geschenkt.
Ich suche noch die letzten Korrekturfahnen
(in der roten Kiste)??

#77 LVB[159]

10 – 2 – 64
Caesarius LAUER

Lieber Herr Professor,

die »latente« Beziehung ist existent; sie wirkt in mein Leben hinein und durchwirkt es so, daß es mehr und mehr lebendig wird. Es

[159] Dieser Brief wurde im Haus von Caesarius' betagter Tante in Köln geschrieben.

ist mir ganz klar, daß Sie durch Ihr eigenes Dasein seit langem meine Begegnungen irgendwie mitbewirken. Aber in der letzten Zeit besonders ist mir geschenkt worden, in einer Weise DU sagen zu dürfen, wie ich das vorher nie gekannt habe; ich werde der Verantwortung inne, die damit verbunden ist. In den vergangenen 6 Monaten ging mir einiges über das Zwischenmenschliche deutlicher auf gerade durch die Erfahrung – wiewohl das eigentlich ja nicht mehr erfahrbar ist; – das was davon erfahrbar ist und was noch sagbar ist, haben Sie immer wieder mitzuteilen versucht; ich finde darin bestätigt, was auch mir aufgeleuchtet ist und kann nicht verstehen, wie geradezu primitiv manchmal Ihre Ausführungen über das dialogische Prinzip mißverstanden werden. Ich möchte Ihren Kritikern nicht unrecht tun, aber ich werde den Gedanken nicht los, daß da oft ein Minimum von Erfahrung wirklich gelebten dialogischen Lebens fehlt. Es ist etwas hart gesagt. Doch die Kritik ist auch über die Maßen hart. Außerdem habe ich gemeinsam mit einem jungen Menschen, dem ich innig verbunden sein darf, an Ihrem Geburtstag – in Gemeinschaft mit Ihnen – Rechenschaft darüber abgelegt, daß es eine große Gabe und ernste Aufgabe ist, so zu leben, so dasein zu dürfen. I H M, von dem jede Gnade kommt, müssen wir dafür danken. Und – nach I H M – dürfen wir auch Ihnen, verehrter Herr Professor, brüderlich danksagen, weil Sie die von I H M empfangene Gnade durch Ihr Leben weitergeschenkt haben und unermüdlich weitergeben – im Tun, im Wort.

Wir wünschen Ihnen für die Schritte, die zu tun Ihnen noch aufgegeben ist, das Licht, das Sie brauchen, damit Sie Ihren Weg gut vollenden können.

Ihre P. Caesarius
Renate Vollmer[160]

---

160 Renate Vollmer war eine Frau, die an einem der vielen Kurse zu dialogischer Spiritualität, die Caesarius gab, teilnahm. Durch diese Kurse entwickelte sie ein großes Interesse für Buber und dialogisches Leben. Caesarius lud sie ein, diesen Brief mit zu unterzeichnen, was sie auch sofort annahm. Uta Rubien zufolge, der Tochter des Ehepaares Gorsemann,

P.S. Wenn Sie mir antworten können und wollen, dann bitte über die Adresse meiner Schwester:

c/o Catharina Lauer
6532 Oberwesel/Rhein
Simmernerstr.22
West-Deutschland

---

hielt Caesarius mehrere Kurse über dialogische Spiritualität in ihrem Heim ab, als ihre Eltern noch lebten. Diese Kurse richteten sich an junge Frauen, die für verschiedene Zweige ihre Lehre machten.

Autobiographische Erinnerungen und Bruchstücke

Zum Datum dieses Buches: 1951 – Eugen Rosenstock-Huessy

Den eigentlichen Auslöser zu diesem Buch kann ich auf einen kalten und sonnigen Vermont-Morgen Ende Februar 1951 datieren, als die ersten Zeichen des Frühlings in der Luft lagen. Als ich mich dann mehr und mehr mit den Fragen zu befassen begann, die die Erzählung meiner Geschichte der Freundschaft von Buber und Caesarius und ihres Briefwechsels aufwarfen, wurde mir plötzlich bewußt, welche entscheidende Wichtigkeit dem Jahr 1951 für meine Erzählung zukommt. Es war genau 1951, als ich mich als ›Senior Fellow‹ dem Ende meines letzten Studienjahres am Dartmouth College als Schüler Eugen Rosenstock-Huessys[161] näherte.

---

[161] Eugen Moritz Friedrich Rosenstock wurde am 6. Juli 1888 in Berlin geboren. Nach dem Joachimsthaler Gymnasium studierte er Rechtswissenschaften in Zürich, Heidelberg und Berlin. Mit 17 wurde er Protestant. 1909 promovierte er an der Universität Heidelberg. Seit 1912 lehrte er als damals jüngster Privatdozent Staats- und Verfassungsrecht und Rechtsgeschichte an der Universität Leipzig. Anfang 1914 ging er nach Florenz. Dort traf er die Schweizerin Margrit Hüssy, die Kunstgeschichte in Florenz studierte. Im selben Jahr heirateten sie. Er wurde sofort als Leutnant der motorisierten Artillerie eingezogen und war während des 1. Weltkriegs an der Westfront stationiert. 1916 führten er und der jüdische Philosoph Franz Rosenzweig, der damals an der Balkan-Front lag, einen später berühmt gewordenen Briefwechsel über *Judentum und Christentum*. Ihre enge existenzielle Freundschaft schloß Eugens Frau Margrit ein. 1921 wurde ihr einziger Sohn Johannes Paul Theodor geboren. 1925 änderten sie ihren Namen zu Rosenstock-Huessy, aber erst in den USA benutzte er offiziell seinen Doppelnamen.

1924 veröffentlichte Rosenstock seine *Angewandte Seelenkunde*, in der er zum ersten Male seine radikal neue Methode für die auf Sprache, dem gesprochenen Wort und der »grammatischen Methode« beruhenden Wissenschaften der Gesellschaft skizzierte, die er später »Metanomik« nannte. Diese Methode bildete das Herzstück aller seiner späteren Arbeiten. Er verdichtete sie in seiner zweibändigen *Soziologie* (1956-1958): Band I *Die Kräfte der Gemeinschaft* handelt von der *Übermacht der Räume*;

In diesem Haus in Norwich (Vermont) wohnten die Rosenstock-Huessys. Ein Jahr, nachdem Margit Huessy gestorben war, zog Freya von Moltke mit in dieses Haus, in dem sie noch heute lebt.

Band II *Die Vollzahl der Zeiten*. Hinzu kam *Die Sprache des Menschengesclechts – Eine leibhaftige Grammatik in vier Teilen*, 2 Bände (1963-64). Nach dem 1. Weltkrieg gründete und betreute er die erste Firmenzeitung in Deutschland, die Daimler Werkzeitung (1919-1920). Von 1921-1923 leitete er Die Akademie der Arbeit in Frankfurt/Main. Er war der Gründer des Patmos Verlages und half der Zeitschrift Die Kreatur (1926-30) auf die Beine.
1923 erhielt er seinen zweiten Doktor in Philosophie von der Universität Heidelberg und hielt dann Vorlesungen an der Technischen Hochschule Darnstadt, nahm 1923 einen Ruf an die Universität Breslau an, wo er bis zum 30. Januar 1933 lehrte.
In Breslau half er, Arbeitslager für Studenten, Arbeiter und Bauern zu organisieren, um die fürchterlichen Arbeits- und Lebensbedingungen im schlesischen Waldenburg zu bekämpfen. Mehrere dieser Studenten wurden später aktive Widerstandskämpfer gegen die Nazis, einige führende Mitglieder des später unter diesem Namen bekannt gewordenen »Kreisauer Kreises«. Als Rosenstocks Freund, der katholische Priester Joseph Wittig, exkommuniziert wurde und nicht mehr an der Universität als Kirchengeschichtler lehren durfte, solidarisierte er sich mit Wittig und pu-

Rosenstock-Huessy und ich[162] saßen auf dem Holzfußboden des Wohnzimmers von Eugens und Margrits Haus in Norwich, Vermont, ganz in der Nähe des Connecticut River auf halbem Wege nach Hanover, New Hampshire, gelegen, wo er am dortigen Dartmouth College seit 1935 als Professor für ›Social Philosophy‹ lehrte.

---

blizierte gemeinsam mit Wittig *Das Alter der Kirche* (1927-28, Reprint 1996 München: Klaus Boer Verlag 1996).

1931 erschien eines der Hauptwerke Rosenstocks: *Die Europäischen Revolutionen – Volkscharaktere und Staatenbildung*; ein Geschichts- und Lehrwerk über die vergangenen tausend Jahre und ihre fünf verschiedenen »Revolutionen« von 5 europäischen Nationen, die in den 1. Weltkrieg ausmündeten (Reprint Moers: Brendow 1987). Am 30. Januar 1933 fiel Deutschland unter den Nationalsozialismus. Rosenstock verließ Breslau, und erhielt die Kuno Francke Gastprofessur für German Art and Culture an der Harvard University. 1935 nahm er den Ruf als Professor für ›Social Philosophy‹ am Dartmouth College, in Hanover, New Hampshire, an. In Norwich, Vermont, nicht weit davon entfernt, baute er sein Haus Four Wells.

Sein erstes Buch in englisch war *Out of Revolution – Autobiography of Western Man*. Der damalige Nietzsche-Forscher und Schüler Whiteheads, George Allen Morgan, half ihm bei seiner Schrift *The Christian Future or the Modern Mind Outrun* (dt. *Des Christen Zukunft* 1955, Reprint Moers: Brendow 1985), die 1946 erschien. Rosenstock-Huessy wurde der Pionier Freiwilliger Arbeitsdienste in den USA. 1933 rief Präsident Franklin D. Roosevelt das Civilian Conservation Corps (CCC) von und für Arbeislose ins Leben. 1940 wurde auf Drängen der Präsidentengattin Eleanor und der Journalistin Dorothy Thompson Rosenstock-Huessy mit der Schaffung eines besonderen work camp in den Wäldern Vermonts beauftragt. Mit Beginn des 2. Weltkrieges wurde es aufgelöst. Rosenstocks Schriften zu freiwilligen Arbeitsdiensten wurden sehr einflußreich für die Konzeption und den Aufbau des späteren Peace Corps, welches in der Kennedy-Ära geschaffen wurde. Rosenstock-Huessy lehrte am Dartmouth College, bis er 1957 in den Ruhestand trat. 1959 starb seine Frau Margrit. 1960 zog Freya von Moltke, die Witwe Helmuth James Graf von Moltkes, mit ihren zwei Söhnen zu ihm nach Four Wells und teilte ihr Leben mit ihm. Rosenstock-Huessy starb am 24. Februar 1973 in Four Wells, wo Freya von Moltke weiterhin lebt. Er hinterließ der Nachwelt über 500 Essays, Artikel und Monographien, inklusive 40 Bücher.

162 Ich studierte Philosophie im Hauptfach. Mein erster Kurs mit Rosenstock-Huessy fand 1948 statt. 1950 wurde ich Senior Fellow, was mich allen offiziellen Erfordernissen entband, so daß ich mich ganz dem Studium mit RosenstockHuessy widmen konnte. Während dieses Senior Jahres luden mich die Huessys ein, bei ihnen zu wohnen.

Er trug seine von ihm sehr geliebte Schweizer Armeejacke, die Spuren von Heu aufwies, denn er hatte gerade seine und seiner Frau Pferde Froh und Chi lai am Morgen gefüttert; jetzt gerade ging er einem seiner Hausrituale als Ehemann nach – er polierte eigenhändig den Holzfußboden rund um die Ecken des dort liegenden Teppichs, danach die Wohnzimmeruhr, deren Schläge uns an andere Zeiten erinnerten. Für Generationen von Studenten, die im Huessy-Haus wohnten, war dies ein so unüblicher Rahmen nicht, um von »Eugen« zu lernen. Auch war es nicht weiter erstaunlich für all jene, die mit ihm Umgang pflegten, daß von ihm ein typischer Geruch ausging, eine Duftmischung der Düfte von Pferden, Korn und Hafer. An diesem Morgen stand im Brennpunkt seiner Aufmerksamkeit Kant, Hegel und ihre Unterschiede. Nachdem er fast eine Stunde lang über Hegels Kritik an Kant in seiner Schrift *Glaube und Wissen* aus dem Jahre 1802 gesprochen hatte und währenddessen weitergewienert hatte, legte er eine Pause ein und fragte mich, welche Pläne ich denn für die Zeit nach meinem Abschluß am Dartmouth College im Juni hätte. Als ich ihm hierauf erwiderte, ich fühle, es sei für mich unabdingbar, Deutsch und Kirchenlatein zu lernen, war seine erste Reaktion hierauf, er werde einem alten Bekannten, Pater Thomas Michels, O.S.B., einem früheren Prior von Maria Laach schreiben, den er einige Jahre zuvor auf Rhode Island getroffen hatte, wo dieser Vorlesungen abhielt. Er sagte, er würde Michels, der nun in Salzburg/Österreich am Institut für Christliche Antike und Liturgie lebte, fragen, ob es für mich möglich wäre, ein Jahr in Maria Laach zu verbringen, um meine Sprachkenntnisse zu verbessern und hierbei zugleich etwas über römisch-katholische klösterliche Spiritualität in einer berühmten Benediktiner-Abtei zu lernen, die bekannt für die führende Rolle war, die sie in der Zeit des Abtes Ildefons Hermwegen (1913 – 1946) in der Liturgischen Bewegung ausgeübt hatte.

Als er mir die Vorzüge seines Planes pries, ahnte er nichts von der Aufregung und den Stürmen, die seine Ankündigung in mir entfachten. Konnte dieser sehr idiosynkratische, sehr umstrittene, unglaublich gelehrte und begeisternde Professor für »social philosophy« ahnen, daß er nicht nur zu einem Studenten sprach, sondern darüber hinaus zu einem 21jährigen Dartmouth-Kollegiaten, der aus einem hart arbeitenden Elternhaus mit einem politisch konservativen Mittelklassen-Bildungshintergrund herkam und dessen Eltern und Verwandten zumeist schon in einem viel jüngeren Alter schwer arbeiten mußten, nicht aber der Wohltaten einer Highschool-, geschweige denn einer Universitätsausbildung sich erfreuen konnten? Vermochte er überhaupt zu verstehen, was es bedeutete, einem jungen Mann solche Möglichkeiten zu eröffnen, der in den Straßen Flatbushs in Brooklyn, New York, aufgewachsen war und der das Brooklyn Dodger-Baseball-Team und ihr in der Nähe gelegenes Stadion Ebbets Field anhimmelte; der schon Methodist[163] geworden war, obwohl er in einem deutsch-lutherischen Mittelklassen-Elternhaus aufgewachsen war, und der während seiner Zeit am Dartmouth College in einer Buchhandlung 25 Stunden pro Woche arbeiten mußte, weil sein Vater arbeitslos geworden war? Zu jener Zeit sah ich in mir einen hart arbeitenden, fleißigen Studenten, der dennoch ein sehr aktives gesellschaftliches Leben führte, der sich Frauen und Zechgelagen erfreute, sehr kontaktfreudig war, aber dem niemals je ein Interesse für Gebete der Mystiker, Klosterleben oder römisch-katholischer Spiritualität in den Sinn gekommen wären. Mein Vater, der mich überaus lieb-

[163] Ich wurde Methodist hauptsächlich durch den Einfluß zweier Persönlichkeiten. Da war zunächst unser Nachbar Arthur Feistel, den ich sehr bewunderte. Er war Superintendent der Sonntagsschule in der Fenimore Stree Methodist Church, die unserer Wohnung genau gegenüber lag. Wichtiger aber war der Einfluß des dortigen Pfarrers James H. Link, den ich immer bewunderte und mit dem mich eine lebenslange Freundschaft verband. Dies beides beeinflußte mich während meiner entscheidenden Jugendjahre, offizieller Prediger in der Methodist Church zu werden. Die Ordination zum Diakon folgte. Später aber ließ ich mich von meinen Gelübden entbinden und trat auch aus der Northeast Conference of the Methodist Church aus. Während meiner theologischen Ausbildung am Union Theological Seminary in New York erhielt ich durch Jim Pike, den Dekan der Cathedral Church of St. John the Devine, Unterweisung für The Protestant Episcopal Church. Für kurze Zeit hatte ich die Anwartschaft auf die höheren Weihen. Mit meinem ersten Jahr in Cambridge endete dies alles.

te, sogar, freilich ohne Erfolg versucht hatte, meine Beziehung zu Rosenstock-Huessy zu verstehen, bekam einen Anfall, als ich ihm von der Möglichkeit erzählte, ich werde die Familie verlassen und könnte in Deutschland in einem römisch-katholischen Kloster für ein Jahr leben, statt direkt auf das Priesterseminar zu gehen und seine Vision zu erfüllen, nämlich ein wirklicher, wenn auch ziemlich normaler »Pastor« zu werden. Ich erinnere mich noch genau an den Tag und an seine erste Reaktion auf mein Ansinnen. Er schlug mit der Faust auf den Tisch, starrte mich an und schrie: »I'll bet that damn Commie (communist) professor of your's is behind this!« (›Ich will verflucht sein, wenn dahinter nicht dein teuflischer kommunistischer Professor steckt!‹ – A.d.Ü.)

Alles, was mein Vater damals nicht abkonnte, war, seiner Meinung nach, Teil einer weltweiten kommunistischen Verschwörung. Darin schloß er ohne weiteres natürlich meine Studien mit römischen Katholiken in einem deutschen Benediktiner-Kloster ein! Meines Vaters anti-kommunistische Paranoia ging so weit, daß er davon überzeugt war, daß die Kommunisten den Vatikan unterwandert hätten. Ein weiterer Faktor in der Reaktion meines Vaters wird aus der rechtempfundenen Tatsache herrühren, daß Hitler in der Mitte des 2. Weltkrieges einen Mann namens Heinrich von Stahmer zum Botschafter in Japan berufen hatte. Die sehr partiotischen männlichen Freunde meines sehr patriotischen Vaters ließen ihn dies immer wieder gnadenlos spüren, ja gaben zu verstehen, er oder andere Mitglieder unserer Familie könnten möglicherweise »German Spies« (›Deutsche Spione‹) oder gar »Nazi collaborators« (Nazi-Kollaborateure) sein, denn sie wußten, daß wir Verwandte in Deutschland besaßen. Zu jener Zeit wußte ich noch nicht, daß Rosenstock-Huessy voller Abscheu und Ekel sein Amt an der Breslauer Juristischen Fakultät niedergelegt und aufgegeben hatte, als Hitler am 30. Januar 1933 Reichskanzler wurde. Auch wußte ich damals nicht, daß seine Mutter in ihrer Wohnung nach der Kristallnacht am 10. Dezember 1938 den Freitod gewählt hatte. Selbst wenn ich jedoch alles dies zu dieser Zeit gewußt und meinem Vater gesagt hätte, hege ich große Zweifel, daß dies meines Vaters Haltung Eugen oder meinen Plänen gegenüber im geringsten geändert hätte.

Obwohl in den Jahren 1950/51, als ich im Hause von Eugen und Margrit Rosenstock-Huessy in Vermont wohnte, des öfteren beiläufig Bubers Name fiel, wußte ich damals sehr wenig über Bubers Schriften und über die Geschichte der Freundschaft zwischen Buber und Rosenstock-Huessy, welche beinahe 30 Jahre früher begonnen hatte. Erst 1988, auf dem Internationalen Kongreß zu Ehren des 100. Geburtstages von Eugen Rosenstock-Huessy am Dartmouth College, hörte ich von meinem inzwischen verstorbenen Freund und Mitstudenten bei Eugen Rosenstock-Huessy, Rabbi Marshall T. Meyer[164], die Geschichte, wie er Rosenstock-Huessy an einem

---

164 Rabbi Marshall T. Meyer wurde 1930 in Brooklyn, New York, geboren und wuchs in Norwich, CT, auf. Schon als Teenager hatte er sein eigenes Radioprogramm, welches Opern sendete. Sein früher Drang, zu sprechen und zu informieren, führte ihn ans Dartmouth College, New Hampshire. In seinem letzten Jahr wurde er Senior Fellow und studierte zeitweise bei Prof. Abraham Joshua Heschel am Jewish Theological Seminary in New York City und am Dartmouth College bei Eugen Rosenstock-Huessy und Scott-Craig Philosophie. Nachdem er 1952 am Dartmouth College seinen B.A. erworben hatte, studierte er am Jewish Theological Seminary und wurde 1958 zum Rabbiner geweiht. Nach weiteren Studien an der Hebräischen Universität in Jerusalem (1955-56) entschied er sich, wiewohl er allen Anforderungen für die Promotion am Union Theological Seminary und an der Columbia University Genüge tat, größeren Herausforderungen mit weiteren religiösen und kulturellen Horizonten sich zu stellen. Mit seiner Frau Naomi verließ er 1963 die USA und ging nach Argentinien. Während der nächsten 25 Jahre half er bei der Erziehung seiner drei Kinder mit, gründete eine jüdische Gemeinde, welche sich zu der größten in Buenos Aires entwickelte, und rief das erste und einzige Rabbiner-Seminar in Lateinamerika ins Leben, dessen Leitung er 22 Jahre innehatte. Als Herausgeber ins Spanische veranstaltete er 70 Bände, darunter alle Werke seines Lehrers und Mentors Abraham Joshua Heschel. Er wirkte in der Sozialfürsorge und in der Familienplanung. Rabbi Meyer wurde als einziger US-Amerikaner vom argentinischen Präsidenten Raul Alfonsin in die Nationale Kommission für verschwundene Personen berufen. Seine Tätigkeit auf diesem Felde machten ihn zu einem international anerkannten und vielberufenen Sprecher für die Menschenrechte. Ihm wurde, obwohl er kein Bürger Argentiniens war, die höchste staatliche Auszeichnung verliehen – der Orden des Befreiers San Martin. 1985 nahm Rabbi Meyer einen Ruf an die Congregation B'nai Jeshurun in New York City an, die älteste, 1825 gegründete aschkenasische Synagoge von New York City. Diese Gemeinde machte er zu einem Anziehungspunkt für alle jene, die eine ganzheitliche Sicht von sozialer Gerechtigkeit, Gläubigkeit und Gemeinde teilen. Von hier aus setzte er sich, auch in nationalen und in-

schneidend kalten, verschneiten New England-Abend im Oktober 1951 zur Zugstation White River Junction, Vermont, fuhr, um Buber vom Bahnhof abzuholen, um dann beide wieder zum Huessy-Haus zurückzufahren, wo Buber während seiner Dartmouth Vorlesungen wohnen sollte. Als Buber und Rosenstock-Huessy, die sich zuletzt lange vor Beginn des 2. Weltkrieges das letzte Mal gesehen hatten, sich auf dem Bahnsteig trafen, umarmten sie einander und riefen, wobei ihnen die Tränen über die Wangen liefen: »Oh, Eugen!«, »Oh, Martin«.[165]

Rosenstock-Huessy jedenfalls schrieb an Pater Thomas, der seinerseits Pater Basilius Ebel schrieb, dem ebenso genialen wie unprätentiösen Abt von Maria Laach. Ich wurde davon in Kenntnis gesetzt, daß für meinen Besuch alle nötigen Maßnahmen ergriffen worden seien und ich dementsprechend handeln möge. Kaum war eine positive Antwort von Pater Thomas eingetroffen, da kam Eugen mit einem anderen Knaller an! Er schlug vor, ich könnte meine 2 Jahre Highschool-Deutsch durch nichts besser unter Beweis stellen, als daß ich mich einigen seiner frühreren Studenten anschlösse, die mit Unterstützung des Büros des Hohen Kommissars für Deutschland, General Lucius B. Clay, auf Schloß Hohenstein, in der Nähe von Hersbruck, Bayern, ein »work camp« begonnen hätten, das versuchte, viele der Ideen, die die damaligen schlesischen Arbeitslager, die Eugen 1926 gestiftet hatte, neu zu verkörpern. Der Zweck dieses in den unteren Etagen von Schloß Hohenstein über Hersbruck, östlich von Nürnberg hau-

ternationalen Medien, für alle in Not Geratenen oder für alle die ein, die Gerechtigkeit einklagen. Während eines Forschungssemesters an der Harvard Divinity School wurde bei ihm Krebs diagnostiziert, an dem er am 29. Dezember 1993 im Alter von 63 Jahren in New York City verstarb. Auf der internationalen Tagung aus Anlaß des 100. Geburtstages von Eugen Rosenstock-Huessy, 1988 in Dartmouth, zählten Rabbi Meyer und der protestantische lateinamerikanische Befreiungstheologe Richard Shaull zu den bedeutendsten eingeladenen Sprechern, die Rosenstock-Huessys Erbe diskutierten.

165 Auf dieses Ereignis kam Caesarius in seinem Brief vom 18.12.51 zu sprechen. Vgl. **Briefe #22 LB.**

Burg Hohenstein über Hersbruck. Hier fand das von Rosenstock-Huessy inspirierte internationale Arbeitscamp eine Heimat.

senden Camps war, eine internationale Gruppe junger Leute in einem Experiment zusammenzubringen, die mit Bauern aus der umliegenden Nähe zusammenarbeiten sollte, um ein internationales Verständnis in die Nachkriegsära dadurch zu fördern, daß sie an dem Wiederaufbau ihrer Bauernhöfe mithelfen sollten. Die Gruppe sollte aus etwa sieben bis zehn jungen Männern und Frauen aus Deutschland, Frankreich, Dänemark, Großbritannien und aus den Vereinigten Staaten bestehen.

Von Margrit und Eugen Rosenstock-Huessy nach Grohn/Vegesack

Als meine Familie dann in meine Reise nach Deutschland eingewilligt hatte, trug sie mir auf, unsere Verwandten in Grohn/Vegesack, nordwestlich von Bremen an der Weser gelegen, zu besuchen, wo mein Großvater geboren und aufgewachsen war, bevor er in den späten 80er Jahren des letzten Jahrhunderts in die Staaten gekommen war. Als der Krieg vorüber und es erlaubt war, hatten wir regelmäßig Care-Pakete an unsere Stahmer-Verwandten in Grohn, Bergstraße 17, geschickt.

Meine Eltern sahen mich von Montreal aus auf einem griechischen Frachter, der Canberra, ablegen. Eine Woche später kam ich in Bremerhaven an, damals amerikanische Besatzungszone, wo ich Onkel Bernhard, meines Vaters Neffen, traf, der ein Auto und einen Fahrer angeheuert hatte, um mich am Hafen zu begrüßen. Onkel Bernhard, Tante Greta und ihre beiden Söhne Fritz und Lüder lebten im Haus der Familie, in dem ursprünglich ein anderer Zweig der Stahmers gewohnt hatte, die Fortmanns, die, zusammen mit anderen Verwandten wie den Krudops und den Rebetjes, zu den Familien zählten, die im frühen 19. Jahrhundert Grohn an der Weser gegründet hatten.

Als ich in Grohn auf dem herrlich reetgedeckten Bauernhof in der Bergstraße Nr. 17 ankam, wurde ich gewahr, daß Onkel Bernhard und ich ein ernstes Kommunikationsproblem hatten; er sprach nämlich fast ausschließlich Plattdeutsch, ich aber ein recht dürftiges Hochdeutsch. Morgens, zum Beispiel, wenn ich in die Küche zum Frühstücken kam. war Onkel Bernhard bereits fertig und hatte schon seine dritte oder vierte Zigarette geraucht. Dann schob er seine Mütze nach hinten, grinste und begrüßte mich mit den Worten: »So, Harold, hast du gut geschlafen?« Ich antwortete dann immer: »Ja, Onkel Bernhard, ich habe gut geschlafen!« Worauf er seinerseits zu erwidern pflegte: »Das ist die Hauptsache!« Für den Rest des Tages sprach er dann aber nur noch Plattdeutsch. Zum Glück sprachen seine Söhne Fritz und Lüder Hochdeutsch! Unsere Familienzusammenführung war jedenfalls sehr bewegend für uns alle und sollte manche Überraschung und Einstellungsänderungen zur Folge haben. Onkel Bernhards zweite Frau, Tante Grete, benötigte eine ganze Weile, bis sie entdeckte, daß ich nicht ihr stereotypes Vorurteil eines typischen lutheranischen Theologie-Studenten bestätigte. Wollte ich einen entfernten Verwandten, Onkel Theo, kennenlernen, wurde Lüder von seinem Vater befohlen, mit mir zum Kaffeetrinken mit ihm zu gehen, worauf ich sofort in eine andere Welt versetzt wurde, als Onkel Theo stolz ein ziemlich offiziell aussehendes Exemplar unseres Familienstammbuches anbrachte und beklagte, die Russen würden bald alles übernehmen und daß auf diese Weise die chronische Frage mangelnden Lebensraumes verschwinden würde. Sehr zu meiner Überraschung erfuhr ich bald, daß dieser Verwandter eine NSDAP-Lokalgröße gewesen war und niemals die Tatsache zu akzeptieren vermochte, daß das Dritte Reich besiegt worden sei. Die Tatsache, daß ich ein Amerikaner war, bedeutete in seinen Augen nichts, die Tatsache jedoch, daß ich ein Stahmer war, das war's! Armer Lüder, der erst spät mit 17 Jahren in den Krieg eingezogen worden war und der einen teilweise verkrüppelten Arm durch einen Stoß einer russischen Wache in einem Gefangenenlager zurückbehielt! Lüder war offensichtlich überrascht und endschuldigte nachträglich Onkel Theos Verhalten. Es war eben 1951 und die Leiden und all die Tragödien des 2. Weltkrieges traten offen zutage. Große Teile der Bevölkerung waren heimatlos, hungrig und ohne Arbeit. Überall Bunker – je näher man Bremen kam. Bohnenkaffee war eine Rarität, vorbehalten nur für ganz besondere Anlässe. Meistenteils tranken die Leute Muckefuck und verheizten statt Kohle Torf. Eine andere entfernt verwandte hochbetagte Jungfer war glücklich, im lokalen Flüchtlingslager von Grohn eine tägliche Essensration zu erhalten.

Trotz allen Wechselfällen des Lebens, die im letzten halben Jahrhundert unseren Familien widerfahren waren, behielten Lüder, seine Frau Sigrid und ihre Kinder, ich und Mitglieder meiner Familie immer ein warmes, freundschaftliches Verhältnis. Wann immer ich nach Deutschland komme, versuche ich alles, Zeit mit ihnen in ihrem schönen Heim im Ziegeleiweg 9 b in der Nähe von Vegesack zu verbringen.

Von »Stahmers Feld« nach Hohenstein über Hersbruck

Nach ungefähr einem Monat Aufenthalt bei den Stahmers teilte ich ihnen mit, ich reiste bald ab, um einige von Rosenstock-Huessys Studenten in einem work camp in Bayern zu treffen. Ich äußerte den Wunsch, ein fahrtüchtiges Fahrrad zu erwerben, welches mich dorthin tragen solle. Wiewohl Fahrräder normale Transportmittel vor Ort waren, überraschte ich meine Verwandten mit meiner Ankündigung, per Fahrrad reisen zu wollen statt mit dem Zug oder mit dem Bus. Lüder half mir, ein geeignetes Fahrrad ausfindig zu machen und zu erwerben. Es sah den heute populären Mountainbikes so unähnlich nicht. Nach einem tränenreichen Abschied verließ ich eines schönen Tages den Ort, mit einem Rücksack und einer tragbaren Schreibmaschine auf dem Gepäckträger. Bremen war damals Teil der amerikanischen Besatzungszone, als ich aber dann südlich Hannover auf dem Wege nach Hannoversch-Münden war, um andere Verwandten, die Rebetjes, zu besuchen, kam ich in die britische Besatzungszone. Dort übernachtete ich in einer Jugendherberge. Wegen der Sommerhitze stand ich immer so früh wie möglich auf, um noch von der morgendlichen angenehmen Kühle zu profitieren. Zwei Tage später und nach 600 Kilometern verließ ich die Jugendherberge südlich von Fulda, nahe der russischen Grenze und gelangte wieder in die Amerikanische Besatzungszone. Mein Ziel war Würzburg, Heimatstadt des berühmten Holzschnitzers Tilman Riemenschneider, aber auch Heimatort eines engen Freundes und früheren Mitarbeiters von Eugen Rosenstock-Huessy – des Schriftstellers Leo Weismantel. Kein Lüftchen wehte, und ich kam gut vorwärts, als ich eine Autostraße entlangfuhr, die von Kornfeldern gesäumt wurde.

Plötzlich schrie eine Stimme, die von irgendwoher herkam: »Halt!« Ich hielt an, schaute mich um, sah aber niemanden und dachte, ich hätte nicht mehr alle beisammen, fuhr wieder los, aber sofort erklang dieselbe Stimme: »Goddam it, I said halt!« (»Verdammt noch mal, ich sagte: ›Halt!‹«- A.d.Ü.) Ich sah über meine rechte Schulter amerikanische Soldaten in Kampfanzügen, die zu mir aus den Kornfeldern herauskamen und Maschinengewehre des Kalibers 50 trugen. Der kommandierende Sergeant der Truppe fragte mich, ob ich Englisch verstünde, hieß mich, mich auszuweisen, und fragte mich, als ich nach meinem Paß suchte, wie ich es geschafft hätte, durch die Kontrollen zu kommen. Er sagte mir, Panzermanöver seien für die nächsten drei Stunden angekündigt und ich solle umkehren und einen Umweg fahren, was mich aber mehr als 80 km nach Würzburg gekostet hätte. So sagte ich zu ihm: »Haben Sie ein Herz, Sergeant, ich bin Amerikaner, und ich bin außerhalb der Zone, wenn die Manöver beginnen. Bitte, lassen Sie mich weiterfahren!« Er schien unerbittlich und barsch und fragte mich, als er meinen Paß aufschlug, in einem mißfälligen Tone: »Wo genau in Brooklyn sind Sie geboren?« Er verhörte mich dann nach meiner Adresse und befahl mir, ich solle ihm exakt sagen, wo die »Hawthorne Street« in bezug auf meine Adresse denn liege. Ich antwortete ihm, diese liege bloß einen Straßenzug weiter. Dann fragte er mich nach meiner Grundschule und wo diese liege. Auch dies beantwortete ich korrekt, sie lag an der Rogers Avenue, P.S. 92, sieben Blocks entfernt, woraufhin er breit lachte, mir auf die Schultern klopfte und erzählte, daß wir Nachbarn seien, denn 145 Hawthorne Street sei seine Heimatadresse!

Als er dann noch herausfand, daß wir einige derselben Grundschullehrer gehabt hatten, sah die Welt plötzlich ganz anders aus! Er befahl einem Korporal, einen Jeep zu holen, packte mein Fahrrad hinauf, sagte mir, ich solle hineinspringen, teilte dem Korporal mit, wir seien Nachbarn in Brooklyn und er bringe mich nun zur Feldküche, die getarnt am Rand eines kleinen Wäldchens lag, wo ich esse dürfe, soviel ich wolle. Im Rückblick war es dieser Biwak-Ort, wo ich als jemand aus New York zum ersten Mal die Erfahrung von Rassendiskriminierung machen mußte. Schwarze Soldaten und ihre Panzer lagerten auf einer Seite der Autostraße, die weißen und ihre Ausrüstung lagerten auf der anderen Seite. Der Korporal ließ mich essen, was ich wollte, befahl dem Koch, Sandwiches für mich zu machen, packte mich und mein Fahrrad wieder in den Jeep und fuhr mich stracks zu meinem Zielort Würzburg, welches wir nach ungefähr eineinhalb Stunden mit dem Jeep erreichten. Im Sinn zu behalten ist, daß dies alles nur deshalb geschah,

»Nach der Arbeit sollst du ruhn ...«, einige der Teilnehmer des Arbeitscamps 1951 in Hohenstein

weil ich in *Brooklyn, New York*, geboren und aufgewachsen war. Dieser Stadtteil ist auch bekannt unter dem Namen *Kings county*, einem von den fünf Stadtvierteln New Yorks, übrigens auch die Heimat der *Brooklyn Dodger* Baseball-Spieler, die auf dem *Ebbets Field* spielten, welches elf Blocks von meiner Heimatwohnung entfernt lag! Bis heute glaube ich, wie der Präsidenten-Historiker und Biograph Doris Kerns Goodwin, daß geheime Bande die Leute verbinden, die in Brooklyn geboren und aufgewachsen sind; insbesondere gilt dies für alle Dodger Fans.

Unser kleines internationales *work camp* von 7 bis 10 Leuten befand sich im Erdgeschoß der teilweise restaurierten Ruinen von Schloß Hohenstein, nördlich von Hersbruck, welches westlich Nürnbergs, der Stadt Albrecht Dürers, liegt. Eine 2 Personen U.S.- Army Radio-Station hatte zusammen mit ihrem deutschen Schäferhund die oberen Etagen des Schlosses in Beschlag genommen. Eine wunderbare ältere französische Dame, Madame Rohr, die von den work camp-Begründern und Leitern Dick McFalls und Bob Heath, beide frühere Veteranen und Dartmouth-Studenten Eugen Rosenstock-Huessys, angeworben worden war, kochte und sorgte für uns. Unsere Tagesroutine wurde von zwei Arbeitsschichten bestimmt, die eine früh am Morgen, die andere am Nachmittag, jede bestand aus drei bis fünf Personen, die zwischen drei, sechs oder acht Kilometer marschieren mußten, um zu ihren Bauern in den umliegenden Dörfern zu gelangen, denen sie beim Wiederaufbau ihrer Häuser und Bauernhöfe halfen, und dadurch einen neuen Sinn menschlicher Solidarität entwickelten. Nach sehr kurzer Zeit gewann unsere Gruppe, die aus jungen Deutschen wie Christoph von dem Bussche aus Hannover, einem Franzosen, zwei Dänen und einem verheirateten amerikanischen Paar bestand, die Achtung und Zuneigung unserer deutschen Freunde; wir alle wurden als Familienangehörige angesehen und in die Dorffeste einbezogen.

Von Schloß Hohenstein zur Abtei Maria Laach

Kurze Zeit nach dem Fest der Hopfenernte erreichte mich ein Brief vom Pater Abt, der mir mitteilte, wegen der Kürzungen der Benzinzuteilung sowie anderen wirtschaftlichen Knappheiten müsse er leider seine Einladung an mich, ein Jahr in Maria Laach zu verbringen, rückgängig machen. Voller Enttäuschung, Ungewißheit und Angst schrieb ich sofort an Rosenstock-Huessy und suchte seinen Rat. Seine Antwort lautete, ich solle meine Siebensachen packen und nach Laach reisen und solange vernehmlich an die Tür klopfen, bis man mir Eintritt gewähre, und ich solle darauf vertrauen, daß diese meine Kühnheit einen Sinneswechsel beim Pater Abt bewirke und ihm seinerseits auferlege, seine Rücknahme wieder zurückzunehmen.

Als Eugens Brief eintraf, hatten wir gerade das Hochschleppen von Kohlesäcken beendet, auch um bei uns und Madame Rohr für den kommenden Winter gerüstet zu sein. War ich nun müde und zerschlagen, oder war's wegen anderer Ursachen, ich bekam

jedenfalls Fieber und zeigte Symptome von Durchfall. Nichtsdestoweniger packte ich sofort, inspiriert durch seinen Brief und zwei seiner Merksätze – *Respondeo etsi mutabor!* (»Ich muß antworten, selbst wenn ich daraus als total Gewandelter hervorgehe«) und *Make bold to be ashamed!* (»Zeige Mut, selbst wenn es Dich beschämen sollte«) – meinen Rucksack, lud meine Schreibmaschine auf mein Fahrrad, und ab ging die Post früh am Morgen zum Dorf, wo ich den Bus nach Hersbruck nahm und von dort den Zug nach Nürnberg, wo die Einwohner alles Erdenkliche unternahmen, um sich von den Kriegsschäden zu erholen. Aus diesem Grunde versandte ich mein Fahrrad zu meinem Neffen Lüder Stahmer in Grohn, ich aber nahm den nächsten Zug nach Koblenz, welches in der französischen Besatzungszone lag. Unterwegs würde es sicherlich routinemäßige Ausweis- und Identitätskontrollen durch die Militärpolizei geben. Damals jedoch garantierte ein US.-Paß, daß man von solcherlei Kontrollen, also von persönlichen Ausfällen und anderen gefühlsmäßigen Herabwürdigungen und Inkonvenienzen, ausgenommen war.
Koblenz erreichte ich am frühen Abend. Mit einem Nahverkehrszug ging es links des Rheins entlang nach Andernach. Da ich die Fahrpläne und -routen nicht kannte, mußte ich dann feststellen, daß ich den letzten Postbus nach Maria Laach verpaßt hatte. 25 km durch die bergige Eifel lagen aber noch vor mir! Da ich mir kein Taxi leisten konnte, auch keine Übernachtung in Andernach, marschierte ich in Richtung Laach los, in der Hoffnung, daß mich ein vorbeikommendes Fahrzeug schon mitnehmen würde. Diese Hoffnung trog! Es war eine schwarze Nacht, außerdem – was die Lage nicht gerade besser erscheinen ließ – waren der Dialekt der Leute und ihre Sitten ganz anders als die, mit denen ich in Bremen und Bayern vertraut geworden war. Selbst das Gelände war mir gänzlich unbekannt, und mir kam es dauernd so vor, als kreuzten vor mir Hirsche und Eber und anderes wildes Getier die Straße und machten sich geräuschvoll bemerkbar in dem Wald und im Gebüsch neben meiner Straße. Meine erste Begegnung mit einem menschlichen Wesen hatte ich mit einem Förster auf einem Fahrrad, der eine olivgrüne bis gräuliche Uniform trug und ein auf dem

Rücken geschultertes Gewehr. Er fragte mich, wer ich sei und wohin ich unterwegs sei. Ich antwortete ihm brav, woraufhin er mir Glück wünschte und sagte, ich hätte noch 14 Kilometer vor mir – und fuhr davon. Ungefähr zwei Stunden später, müde, fiebrig und immer noch mit den bekannten Symptomen, hörte ich ein näherkommendes Motorrad, stellte mich ziemlich verzweifelt mitten auf die Straße und winkte wild, es möge anhalten, was es auch zu meiner Überraschung und Erleichterung tat. Im besten Deutsch, dessen ich fähig war, sagte ich ihm, mir gehe es nicht gut, und bot ihm zehn Mark, wenn er mich mit meinem Rucksack und meiner Schreibmaschine nach Laach fahre. Zuerst schien er dem abgeneigt, dann aber schien ihm das Geld seine Unannehmlichkeit aufzuwiegen; er willigte ein, und nach 5 Minuten schon hatte ich die restlichen drei Kilometer hinter mir und stand nun vor dem Haupteingang der Abtei von Maria Laach.

Laachs Pförtner – Bruder Tiburtius, O.S.B., und der Gastpater – P. Chrysostomos Dahm, O.S.B.

Es muß wohl so gegen halb zwölf gewesen sein, als ich an der Eintrittspforte von Maria Laach klingelte. Die Nacht war von einem typischen naßfeuchten Eifel-Nebel verhangen, die Abtei und die ganze Umgebung waren in eine vollkommene Stille eingehüllt. Auf mein Klingelzeichen ging über der Pforte ein kleines Licht an, und zu meiner Rechten öffnete sich eine kleine fensterartige Tür, und der Pförtner, ein dünner, rosagesichtiger Bruder mit einem schmalen weißen Bärtchen lehnte sich hinaus und fragte mit ruhiger Stimme: »Was möchten Sie?« »Ich möchte herein, ich bin der Amerikaner!« Seine Augen weiteten sich vor Erstaunen, und sein Gesichtsaudruck schien zu sagen , daß er etwas von den Gerüchten über einen jungen amerikanischen Protestanten vernommen haben könnte, dem die Gemeinschaft zuerst einen Aufenthalt eingeräumt, danach ihn aber davon informiert habe, er solle doch nicht kommen. Er öffnete dann die Haupttür und geleitete mich durch eine Reihe von Schwingtüren zur Tür eines Sprechzimmers, rechts vom Hauptweg gelegen. Er erkundigte sich, ob ich hungrig sei. Allerdings. Er bat mich, es mir gemütlich zu machen, während er ging, um den Gastpater zu benachrichtigen und Tee und Brot zu machen. Als ich den Korridor zum *Sprechzimmer* betrat, so erinnere ich mich jetzt noch lebhaft eines mich plötzlich überwältigenden fremdartigen Geruchs, woraufhin ich sofort sah, daß der Boden von müden Menschen belegt war, zumeist von Flüchtlingen, die schliefen. Auch diese müden, hungrigen Reisenden hatte das Wort erreicht, die Klöster in ganz Europa würden ihrer Tradition gemäß ihre Pforten öffnen, um den Hungrigen etwas zu essen zu geben und bis zu drei Tagen auch Logis gewähren. Ungefähr eine Stunde später, es war nun schon nach Mitternacht, klopfte ein freundlicher, rotwangiger leicht fülliger Mönch an die Tür des Sprechzimmers, trat ein und stellte sich selber vor: »Herr Stahmer, ich bin der Gastpater, Pater Chrysostomos.«[166]

Als wir später gute Freunde geworden waren, sagte er mir, der Pater Abt habe ihm diesen besonderen Klosternamen wegen seiner außergwöhnlichen Gesangsstimme verliehen, denn *chrysostomos* bedeute im Griechischen goldene Kehle. Später entdeckte ich, daß er auch ein sehr guter Fotograf war, mit besonderen Interessen für orthodoxe Klöster in Griechenland und Rußland. Während ich den Brötchen, Schinken und Käse zusprach, die Bruder Tiburius gebracht hatte, fragte mich Chrysostomos, wie ich dazu gekommen sei, trotz der Ausladung des Pater Abtes nach Maria Laach zu reisen. Als ich ihm erzählte, mein Lehrer Rosenstock-Huessy habe mir geraten, so zu verfahren, trotz dem Vater Abt, legte er eine Pause ein und fragte dann in einem wärmeren Ton: »War Rosenstock-Huessy nicht der enge Freund des schlesischen Priesters Joseph Wittig, der in Neusorge, Schlesien, gelebt hat, dann exkommuniziert worden ist, danach geheiratet und vier Kinder bekommen hat, und dessen Exkommunizierung dann von Papst Pius XII. aufgehoben worden ist?« Er fragte dann, ob er sich richtig erinnere, wenn er meine, Wit-

[166] [Zu Pater Chrysostomus, O.S.B. (1912-1976) vgl. Joseph Wittig, *Kraft in der Schwachheit – Briefe an Freunde*, hrsg. von Gerhard Pachnicke unter Mitwirkung von Rudolf Hermeier, Moers: Brendow Verlag 1993. A.d.Ü.]

tig und Rosenstock seien die beiden Verfasser einer dreibändigen Verteidigungsschrift von Wittigs kontroversen Schriften zur Kirche gewesen, deren Titel *Das Alter der Kirche*[167] gelautet habe?
Er erzählte, daß er während des 2. Weltkrieges eingezogen worden sei, ihm aber nicht erlaubt worden sei, da er Mönch und Priester war, Militärseelsorger, also Offizier, zu werden. Statt dessen bestellte man ihn zum Schulleiter in Neusorge, in Schlesien, auf den die Wittig-Kinder warteten. 1945 habe er dann die Bekanntschaft der Familie gemacht, als er erfuhr, daß alle vier Wittig-Kinder nicht in der Schule waren, weswegen er die Familie besuchte, um nach dem Grund zu fragen. Er erfuhr dann, daß die Russen im Verlauf ihrer Plünderungen auch in das Haus von Wittig eingedrungen seien und aus ihm bis heute unerfindlichen Gründen Wittig in einen Teppich eingerollt und ihn gnadenlos mit ihren Knüppeln geschlagen und ihm ernste körperliche Verletzungen zugefügt hätten. Nun habe er der Familie offenbart, daß er Priester und Mönch sei und versuchen werde, Anca und Joseph Wittig und die Kinder zu trösten.
Nachdem er mit mir diese Erinnerungen ausgetauscht hatte, fühlte ich, daß seine Haltung mir gegenüber freundlicher und aufgeschlossener war. Nunmehr erkundigte er sich interessiert nach meinem persönlichen Hintergrund und hörte, trotz der späten Stunde, aufmerksam meiner Geschichte zu. Schließlich sagte er, wir beide hätten unseren Schlaf nun nötig und geleitete mich aus dem Sprechzimmer, wobei er, so gut wie es ihm möglich war, vermied, die im Korridor schlafenden Flüchtlinge zu berühren, und brachte mich die Treppe hoch zum Gästeflügel des Klosters. Am Ende der Halle stand eine lebensgroße weiße Mamorstatue der Heiligen Mutter Gottes, wo Pater Chrysostomos hielt, mir bedeutete hinzuknien, um ihr in einem Gebet für meine Ankunft Dank zu sagen. Es müssen wohl – trotz meiner offenen Art für neue Begegnungen – meine prostestantisch-methodistischen und elterlichen deutsch-lutheranischen Gene gewesen sein, die für einen Augen-

[167] E. Rosenstock und Joseph Wittig, Das Alter der Kirche, 3 Bde. Berlin: Lambert und Schneider 1927-1928; Neuauflage München: Klaus Boer Verlag 1996.

blick aufmüpfig mir versagen wollten, der Bitte des Paters zu entsprechen. Trotzdem, bei Betracht der Umstände, willigte ich dann doch ein, wahrscheinlich aus Hochachtung vor dem Merkspruch, der, sicherlich hier besser als irgendwo anders, beherzigt werden kann: »Weilst du in Rom, verhalte Dich wie die Römer!« Ich kniete nieder und betete aus ganzem Herzen, daß sich doch für mich ein Weg finde, in der Abtei zu bleiben.

Herr Frühstück, Frühstück und die Schlesischen Benediktiner-Nonnen

Um 3 Uhr nachts ließen mich die Glocken der Abtei, die durch mein Fenster klangen, aus dem Bett hochfahren. Der Morgen war kalt, und die Sonne schien noch lange nicht. Ich stand auf, goß etwas Wasser aus einer Kanne in eine Schüssel, rasierte mich, zog mich an und wartete nun auf jemanden, der mir sagte, wie es weiterginge. Ich war so helle, sofort bemerkt zu haben, daß man sich nur mit einem Schlüssel, den jeder Mönch bei sich führte, durch die Abtei bewegen konnte. Pater Chrysostomos kam zur rechten Zeit und führte mich treppabwärts ins Gästerefektorium, welches um die 50 Personen aufnehmen konnte. Von dort hinaus gelangte man in einen herrlichen Garten und zum Parkplatz. An jenem Morgen war nur noch ein anderer Gast anwesend, ein hagerer älterer Mann, offensichtlich ein Akademiker, ein Kleriker oder eines ähnlichen Berufes, der sich sofort erhob, die Hacken zusammenschlug, seine Hand ausstreckte und sagte: »Frühstück!«
Wohl wegen meiner mangelnden Deutschkenntnisse oder meiner Unwissenheit gesellschaftlichen Umgangsformen gegenüber wußte ich nun gar nicht mehr, wie ich mich verhalten sollte. Mir war klar, daß er laut und vernehmlich das deutsche Wort für ›breakfast‹ ausgesprochen hatte, aber wie befremdlich war die Art und Weise, wie er es mir vorgestellt hatte! Da ich nicht wußte, was ich tun sollte, ergriff ich seine ausgestreckte Hand, stellte mich mit meinem Namen vor, setzte mich und begann, die Brote, Schinken und Käse, das gekochte Ei und den heißen Kaffee mir schmecken zu lassen,

Angekommen: der Autor, Harold Stahmer, fand nach einer abenteuerlichen Reise seinen Weg nach Maria Laach

was alles zu meiner Überraschung von einer jungen Nonne in einer hellblauen und weißen Tracht hereingebracht wurde. Von Pater Chrysostomos sollte ich bald erfahren, daß diese Nonnen Mitglieder eines Konvents in Polen gewesen waren, der von den Russen überrollt worden war. Maria Laach hatte ihnen zeitweilig Zuflucht gewährt, eine Hilfe, die man in Maria Laach der Überlieferung halber und wegen des 2. Weltkrieges gerne gewährte.
Ein Grund dafür, weswegen die Abtei während des Krieges keinen größeren Schaden erleiden mußte, war der, daß es zuerst für die Deutschen, danach für die Amerikaner als Militarlazarett diente. Als Gegengabe für die ihnen gewährte Zuflucht waren die Nonnen sowohl für die Verpflegung und Sorge für die Gäste der Abtei als auch für die anderen Haushaltstätigkeiten, denen Pater Abt und Mutter Oberin zugestimmt hatten, verantwortlich. Zwei liebliche Nonnen, deren demutsvolle schlesischen Hintergründe ich bald kennenlernte, widmeten sich mit großer Freude der Reinigung meines Raumes und adoptierten mich alsbald. Meine Favoritin war die jovialere und offenherzigere der beiden, Schwester Utimia, die

schnell dafür sorgte, daß ich einen oder zwei Blumentöpfe hatte, rote Geranien, die von der Fensterbank aus meinen Raum erleuchteten.

Möglicherweise war ein Faktor der Hingabe und Aufmerksamkeit der Nonnen mir gegenüber, daß niemand jemals zuvor irgendwelche Kontakte mit einem *Amerikaner* hatte, noch weniger die Verantwortlichkeit für seinen Raum. Von meinem Fenster hatte ich einen wunderbaren Blick auf den Weg, auf dem man sich aus nordwestlicher Richtung der Eintrittspforte der Abtei näherte, zugleich auch auf den Westeingang dieser berühmten deutschen romanischen Kirche, welche man durch das wunderschöne Paradies-Tor, in der Mitte mit dem beeindruckenden Löwen-Brunnen, betrat.

Zurück aber zu meinem Frühstück-Ereignis mit »Herrn Frühstück«, welches andere Begegnungen und Ereignisse zur Folge hatte und auf mein persönliches und berufliches Leben einen außerordentlichen Einfluß ausüben sollte. Alle anderen Gäste hatten schon gefrühstückt, und wir saßen nun allein in der Eßhalle und begannen, uns über unser Leben zu unterhalten. Ich skizzierte kurz die Umstände, die zu meiner Anwesenheit in der Abtei geführt hatten. Als Herr Frühstück den Namen von Rosenstock-Huessy hörte, erzählte er, daß ein junger Freund von ihm, Konrad Thomas, der damals Musik studierte, ebenfalls Maria Laach besucht und im Verlaufe ihrer Unterhaltungen Rosenstock-Huessys Namen und den Namen des jüdischen Religionsphilosophen und Verfassers von *Ich und Du*, Martin Buber, erwähnt habe. Sie beide, Konrad Thomas und er, würden einen Mönch hier in der Abtei mit Namen Pater Caesarius kennen, der mit manchen Schriften Rosenstock-Huessys vertraut sei, darüber hinaus auch mit Franz Rosenzweig (1886-1929), dem anderen großen jüdischen Philosophen des 20. Jahrhunderts, dem Freund Martin Bubers. Pater Caesarius jedoch sei ein Bewunderer und großer Schüler Bubers. Am Ende unserer Frühstücksunterhaltung sagte Herr Frühstück, es sei wichtig, daß ich Pater Caesarius kennenlerne, und er werde alles in die Wege leiten, daß dieser mich einmal in meinem Zimmer besuche.

Ein Gottesdienst in Maria Laach. Im Vordergrund sitzen die Brüder, während die Pater sich hinter der Kanzel versammeln.

Danach ging ich in die Abteikirche, wo die Mönche gerade die *Prim* feierten, den ersten Gottesdienst des Tages, die auf *Matutin* und *Laudes* folgte. Während dieser *Prim* hörte ich zum ersten Mal antiphonischen Chorgesang und zum ersten Male auch die ersten Verse von Psalm 70, die jedes Stundengebet sechsmal während des Tages eröffneten. Nach dem Eintritt jeweils zu zweit in das Chorgestühl, welches den Altarraum abgrenzte, verharrend in stillem Gebete, standen nun alle versammelt, auf der linken Seite, dem Altar zugewendet, der Pater Abt, der nun den ersten Halbvers des 17. Psalmes intonierte – »*Deus in adjutorium meum intende*« (»O Gott, komm mir zu Hilfe!«), worauf Pater Prior von gegenüber mit dem zweiten Halbvers erwiderte – »*Domine, ad adjuvandum me festina*« (»Herr, eile, mir zu helfen«). Damals, 1951, feierten ungefähr 60 Mönche regelmäßig die sieben täglichen Stundengebete mit Gregorianischem Gesang, zusammen mit ungefähr 90 Laienbrüdern, von denen jedem eine bestimmte Aufgabe oblag und die ihre Mitbrüder in die Kirche begleiteten, um *Vesper* und *Komplet* zu feiern.

Pater Karl Johannes Caesarius Lauer, O.S.B.

Nach den Chorgebeten kehrte ich in meinen ungefähr 16 qm großen Raum zurück und erwartete Pater Caesarius' Besuch. Mich beschlich eine tief empfundene Angst, die wohl aus der Ungewißheit herrührte, wann er mich denn nun besuche, aber auch aus der Ungewißheit über meine Zukunft. Außerdem verfügte ich über keinen Schlüssel, um mich in der Abtei zu bewegen, was mich wirklich sehr frustrierte, denn ich war ein in meinen Raum und in die Gänge des Gasttraktes eingeschlossener Gefangener.

Ungefähr eine Stunde später, um 10:30 am Morgen, klopfte es. Ich öffnete. Vor mir stand ein stattlicher Mönch, damals 36 Jahre alt, mittlerer Größe, von drahtiger Gestalt, um sich die Aura einer dichten Serenität, der sich mit den Worten vorstellte: »Grüß Gott, Herr Stahmer! Ich bin Pater Caesarius!« Dann wechselte er ins Englische und sagte, Herr Frühstück habe ihm gesagt, wir müßten uns kennenlernen. Nach einer einstündigen angeregten Konversation, während der er erwähnte, daß er mit Buber im Briefwechsel stehe und dieser ihn zu Anfang des Jahres in Maria Laach besucht habe, entschuldigte er sich, als das Geläut die Mönche in die Kirche rief, um die *Non* zu feiern, was gewöhnlich 20 Minuten dauerte. Als er mich verließ, fragte er mich noch, ob ich etwas benötigte. Ich erwiderte ohne Umschweife: »Ja, einen Schlüssel für die Abtei!« Am Nachmittag, nachdem er die *Sext* gefeiert hatte, kehrte er zu mir zurück, überreichte mir den Schlüssel, den er von Pater Chrysostomos erhalten hatte, und wir unterhielten uns weitere zweieinhalb Stunden lang, bis die Glocken wieder die Gemeinschaft zum Gebet zusammenrief, dieses Mal zur *Vesper*.

10 Tage später kam Pater Caesarius wiederum zwischen *Vesper* und dem leichten Abendessen zu mir und teilte mir mit, daß der Abt, Pa-

ter Basilius Ebel, die Erlaubnis erteilt habe, daß ich mich weiterhin in Maria Laach unter Aufsicht Pater Caesarius' aufhalten dürfe. Er vertraute mir auch an, daß der wirkliche Grund, weswegen er in jenem Brief abgelehnt hätte, der gewesen sei, daß er nicht einfach einem jungen Amerikaner gestatten könne, sich in einem Kloster frei zu bewegen und leben, ohne daß jemand die Verantwortung für sein Wohlleben und für seine Ausbildung übernehme.

Nach Kenntnis meiner Familiengeschichte, auch der, daß ich Schüler von Rosenstock-Huessy gewesen war, nach unseren anregenden Gesprächen und unserem warmen Verhältnis zueinander, welches sich schnell eingestellt hatte, war Pater Caesarius zum Pater Abt gegangen und hatte ihm gesagt, er übernähme die Verantwortung der Aufsicht auf die Dauer meines Aufenthalts, und erbat seine Zustimmung, in der Abtei wohnen bleiben zu dürfen.

Im Rückblick ist mir klar, daß Pater Caesarius in mir den passenden Geist gefunden hatte, mit dem er über seine persönlichen, sozialen als auch beruflichen und kirchlichen Beschäftigungen mit den Schriften von Buber, Rosenstock-Huessy, Rosenzweig, aber auch von Ferdinand Ebner (1882 – 1931) sprechen konnte, dem österreichischen Schriftsteller und dialogischen Denker, den man zu Unrecht – trotz Bubers Vertrautheit mit Ebners Schriften und dessen Wirkungen auf ihn – einen »römisch-katholischen Martin Buber« nennt.

Pater Caesarius wurde als Karl Johannes Lauer, Sohn von Eberhard und Luise Castor Lauer, am 14. September 1915 in Oberwesel am Rhein geboren. Dies ist ein kleiner, weinproduzierender Ort, linksrheinisch gelegen, südlich von Mainz, im Herzen des historischen deutschen katholischen Rheinlandes. Er war das zweitjüngste Kind in einer Familie von zwei Schwestern und drei Brüdern.

Obwohl seine Familie dem Nationalsozialismus nicht wohlgesonnen war, mußte er bei öffentlichen Anlässen, wie seine anderen Schulkameraden auch, die braune Uniform und das Hakenkreuz-Armband tragen. Seinen ersten Blick auf Hitler konnte er werfen, als er und seine Schulkameraden gezwungen wurden, in bestimmten Zeitabständen in der heißen Sonne als Ehrenspalier zu stehen, um Hitler und sein Gefolge zu grüßen, als diese im offenen Wagen auf der Autobahn entlang des Rheines am Fuße Oberwesels vorbeifuhren. Während eines Besuches in Laach nach Caesarius' Tod sagte mir einer seiner Mitbrüder über die Zeit, als Hitler auf öffentlichen Versammlungen in Mainz und Koblenz sprach, und über den jungen Gymnasiasten Karl, daß dieser derart über das, was Hitler sagte, in Rage geriet, daß er mit überschlagender Stimme ausrief: »*Der Kerl ist verrückt!*« Er wurde sofort festgenommen und entging nur dadurch dem Gefängnis, weil ein Verwandter, der den Parteifunktionären bekannt war, intervenierte und seine Freilassung erreichte.

Hitler, die Kristallnacht und Rabbi Alfred Gottschalk

Caesarius' schlechte Erinnerungen an den Nationalsozialismus und insbesondere dessen Antisemitismus begannen, als sein Vater, ein Zollinspektor im mittleren Dienst, erfuhr, daß die Nazis gerade das Heim der einzigen in Oberwesel seßhaften jüdischen Familie am Abend des 9. November 1938, die später als Kristallnacht bekannt wurde, angreifen wollten. Karl, der jüngste Sohn, wurde losgeschickt, sie zu warnen. So konnten sie entkommen. Ein Mitglied der Familie, dessen Leben an jenem Abend gerettet werden konnte, ist vielen der reformierten jüdischen Gemeinden bekannt: Alfred Gottschalk. Er wurde in Oberwesel 1930 geboren und ist heute Präsident des *Hebrew Union College – Jewish Institute of Religion,* Cincinnati, Ohio. In einer Gedenkrede zum 50. Jahrestag der Kristallnacht sprach Gottschalk die Erfahrungen dieser schicksalvollen Nacht an: »Für mich bleibt dieser Tag in der Erinnerung als Erinnerung eines 8jährigen deutsch-jüdischen Kindes, welches in Oberwesel im Rheinland lebte: Es war schwärzeste Nacht, der Wind heulte an der Tür, die Fenster schlugen, Schreie, dann tödliche Stille. Furcht und Verzweiflung griffen um sich. Bei Tage dann sahen die Juden die großen Verwüstungen, die bei allen jüdischen Gemeinden in

Deutschland festgestellt wurden. Mein Großvater nahm mich an der Hand, und wir eilten zu unserer kleinen Synagoge am Marktplatz. Sie war verwüstet. Die Tür war eingetreten, und drinnen herrschte eine unvorstellbare Dunkelheit und Verlassenheit. Das Gotteshaus war geteert worden, der Torah-Schrank (aron hakodesh) aufgebrochen, das Vorlesepult (bimah) in Stücke geschlagen. Die Bank, vor der ich mit meinem Vater und Großvater im Gebet immer stand, war umgestürzt worden. Plötzlich schrie mein Großvater: ›Wo sind die Torah-Rollen (Sifre Torah)?‹ In einem in den Rhein fließenden Bach fanden wir die Pergamentfetzen zusammen mit zerrissenen Gebetsbücherseiten. Mein Großvater watete in den Bach und reichte mir die Fetzen. Ich preßte sie an mein Herz.«[168]

Diese frühen Erinnerungen an Hitler-Deutschland, an seinen brutalen Antisemitismus und an die Weigerung der Amtskirchen, mit einer Stimme des Protestes und der Abwehr gegen Hitler zu sprechen, hatte tiefe und dauernde Wirkung auf Caesarius. Als er 1947 zum Priester geweiht wurde, übten diese Erfahrungen und Erinnerungen, zusammen mit denen des Krieges, großen Einfluß auf seine Gefühle aus, nicht nur gegenüber den Juden und dem Erbe des Judentums, auch in seiner Kritik und in seinen Fragen zu seinem eigenen religiösen Erbe und zur nationalen Erbschaft. Sein früherer Stolz auf das katholische Rheinland wurde dadurch schwer erschüttert. Nach seiner frühen Erziehung in Oberwesel, nach seiner Gymnasiumszeit in Koblenz studierte Caesarius Deutsche Literatur und Griechische Philologie in Bonn. 1935, zwei Jahre, nachdem Hitler an die Macht gekommen war, trat er als Novize in Laach ein. Der Aufstieg des Nationalsozialismus brachte eine Zeit, die für Maria Laachs Leitung sowohl politisch als auch kirchlich sehr schwierig werden sollte. 1937 bis 1939 studierte Caesarius am Collegium Pontificium St. Anselmo in Rom, wo begabte junge Benediktiner aus der ganzen Welt für ihre Lehrlaufbahn in Theolo-

[168] Alfred Gottschalk, »*The German Pogrom of November, 1938, and the Reaction of American Jewry*«, The Leo Baeck Memorial Lecture, Number 32, New York: The Leo Baeck Institute 1988, S. 4.

gie und Philosophie vorbereitet wurden. Als er gefragt wurde, ob er innerhalb des Ordens Philosophie, das heißt Scholastische Philosophie, lehren wolle, erzählte mir Caesarius, daß er seine rechte Hand zwischen sich selbst und seinem Oberen gehalten und mit bestimmter Stimme gesagt habe: »Non mihi placet!« (Das gefällt mir nicht!). Als Mönch war er überzeugt, daß das gelehrte wissenschaftliche Leben »ein Leben über Leben ist, aber nicht das Leben«, gänzlich unvereinbar mit seiner mönchischen Berufung. Als er aus dem Krieg nach Maria Laach zurückkehrte, wählte er in seiner Gemeinschaft den Dienst des Beichvaters für andere Brüder und den Dienst eines Bibliothekars. Er legte sein letztes Mönchsgelübde am 12. November 1939 ab. Er wurde benannt nach dem heiligen Caesarius von Arles (gest. 1543).
Dieser war ein berühmter französischer Benediktiner-Mönch, der für seine Zuwendung für die Armen und Erniedrigten bekannt war. Von Dezember 1939 bis zum Waffenstillstand 1945 wurden er und fünf andere Patres, Mönche, die für ihr Priestertum studierten, in die Wehrmacht als Offiziere ohne Befehlsgewalt eingezogen; in Übereinstimmung mit Hitlers Politik, Mönche davon auszuschließen, militärische Kombattanten oder Offiziere mit Befehlsgewalt zu werden. Caesarius diente als Arzthelfer in einer medizinischen Einheit an der polnischen, französischen und russischen Front. Während des Krieges erlitt er eine Schrappnellverwundung und verlor eine Niere. Dann wurde er zuerst in Berlin von den Russen aufgegriffen. Als ihre Garden entdeckten, daß er ein Mönch war, versuchten sie, ihm sein Leben leichter zu machen. Als er britischer Aufsicht überstellt wurde, beschenkten ihn seine russischen Ergreifer mit einer kleinen Ikone und einer Bienenwachskerze. Seine letzten sechs Kriegsmonate verbrachte er in einem britischen Gefangenenlager in der Nähe Hamburgs.

Wie Maria Laachs Glocken in die Abtei zurückkehrten

Die Geschichte seiner Rückkkehr nach Laach ist faszinierend. Als Caesarius erfuhr, daß es eine Munitionsfabrik in Hamburg gebe, in der Metalle geschmolzen wurden, um Geschoßhülsen und andere Kriegserzeugnisse herzustellen, erinnerte er sich, daß die herrlichen Glocken von Maria Laach zu dem Zwecke konfisziert worden waren, und er dachte, es könnte möglich sein, daß sie intakt in diesem Munitionsdepot lagerten. Er wies sich gegenüber seinen Bewachern als Mönch aus und überzeugte sie, ein Treffen mit dem britischen Lagerkommandanten zu vereinbaren. Als sich diese beiden Männer trafen, erzählte Caesarius von der möglichen Existenz der Glocken, wobei er schnell herausfand, daß der englische Colonel ein Anglikaner war, der Caesarius' Erregung, die Glocken könnten wiederaufgefunden werden, teilte. Am nächsten Tag wurde Caesarius von den Wachen in einem Jeep zum Colonel gefahren, den sie abholten, um dann zu jenem Munitionsdepot zu fahren. Nachdem sie alles untersucht hatten, fanden sie heraus, daß es unterirdische Lager gebe, die dem alliierten Bombardement entgangen waren.Genau da entdeckten sie die Glocken von Maria Laach. Unversehrt! Der Colonel war so glücklich über die Ereignisse, daß er Caesarius bat, als Übersetzer und Führer einer Gruppe von Männern und ihres Lkw zu dienen, die die Glocken nach Maria Laach fahren und dem Abt mit besten Wünschen übergeben sollten. Als alle Laach sicher erreichten, das in der französischen Besatzungszone lag, war der Jubel und die Freude der Gemeinschaft groß. Nachdem die Glocken offiziell der Abtei übereignet waren, überreichte der kommandierende Captain ein Dokument, welches von dem Colonel unterzeichnet war und erklärte, daß Caesarius nicht länger mehr Kriegsgefangener sei und er mit allem Respekt und der gebührenden Höflichkeit für Vertreter der Alliierten behandelt würde.

Von den 6 eingezogenen Mönchen wurden zwei während des Krieges getötet, drei weitere starben kurz nach ihrer Rückkehr nach Laach. Am 24. Juli 1947 wurde Caesarius zum Priester geweiht. Von 1948 bis 1952 nahm er als Priestermönch am Klosteleben von Maria Laach aktiven Anteil.

Das Leben in Laach mit Pater Caesarius

Während meines Aufenthalts in Laach besuchten wir uns meistens ein- oder zweimal jeden Tag. Morgens studierten wir gewöhnlich Latein, nachmittags vor der Vesper oder abends vor der Komplet diskutierten wir oder »lasen laut vor« – Texte von Buber, Rosenstock-Huessy oder aus der Buber-Rosenzweig-Übersetzung der Hebräischen Bibel mit ihrem einzigartigen hebraisierenden Stil.[169] Methodisch hatte für Buber und Rosenzweig ihr Verständnis vom Sinn der Schrift durch »lautes Vorlesen« seine Wurzeln in der jüdischen Tradition des Rezitierens und Singens bei öffentlichen Anlässen. Nach Everett Fox besteht der mündliche Zugang zur Schrift darin, daß er »den Leser langsamer werden läßt und ihm oder ihr Zeit und Raum einräumt, nach ungewöhnlichen Ausdrucksweisen, Emphasen und Textverknüpfungen zu schauen«. Dieser Zugang zum Lesen benötigt Buber zufolge eine »vollkommene Aufmerksamkeit«. Ihre »Übersetzung unterscheidet sich darin, daß sie beständig danach trachtet, einen gesprochenen heiligen Text hervorzurufen, einen Text, der durch den Leser und den Hörer ins Leben gerufen wird.(...) Buber und Rosenzweig wollten den biblischen Text von allen ›Fesseln‹ geschriebener Sprache befreien.«[170]

Schon während unseres ersten Treffens erwähnte Caesarius, daß er und Buber miteinander im Briefwechsel stünden. Bald erfuhr ich, daß er auch mit Walter Dirks und Dr. Eugen Kogon, den Herausge-

[169] Vgl. Martin Buber und Franz Rosenzweig, *Die Schrift und ihre Verdeutschung*, Berlin: Schocken Verlag 1936. Jetzt auch auf Englisch in der Übersetzung von Lawrence Rosenwald in Zusammenarbeit mit Everett Fox, *Scripture and Translation*, Bloomington & Indianapolis: Indiana University Press 1994.

[170] A.a.O., S. XV-XVI. Vgl. auch Michael Fishbane, *The Garments of Torah*, Bloomington: Indiana University Press 1989, sowie Edward L. Greenstein, »*Theories of Modern Bible Translation*«, in: ders., *Essays on Biblical Method and Translation*, Atlanta: Scholars Press 1989, S. 85-118. Greensteins Essay diskutiert die Buber/Rosenzweig-Übersetzung aus der Perspektive »zeitgenössischer Übersetzungen«.

bern der *Frankfurter Hefte* korrespondierte, aber auch mit Romano Gurardini, Ernst Bloch, Leo Weismantel, Albert Scheitzer, mit dem protestantischen Bildhauer Ernst Gorsemann und, nach meiner Ankunft, mit Eugen Rosenstock-Huessy. Eines Abends, nach der Komplet, kam Caesarius in meinen Raum mit einem kleinen Radio und verkündete, daß wir nun den Mitschnitt eines Vortrages von Martin Buber hören würden.[171] Dies war das erste Mal, daß ich Bubers ruhigen Sprechstil hörte, der von einem Ton mystischer und prophetischer Gelassenheit oder Heiterkeit getragen war, ganz anders im Vergleich zu den wandlungsreicheren Tonfällen, die ich von Rosenstock-Huessys Vorlesungen im Ohr hatte. Caesarius übrigens war auf Bubers Besuch bei ihm in Laach zu Anfang des Jahres noch keinmal zu sprechen gekommen. Ich kann mich nicht erinnern, daß er jemals während meines damaligen Aufenthalts dieses Treffen erwähnt hätte. Erst in unseren Gesprächen im Jahr 1980 über ihren Briefwechsel sprach er darüber, aber auch dann eher beiläufig, wobei er den Eindruck hinterließ, daß dies zweifelsohne eine der auch persönlich wichtigsten Begegnungen seines Lebens gewesen sei, freilich eine, die er vorzog, im Persönlichen zu belassen. Aus seinen Briefen an Buber spürt man eine Art Vorahnung der Bedeutung, die dieser Besuch Bubers bei ihm hinterlassen sollte.

Die Montagnachmittage waren reserviert für lange Spaziergänge zusammen mit anderen Mitgliedern der Gemeinschaft. Der Fußweg rund um den Laacher See war der von uns bevorzugte Weg.[172]

---

[171] Vgl. **Briefe #22 LB** 18.12.1951.

[172] Die Abtei von Maria Laach gehört zur Diözese von Trier. Anfänglich hieß sie Abbatia S. Mariae ad Lacum (Abtei der Heiligen Maria am See) oder kurz »Laach« (See). Sie liegt in einer auch geografisch interessanten Gegend, nämlich in der Nähe des größten Sees der Eifel (ca. 16 qkm groß). Der gegenwärtige Name ist jüngeren Datums. Er ist bekannt seit dem 19. Jahrhundert, als die Abtei von den Jesuiten übernommen wurde. Sie richteten hier ihr Collegium Maximum ein – von 1863 bis 1872. Die Gegend um Laach wurde erstmalig wichtig im Jahre 1093, als der Pfalzgraf Heinrich II. aus dem Haus Luxemburg-Salm und seine Gemahlin Adelheid von Orlamünde den Plan zur Gründung einer Benediktinerabtei an diesem Ort faßten. Reich durch Stiftungen, wurde sie ein Ort des Lobpreises Gottes und die letzte Ruhestätte der beiden kinderlosen Gründer. Die anti-

Manchmal hörten wir, als wir nah an einer durch einen Holzzaun abgegrenzten Badestelle am See, die den Mönchen vorbehalten war, vorbeigingen, glückliche Stimmen und Geräusche, die selbst dem winterlich kalten, rauhen Eifelwetter trotzten. Manchmal konnten wir sogar den in ihren Holzkähnen fischenden Mitbrüdern zuwinken, die sich in der Mitte dieses Kratersees aufhielten. Die nächsten 11 Monate sollte ich in einem Eckzimmer in der zweiten Etage des Gästeflügels wohnen. Auf den zwei oberen Etagen gab es geräumigere Zimmer, wohl vorbehalten würdigeren Besuchern. Mein Tagesablauf wurde zumeist von dem Tagesrhythmus[173] der Gemeinschaft bestimmt.

Damals begann diese gewöhnlich um 3 Uhr 30 am Morgen mit dem Glockengeläut, das die Mönche zum Gebet rief. Ein Bruder klopfte dann zu dieser Zeit an meiner Tür und sagte: »*Benedicamus Domino*!«, worauf ich zu antworten hatte: »*Deo gratias*!«, er sagte nun: »*Et in eternum*!«, und ich erwiderte: »*Amen*!« Ich mußte mich dann in aller Hast waschen, rasieren und anziehen und zur *Matutin* eilen, die um 4 Uhr 15 begann, der dann die *Laudes* folgten, die von dem Tag und der Jahreszeit abhingen und gegen 6 Uhr 30 endeten. Im wesentlichen bestanden die *Laudes* aus den antiphonischen Gesängen der Laudate Psalmen, also den Psalmen 148, 149 und 150. Der Überlieferung nach fällt die Zeit der *Laudes* zusammen mit den ersten Lichtstrahlen des neuen Tages, die durch die Glasmalereifenster in den Altar schienen. Als ich damals in Laach war, zelebrierten Chormönche, Priester, das *Heilige Tagewerk* (*Opus Dei*) oder die kanonischen *Stundengebete* siebenmal am Tag – *Matutin* und *Laudes* (4 Uhr 30 bis 6 Uhr 30), die *Prim*, diese aber nicht im Chor, sondern in der Abtei (7 Uhr 30), die *Terz*, gefolgt von der Heiligen

religiöse Französische Revolution führte zu einer zeitweiligen Schließung der Abtei von 1802 bis 1892. Nach diesen 10 Jahren der Nutzung durch die Jesuiten wurde die Abtei erst wieder 1892 eröffnet, als sie von der Benediktiner-Kongregation von Beuron zurückerworben werden konnte. Zu den bekannteren Äbten aus jüngerer Zeit gehören Willibrod Benzler (1893-1901) und Ildefons Herwegen (1913-1946).

173 [Vgl. jetzt G. Dohrn-Rossum, Die Geschichte der Stunde, München: Hanser 1992 – A.d.Ü.]

Messe (8 Uhr bis 9 Uhr 15), die *Sext* (11 Uhr 45 bis 12 Uhr), die *Non* (2 Uhr 30 bis 3 Uhr), die *Vesper* (von 6 Uhr bis 6 Uhr 30) und die *Komplet* (7 Uhr 45 bis 8 Uhr 15). Jede Hore begann, wie schon erwähnt, mit dem Pater Abt, der den ersten Halbvers von Psalm 70 »*Deus in adiutorium meum intende*!« intonierte, worauf der Pater Prior von der entgegengesetzten Seite mit dem zweiten Halbvers erwiderte »*Domine, ad adiuvantum me festina*!«

Da ich gerade von einem College kam, wo ich selten früher als 24 Uhr oder 2 Uhr morgens ins Bett kam, war es für mich äußerst schwierig, meinen Schlafzyklus auf dieses neue und gestrenge Regiment einzupendeln. Deshalb war ich sehr glücklich, daß St. Benedikt für solche Leute wie mich eine Hintertür offengelassen hatte. Im Kapitel 48 der *Ordensregeln des Heiligen Benedikt* (um 540) steht geschrieben: »Diejenigen, die nach der sechsten Stunde vom Tische aufstehen, mögen in ihren Betten bleiben, aber in völligem Schweigen.« Dies war nicht die einzige von mir geforderte Anpassungsleistung während dieser elf Monate. Eine andere, weit schwierigere und streßbetontere, bestand in einem gänzlich anderen sozialen Leben, welches das klösterliche Leben einem auferlegte. Diese Änderung bestand zunächst einmal darin, kein Wort Englisch mehr zu sprechen, keine Rundfunknachrichten mehr zu hören, keine Zeitungen zu lesen, kein Radio zu besitzen, keinen gesellschaftlichen Umgang nach außen zu pflegen, keine Frauen mehr zu treffen oder keinen Sport wie z.B. Handball, Skifahren und Schwimmen zu betreiben, nicht mehr ins Kino oder in Shows gehen zu können, selbst nicht einmal ein typisches amerikanisches Frühstück einnehmen zu können, welches aus Orangensaft, Schinken und Eiern, Toast und Marmelade, Kaffee oder einem Becher meines Lieblingseises mit Schokolade, marshmellow oder butterscotch sirup besteht.

Erwartungsgemäß war die Feier von Christi Geburt ein beeindruckendes und erhebendes Ereignis. Die Messe begann am Weihnachtsabend um 22 Uhr und endete um 1 Uhr 30. Da ich recht hungrig war, beschloß ich mich abzusetzen und ins nahegelegene

Laacher See Hotel zu gehen, welches Teil der Abtei ist. Dort bestellte ich ein Frühstück im amerikanischen Stil. Kurz nachdem ich gegen 3 Uhr in mein Zimmer zurückgekehrt war, kam Pater Caesarius herein, um mit mir Christi Geburt zu feiern. Aus einer alten Aktenmappe zog er die Bienenwachskerze und die kleine Ikone, die ihm seine russischen Ergreifer verehrt hatten, stellte sie zusammen mit der Buber-Rosenzweig-Schrift auf meinen Arbeitstisch. Nachdem er die Kerze angezündet hatte, rezitierte er Abendgebete; danach lasen wir laut aus dem Buch Jesaja vor. Anfang Januar teilte mir Caesarius mit, Pater Abt habe vorgeschlagen, daß er und ich zwei Wochen nach Baden-Baden fahren sollten, wo Caesarius eine Kur machen sollte, um seine Gesundheit zu erhalten. Unterwegs übernachteten wir im Haus der Lauers in der Simmerngasse 22 (heute Chablis Straße) in Oberwesel, wo Karls verehrte Lieblingsschwester, die Grundschullehrerin Katharina, lebte. Obwohl er allen Geschwistern sehr nahestand, vertraute er Katharina am meisten.

Während unseres Aufenthalts in Baden-Baden waren wir Gäste der Zisterzienser-Nonnen und ihres geistlichen Vaters, des Herrn Prälaten Maichle. Prälat Maichle war ein warmherziger, aufmerksamer Gastgeber, so daß wir uns alle drei bald sehr wohl fühlten. Das Essen wurde von Nonnen in einem kleinen Speisezimmer neben seinem Büro aufgetragen. Pater Caesarius und ich bewohnten Gästezimmer, die ansonsten reisenden Prälaten und anderen Hochwürdigkeiten vorbehalten waren.

Als verspätetes Weihnachtsgeschenk besorgte ich Karten für die *Fledermaus* in der Oper in der 1. Reihe Mitte, 1. Rang. Als wir zu unseren Plätzen gingen, zog, Caesarius in seinem schwarzen Priestergewand große Aufmerksamkeit des Publikums auf sich. Ein weiteres denkwürdiges und spaßiges Ereignis während unseres Besuchs in Baden-Baden geschah während einer Wanderung auf den Gipfel eines schneebedeckten Berges an einem sonnigen, freilich bitterkalten Tag. Als wir die Aussicht von unserem wunderbaren Aussichtsplatz genossen, sah Karl einen kleinen Jungen, der einen Schlitten zog und begrüßte ihn mit »Grüß Gott!«, worauf der Jun-

Pater Caesarius auf einem Berg in der Nähe von Baden-Baden, kurz bevor er – zum Erstaunen eines Jungen – auf einem Schlitten den Hügel hinunterraste.

ge mit »Grüß Gott, Herr Pater!« antwortete. Karl fragte dann diesen Jungen, ob wir seinen Schlitten ausprobieren dürften. Der arme Junge war nicht nur etwas überrascht, mehr noch, er war ein bißchen von dieser Bitte verwirrt, aber überließ uns doch den Schlitten. Wir setzten uns drauf, und ab ging's den Hügel abwärts, und alles endete in einer ausgelassenen Schneeballschlacht. Als wir wieder oben angekommen waren, Karl den Schlitten zurückgegeben und sich bedankt hatte, segnete er ihn. Als wir dann weitergingen und ich dann verstohlen über die Schulter zurückblickte, sah ich aus dem Gesichtsausdruck des Jungen, daß der noch nicht voll mitbekommen hatte, was ihm widerfahren war. Augenscheinlich sehen kleine Jungen Schlitten fahrende Mönche so oft nicht gerade.

Vor unserer Abreise fuhr Karl nach Freiburg, um Leo Weismantel zu treffen, und ich reiste nach Basel, um die Möglichkeiten zu erkunden, bei Oskar Cullmann zu studieren. Ich hatte sein Buch »*Christus und die Zeit*« (1948) gelesen und war sehr beeindruckt davon. Es bestätigte und erhellte meine neue Hochschätzung von »Zeit«, »Zeitigung« und »Timing«, die ich durch meine Studien bei Rosenstock-Huessy schätzengelernt hatte.
Mein Besuch verlief sehr erfreulich.Cullmann sprach in einem ruhigen Stil, dem gut zu folgen war. Er war an meiner Herkunft interessiert, auch sprachen wir lange über Rosenstock-Huessy. Cullmann lebte mit seiner Schwester in einem Gebäude für Theologiestudenten des Konviktes. Er lehrte in Paris und in Basel und gab regelmäßig Vorlesungen an beiden theologischen Fakultäten. Obwohl er an Ptosis litt, d.h. an hängenden Augenlidern, was das Tragen einer besonderen Brille erforderlich machte, die dies verhinderte, hielt Cullmann eine streng wissenschaftliche Forschung und Lehre aufrecht.

Dort traf ich auch zum ersten Mal einen von Cullmanns Oberassistenten, einen Amerikaner, sehr begabt, der dann später an der Yale Divinity School graduierte. Einige Tage später, ich lag im tiefsten Schlafe, klopfte an meine Tür die Dienst tuende Nonne und sagte, ein Amerikaner sei am Telefon, es sei dringend, daß er mit mir spreche. Ich sah auf meine Uhr, es war 10 Uhr abends. Ich zog etwas an, ging hinunter ins Büro, nahm den Hörer auf – es war mein Freund Peter aus Basel, der mich von einem nahen Hotel anrief und mir sagte, gleich würden er und seine Freunde vorbeikommen und mich abholen, um essen und einen trinken zu gehen. Meine Proteste überhörte er und sagte, wenn ich nicht in 5 Minuten erschiene, würden sie ihr Horn erschallen lassen und meinen Namen vor der Abtei laut ausrufen. Nachdem ich mich wie der Blitz angekleidet hatte, verbrachten wir den Abend in einem herrlichen am Fluß gelegenen Hotel, von wo ich bei Morgengrauen zurückkehrte. Um den Eindruck zu verschleiern, daß ich die ganze Nacht außer Haus gewesen war, gab ich vor, mich gerade für die Matutin angezogen zu haben, und ging direkt in die Kapelle, kniete zum Gebet nieder und fiel dabei sofort in Schlaf den ganzen Gottesdienst über. So viel zu meiner abschließenden Kur mit Pater Caesarius in Baden-Baden.

Eines Nachmittags, kurz nach unserer Rückkehr, ließ mich Pater Abt, Pater Basilius Ebel, zu sich rufen und versuchte, mich in die tieferen Mysterien des römisch-katholischen Glaubens einzuweihen. Wir setzten uns auf das Plüschsofa in seinem Büro, er zog ein viereckiges Stück heraus, auf dem konzentrische Kreise eingezeichnet waren, die die verschiedenen Ebenen und Grade des Verstehens und der Spiritualität repräsentierten, und begann die hingebungsvolle Pilgerfahrt vom rein verstandesmäßigen Verstehen bis zum höchsten Mysterium der Einheit und Vereinigung mit Gott im Gebet zu erläutern. Wir verbrachten eine höchst vergnügliche Zeit zusammen, obwohl ich, im Rückblick, doch sagen muß, daß er sehr schnell die großen Verschiedenartigkeiten unseres Herkommens und unseren Sprache begriff. Nichtsdestotrotz teilte mir Caesarius einige Tage später mit, daß der Pater Abt mich eingeladen hätte, ihn nach Mainz zu einem seiner gelegentlichen Besuche bei dem kommandierenden General der französischen Streitkräfte zu begleiten. Pater Abt trug sein goldenes Brustkreuz an einer Kette und seinen schwarzen breitkrempigen und goldbetreßten Hut, der ihn als geistlichen Führer und Vater dieser ehrwürdigen Kommunität auswies. Der Tradition zufolge war der Abt von Maria Laach einem Bischof gleichrangig. Wir wurden dorthin von einem Bruder der Abtei in einem schwarz glänzendem Mercedes gefahren. Der General und sein Stab empfingen uns freundlich, und bald bekamen wir Kaffee, köstliche Kekse und Pralinen. Zu Beginn unseres Gesprächs hatte Pater Abt dem General meinen Paß überreicht und um Hilfe ersucht bei den deutschen Stellen, damit diese meine Aufenthaltserlaubnis auf weitere 6 Monate, wie es das Gesatz befahl, verlängerten. Am Ende unseres zweistündigen Besuches überschüttete der Stab des Generals Pater Abt mit Geschenken wie Schokoladebonbons, französischen Weinen, Cognac, Eau de toilettes und Kaffee. Während unserer Rückfahrt tippte Pater Abt auf die Schulter des Bruders Fahrer, er solle an der Ecke des Marktplatzes von Koblenz vor dem Dom halten. Zuerst dachte ich, er wolle mir sicherlich den Dom zeigen. Irrtum! Er hatte einen fahrenden Imbißstand gesehen, an dem seine Lieblingswürstchen verkauft wurden. Als wir vor dem Verkäufer mit schlanker Gestalt standen, war er sehr überrascht, als dieser große, elegant gekleidete Mann in schwarzer Mönchsrobe mit goldenem Kreuz und weißen Handschuhen zwei Würstchen mit Brot bestellte. Nachdem er bezahlt und nicht vergessen hatte, ihm das Kreuz zu schlagen, stiegen wir wieder in unseren Wagen und aßen unsere herrlichen Würstchen auf der Fahrt nach Maria Laach.

Während meines neunmonatigen Aufenthalts gewann ich viele Freunde. Unter ihnen Pater Albert Hammerstede, ein sehr freundlicher Mann, ein Riese von Gestalt, der unter Abt Ildefons Herwegen Prior gewesen war und die Kriegsjahre an der St. John's Abbey in Collegeville, Minnesota (USA) verbracht hatte. Er besuchte mich öfters nachmittags, um in Erinnerungen an diese denkwürdigen Tage in den Staaten zu schwelgen und sein Englisch aufzufrischen, indem er die Zeitschrift life las und oft auf das Bild eines glänzenden Autos zeigte und mich fragte: »Harold, wieviel? Wie viele Dollars kostet dieser Buick da?«, wobei er das »i« betonte. Pater Hammerstede war ein politisch konservativer rheinländischer Katholik, der Besuchsklassen junger Leute zu sagen pflegte, die Zukunft der Menschheit würde von dem reichen geistigen und geistlichen Erbe der römisch-katholischen Rheinlande abhängen und bestimmt.
Ein anderer häufiger Besucher war Pater Frowin Oslender, ein passionierter Kunsthistoriker und Fotograf, der die Unterstützung des Vatikans erhalten hatte, Zutritt zu den Vatikanischen Schätzen, Klöstern, Kunstmuseen und anderen Aufbewahrungsorten heiliger Bücher und Schriften zu erhalten, um Merowingische und Karolingische Bildminiaturen aus Meß- und Gebetsbüchern ganz Europas zu fotografieren. In seiner Zelle hatte er in seinen Schränken Tausende von katalogisierten Kodakfarbfilmaufnahmen. Da Kodakfilme teuer waren und schwer zu bekommen, schickte ich ihm ab und an Filmpakete aus den USA, die ihm die Weiterarbeit ermöglichten. Der kontaktfreudige und joviale Pater Chysostomos Dahm zeigte mir ebenfalls seine wunderschönen Aufnahmen

berühmter Klöster, die kurz nach meiner Abreise in einem schönen Band veröffentlicht wurden. Und dann war da noch Pater Cyrill, von Herkunft ein polnischer Aristokrat, der mich auch oft besuchte und mich teilhaben ließ an seiner großen Sammlung von Vitaminen, Kräutern, Mineralien und anderen Pillen, die er für unabdingbar zur geistlichen und körperlichen Gesundheit hielt. Regelmäßiger Besucher war auch Herr Heise, ein sehr introvertiertes, nervöses und schüchternes Individuum, das in der Bibliothek arbeitete und Pater Caesarius sehr verehrte. Weil er so nervös war und starken Bartwuchs hatte, schnitt er sich sehr oft beim Rasieren. Zu Weihnachten schenkten wir ihm darum einen elektrischen Rasierer von Phillipps, mit dem er anfänglich Schwierigkeiten hatte, an den er sich aber zunehmend gewöhnte und den er dann immer pries, wenn er einem von uns begegnete. Während meiner vielen Spaziergänge machte ich unweigerlich Halt in der Buchhandlung der Abtei, die zugleich ein Kunstzentrum und Verlag war. Ihn leiteten Walter Schroer und sein Mitarbeiter Georg Graab, beide ebenfalls Freunde und Bewunderer Pater Caesarius'. Walter Schroer ist mittlerweile in den Ruhestand gegangen, ist aber immer noch energiegeladen und äußerst aktiv. Es war einer meiner Glücksfälle, daß ich die Freundschaft mit ihm, seiner netten Frau und Familie gewann und immer wieder erneuerte.

Denkwürdig war auch ein Ereignis nach der herrlichen Osterfeier des Jahres 1952, die bis 1 Uhr 30 am Morgen dauerte. Nachdem wir Grüße und Glückwünsche ausgetauscht hatten, schenkte mir Caesarius jene kleine Ikone, die Replik einer Heiligen Jungfrau mit Kind, die seine russischen Ergreifer ihm geschenkt hatten, als er in die Britische Besatzungszone überstellt wurde. Auf die Rückseite schrieb er: »Christus Jesus qui es Imago Dei invisibilis primogenitus omnis creaturae (aus Kolosser 1,15). Haroldo, fratri in Christo, Caesarius Monachus Stae Mariae ad Lacum in Beate Nocte Paschali 1952« (»Jesus Christus, Ebenbild des unsichtbaren Gottes, der Erstgeborene der Schöpfung. Harold gewidmet, dem Bruder im Geiste, von Caesarius, Mönch zu Maria Laach, zur gesegneten Osternacht 1952«). Mehrere Stunden lasen und diskutierten wir

Stellen aus dem Johannes-Evangelium sowie aus Ferdinand Ebners *Das Wort und die geistigen Realitäten* und aus *Das Wort ist der Weg.*[174]

Die neue liturgische Bewegung von Maria Laach

Welche Einflüsse – wenn überhaupt – übten Maria Laachs philosophische, theologische Interessen und Eigenheiten auf Caesarius aus? Zu jener Zeit erhielten die meisten Benediktiner-Novizen ihre theologische Ausbildung in Beuron und ihre philosophische Ausbildung in Maria Laach. Internationale Anerkennung gewann aber Maria Laach durch seine führende Rolle in der Liturgischen Bewegung, an der die Gelehrten der Abtei großen Anteil hatten. Namen wie Odo Casel und seine *Mysterientheologie*, Theodor Bogler, Abt Ildefons Herwegen, sein Prior Albert Hammerstede, damals Caesarius' Magister während dessen Noviziat, Pater Damasus Winzen, der 1951 Mount Saviour Priory nahe bei Elmira, New York, gründete, waren unter jenen, die Maria Laach internationales Ansehen verschafften.[175] Diese *Mysterientheologie* repräsentiert den Versuch,

---

[174] *Das Wort und die geistigen Realitäten*, in: F. Ebner, *Schriften*, 1. Band, München: Kösel Verlag 1963, S.75-343. Ders., *Das Wort ist der Weg*, ausgewählt und eingeleitet von Hildegard Jone, Wien: Thomas Morus Presse im Verlag Herder 1949.

[175] Erst nach Abschluß des Manuskriptes wurde mir Thomas Rusters faszinierende historische Arbeit *Die verlorenene Nützlichkeit der Religion: Katholizismus und Moderne in der Weimarer Republik*, Paderborn: F. Schöningh Verlag 1994, bekannt, die ich den LeserInnen sehr empfehlen möchte. Ruster widmete dieses Werk Anca Wittig. Rusters Darstellungen und Bewertungen von Guardini, Odo Casel und Wittig sind besonders wichtig für alle, die sich mit diesem Thema befassen. Eine gute und inhaltsreiche Darstellung von Maria Laachs führender Rolle in der Liturgischen Bewegung gibt Ernest Benjamin Koenkers Werk *The Liturgical Renaissance in the Roman Catholic Church*, Chicago: University of Chiacago Press 1954. Der folgende Auszug gibt dem Leser einige nützliche Hintergrundinformationen: »Die Liturgische Bewegung, wie wir sie heute kennen, kann – ich würde das Alter dieser Bewegung so lange nicht anzweifeln, solange ihr Charakter zu verschiedenen Zeiten klar bleibt – auf die erste Liturgische Woche für Laien in der Osterwoche 1914 in Maria

die Vorstellung der Kirche wiedereinzuführen, wie sie von den Zeiten des Paulus bis zur Scholastik vorherrschend war. Dabei stützte

Laach datiert werden. Dom Damasus Winzen richtet seine Aufmerksamkeit auf dieses Ereignis in einem Essay über Kunst in Maria Laach, in dem er auf dieses Ereignis sowie auf die dialogische Messe in Deutschland hinweist: »900 Jahre nach ihrer Errichtung wurde diese Crypta Ausgangspunkt für eine machtvolle Bewegung, welche schließlich das ganze katholische Deutschland erfaßte. Von ihr wurde die dialogische Messe in Deutschland eingeführt. Dies geschah im Jahre 1914, als eine Gruppe katholischer Laien, Universitätslehrern, Doktoren und Juristen in die Abtei nach Maria Laach kamen und nach Wegen und Mitteln fragten, wie eine aktivere Teilnahme der Gläubigen an der Messe erreicht werden könnte.« Die Begeisterung erfaßte weite gebildete Kreise, und bald wurde auch ein Interesse bei den arbeitenden Massen geweckt. Diese Ansicht über die Anfänge der Bewegung wird ebenfalls von Dom Albert Hammenstede in einem Bericht über die 4. Tagung für christliche Kunst 1924 in Freiburg im Preisgau geteilt: »Den Namen »Liturgische Erneuerung« erhielten die Bemühungen, welche in den ungefähr letzten zehn Jahren vor allem von den Abteien Maria Laach und Beuron unternommen und verbreitet wurden. Diese Bemühungen zielten auf eine Pflege des geistlichen Lebens bei Klerikern und Laien und fanden ihr Zentrum in den Geheimnissen des Kultes. Auf diese Weise sollte es auf der einen Seite eine lebendigere und ganzheitliche Teilnahme an der Messe geben, auf der anderen Seite sollte es eine beständige Ausweitung unserer Erfahrung von Gottes Gnade innerhalb der Liturgie geben, aber auch bis in unsere täglichen Aufgaben reichen.«

Es wäre jedoch nicht zutreffend, entstünde nun der Eindruck, daß in diesem besonderen Jahr die Liturgische Bewegung voll erblüht wäre. Selbst in Maria Laach blieb sie meistenteils eine Angelegenheit von Gelehrten. Die von Ildefons Herwegen – Abt zwischen 1913 und 1946 – initiierten Forschungen führten zu einer Reihe wissenschaftlicher Unersuchungen für Kleriker und Laien, die sehr schnell das *Verständnis* der Liturgie unter Intellektuellen revolutionierten. Ostern 1918 markierte den Beginn von Arbeiten der »Ecclesia orans«. Die erste Schrift dieser Reihe war Guardinis wichtiges Werk *Vom Geist der Liturgie,* welches in viele Sprachen übersetzt wurde. Die *Liturgiegeschichtliche[n] Quellen und Forschungen*, die von Mönchen der Benediktinerabteinen von Maria Laach, Beuron, Emmaus, St. Joseph zu Gerleve (Coesfeld) und von Seckau herausgegeben wurden, begannen ebenfalls im Jahr 1918 zu erscheinen. Die wissenschaftliche Forschung begann mit Dom Odo Casel, der das erste *Jahrbuch für Liturgiewissenschaft* herausgab. Dieses sehr wichtige Jahrbuch mit originellen Forschungen und wissenschaftlichen Literaturübersichten erreichte 15 Bände; der letzte erschien 1941 trotz der Kriegswirren. Diese Arbeit wurde im ersten Band des neuen *Archiv[s] für Liturgiewissen- schaft*, der im Jahr 1950 erschien, rekapituliert. 1931 gründete Abt Ildefons das Institut für Liturgische und Monastische Studien in Maria Laach. Durch Lehre und sich die Mysterientheologie stark auf die Schriften der Kirchenväter und sorgte sich um einen neuen Sinn theologischer Einheit und Ganzheit in unserem Verstehen der verschiedenen Sakramente und Opferhandlungen. Unter Bezugnahme auf patristische Quellen gaben Odo Casel und seine Mitbrüder solchen alten Worten wie *mysterium, memoria, illuminatio, invocatio* und *commemoratio* einen neuen Sinn, machten sich stark für ein neues Verständnis der weltlichen und heiligen Zyklen des Kirchenjahres und erzeugten ein neues Interesse an der Eucharistie und an anderen Sakramenten. 1954 – acht Jahre, bevor Papst Johannes XXIII. das II. Vatikanische Konzil einberief – bemerkte der Liturgie-Historiker Ernest B. Koenker, daß das Interesse an der Mysterientheologie derart stark sei, daß »eine ganze theologische Schule in Frankreich zu diesem neuen Ansatz übergelaufen sei: Anscar Vonier, O.S.B., Henri de Lubac, S.J., Jean Daniélou, S.J., Pie Duploye, O.P., P. Donceceur, S.J., und weitere.«[176] Büros in der ersten Etage des Gästeflügels beherbergten alle jene, die zu liturgischen Fragen, bekannt unter dem Namen Liturgische Wissenschaft, forschten. Der Verlag der Abtei, *Ars liturgica*, war einer der vielen Verlage in der Welt, der ihren Interessen förderliche Materialien publizierte.

Ich muß allerdings gestehen, daß ich von den tieferen Absichten, die die Liturgiker, Theologen und kirchlichen Amtsträger an der Liturgischen Bewegung Anteil nehmen ließ, fast keine Ahnung hatte. Da ich aus einem in liturgischen Dingen ahnungslosen protestantischen Hause kam, konnte ich auch nichts von den Neuerungen in Maria Laach ermessen. Als ich in Maria Laach war, bedeutete liturgische Reform dialogische Messe, gemeinsame Meßfeier der Feiernden mit den Priestern, die die Gemeinde von einem Platz hinter dem Altar aus anschauten, Betonung der Einfachheit und Reinheit der gemeinsamen Gesänge bei entsprechender Unterbetonung der Orgelbegleitung. Die Brüder ermahnten während der Heiligen Messe

Publikationen trug dieses Institut Unschätzbares zu dieser Bewegung bei.« S. 12-14.

176 The Liturgical Renaissance in the Roman Catholic Church, op. cit., S. 105.

und der Vesper die Mitglieder der Gemeinde, daß die Ausübung *privater Handlungen* wie das Aufsagen des Ave Maria verboten seien. Die Einführung der Landessprache bei der »Kommunion unter beiden Gestalten« zählte nicht zu den Innovationen und Praktiken von Maria Laach damals.

Schon im Jahre 1840 hatte einer der Pioniere der Liturgischen Bewegung, Dom Prosper Guéranger, in seiner monumentalen Arbeit *L'Année liturgique* die Vorrangigkeit des *offiziellen* gegenüber dem *privaten Gebet* in der Kirche herausgestellt. Im Zentrum dieser Wiederbelebung lag die Überzeugung, daß in der Liturgie Gottes Kreaturen nicht nur – dativ – Gott lobpreisen und mit Seinem Leib wiederverbunden sind, sondern auch tatsächlich Gnade von Gott erwiesen bekommen und dadurch Seiner Gnade und der Kirche in der Welt teilhaftig werden. Mehr traditionelle Kirchenführer wie Kardinal Bertram, der Fürstbischof von Breslau, eben der Prälat, der die Zensur ausübte, die zur Exkommunikation Joseph Wittigs führte, führten Klage über zu wenig private Hingabe, die Art und Weise und die Rolle, die Christen als Handelnde von Gottes Gnade in der Welt zuerkannt wurde.

In einem Aufsatz der Zeitschrift dieser Bewegung, *Orate Fratres*, aus dem Jahre 1946-47 definiert Pius Parsch, ein Augustinischer Kanoniker aus Klosterneuburg, wie folgt dieses neue Verständnis von Liturgie: »Was verstehe ich nun unter Liturgie? Liturgie ist nicht bloß die Reihe heiliger Handlungen der Kirche, folglich auch nicht bloß etwas, was der mit der Kirche verbundene Mensch Gott schenkt. Liturgie ist auch das Instrument oder auch das Organ, durch welches Gott Seine Gnade den Menschen schenkt. Gott schenkt Seine Gnade vor allem und in überreichem Maße durch die von Christ instituierten Mittel, also gerade durch jene Mittel, die die Liturgie verkörpern – die Sakramente und insbesondere die Heilige Eucharistie. Darum auch hat die Liturgie eine doppelte Funktion: Führung der Menschen bei einem Gottesdienst, der Ihn preist, sowie Übermittlung seiner Gnade an die Menschen.«[177]

---

177 *Orate Fratres*, XXI (1946-47), S. 340.

Wie man sieht, sind nicht alle, die an dieser Liturgischen Reform damals oder heute Anteil nehmen, in völliger Übereinstimmung, dies gilt vor allem in Bezug auf die Landessprache und die »Kommunion unter beiden Gestalten«. 1923 betonte einer ihrer Führer, H. Hermelink, die »*Vielgestaltigkeit dieser Bewegung*«, in Übereinstimmung mit der großen *complexio oppositorum*, wie sie die römisch-katholische Kirche seit ihren Anfängen auszeichnet.

Caesarius jedoch hegte ernste Vorbehalte gegenüber der *denkerischen Kraft*, die seine Mitbrüder in Laach einsetzten, um die Liturgie als eine »*Wissenschaft*« zu behandeln. So wie er Buber vor »*dialogischen Dialektikern*« warnte, warnte er ebenfalls vor Versuchen, Prozesse wie die Liturgie *objektiv* oder *wissenschaftlich* behandeln zu wollen oder der Liturgie vorzuschreiben, wie sie *ausgeübt, gefeiert und gelebt* werden müsse, um verstanden zu werden. Caesarius und viele seiner Mitbrüder glaubten, *man könne die Liturgie nur daraus verstehen, indem und dadurch man sie ausübe*! Seit Beginn seines Noviziats war er davon überzeugt, daß Angelegenheiten des Lebens und des Geistes gelebt, gefeiert und begangen werden müßten, daß jedoch alle Versuche, darüber zu philosophieren, dem Glaubensleben und gläubiger Berufung unrecht täten und sehr schadeten. Trotzdem identifizierte sich Caesarius mit dem Geist und der Überzeugung, die die Liturgische Bewegung bewegten, und auch mit ihren Folgen für die Praxis. Für ihn waren dies zumindest Versuche, zu den einfacheren, spontaneren, demokratischen und mehr partizipatorischen liturgischen Formen der frühesten christlichen Gemeinden zurückzukehren und neue Möglichkeiten und Gelegenheiten eines gnadenreichen sakramentalen Apostolats[178] zu eröffnen. Er war davon überzeugt, (wie es viele Mitbrüder der Katholischen Aktion-Gruppen und ihrer

---

[178] Zu dieser untergründigen Geschichte sei den LeserInnen empfohlen das von der Fachwelt in Europa bis heute nicht zur Kenntnis genommene Werk *Out of Revolution – Autobiography of Western Man* (1938) von Eugen Rosenstock-Huessy, S. 547 ff. Eine 2. Auflage erschien bei Argo Books, Norwich, VT (USA) 1969, eine neuerliche Ausgabe bei Berg International, New York und London 1993.

Theologen in Frankreich, die für »*die Teilnahme der Laien an dem Apostolat der Amtskirche*«[179] auch waren), daß diese Wiederbelebung möglicherweise positive und kreative gesellschaftliche Implikationen hätte, die weit über die Visionen ihrer deutschen Mitbrüder hinausgingen.

Es gab starke Bande zwischen Odo Casels Mysterientheologie und den Befürwortern der Katholischen Aktion, vor allem in der Gestalt des Sakramentalen Apostolats, das, »gerade weil die Sakramente das göttliche Leben wiederherstellen, für das der Mensch ursprünglich geschaffen worden sei; der ›neue Mensch in Christo‹ jetzt die Kräfte habe, die Gesellschaft wiederaufzubauen«.[180]

Die Leser mögen sich erinnern, daß die Freundschaft zwischen Rosenstock-Huessy und dem früheren Prior von Laach, Pater Thomas Michels, aus ihrem gegenseitigen Interesse an der Liturgie und ihren Usprüngen in der klassischen und christlichen Antike entsprang. In zwei Aufsätzen, die Caesarius sehr liebte, diskutierte Rosenstock-Huessy unter dem Titel »*Liturgisches Denken*« (veröffentlicht in der Zeitschrift *Orate Fratres*, später *Worship*), den »neuen Menschen in Christo« aus der liturgischen Perspektive des »*Du Kreatur Mensch*«: »*Creatura* ist eine Form des Verbums, die auf unser endgültiges Geschick weist, auf die lebendige Form ›*venturi saeculi*‹.

Im Ausdruck *creatura hominis* bin ich als jener Teil von mir angeredet, der noch kommen wird. *Creatura hominis* ist ein Glaubensakt; denn dies Wort setzt dich in die Richtung deiner Bestimmung. *Natura hominis* aber ist ein Zerstörungsakt. Er verwandelt des Menschen Zustand nach rückwärts, er reduziert und will nicht einmal zugeben, daß er auch nur irgend etwas tut.(...) *Creatura hominis* wird über dich ausgerufen. Du bist nun nicht »*natura*«, weil du nicht bist, der du bist, sondern dir wird berichtet, wer du sein wirst. Du wirst nicht von den Glocken irdischer und abge-

---

179 Über einige der vielen Gelegenheiten, zu denen die Päpste die Angemessenheit dieser Rolle für die Laien wiederholt aussprachen, vgl. Francis N. Wendell, O.P., »Liturgy and Catholic Action«, Proceedings (1944), S. 46.

180 *The Litugical Renaissance in the Roman Catholic Church*, op.cit., S. 125.

droschener Zeit zu Grabe geläutet, weil eine neue Epoche sich bei diesem nächsten Schritt in die Schöpfung eröffnet. Du bist nicht eine verantwortliche Person, sondern das antwortende Plasma in der Hand deines Schöpfers, und deine Schüchternheit, deine Scham wird durch die entschleiernde Macht einer neuen Geburt überwunden. (...)

Creatura hominis – es benötigt ein ganzes langes Buch, um zu sagen, wie die Messe diese Transsubstantiation von *natura hominis* zur *creatura hominis* in ihrer ganzen Gestaltung und Folge zur Führung der Gläubigen (...) entfaltet. Es ist vielleicht genug gesagt worden, um unseren Anspruch zu rechtfertigen, daß die liturgische Wiedergeburt die Geburt des liturgischen Denkens für die Kreatur Mensch, die *creatura hominis*, bedeutet, das Kind des Schöpfers, das noch zu erschaffen ist.«[181]

Caesarius' Erlebnisse während des Krieges und danach prägten sich tief in diese brillante, sensible Seele ein, in einen Menschen, der, bis auf seine Studienzeit in Italien, aus seinen Horizonten und Kontakten, selbst während seines Noviziats in Laach, fast ausschließlich aus den überkommenen und überlieferten Beständen des römisch-katholischen deutschen Rheinlandes lebte. Seine Weltlichkeit, die während seiner Zeit als Kriegsgefangener auch Offenheit für russische Spiritualität einschloß, sowie andere Kräfte und Persönlichkeiten eröffneten ihm eine neue Sicht auf das Leben, die einherging mit einem bestimmten spirituellen Hunger und einer inneren Unrast, denen die Atmosphäre von Maria Laach weder nachgeben, geschweige denn entgegenkommen wollte. Während meines Aufenthalts in Laach war ich einerseits vollkommen überwältigt von dem Gefühl, Mitglied dieser Gemeinschaft zu sein, andererseits von Pater Caesarius' ansteckendem Charisma und geistiger und geistlicher Beweglichkeit. Unbewußt muß ich durch meinen eigenen Überschwang Caesarius' innere Unrast und sein innerliches Auf-

---

181 Vgl. E. Rosenstock-Huessy, *Der Atem des Geistes,* Wien-Moers: Amandus-Brendow Verlag 1990 (Erstausgabe Frankfurt/Main: Verlag Frankfurter Hefte 1951).

gewühltsein eher befeuert denn beruhigt oder gemildert haben. Daß Buber ganz ähnliche Bedenken über seine Wirkung auf Pater Caesarius gekommen sein müssen, offenbart ein Brief, den Buber im März 1954 an Maurice Friedman schrieb, kurz nachdem er von Caesarius eine Postkarte aus Tamanrassat in der algerischen Sahara erhalten hatte, wo er in der Einsiedelei von Charles de Foucauld wohnte, dem Begründer der Gemeinschaft der kleinen Brüder und Schwestern. Buber schrieb an Friedman: »Manchmal, fühle ich, habe ich eine Unruhe in sein Leben gebracht und muß nun warten, bis er mir mehr erzählt.« Friedman zufolge hatte Buber sogar angenommen, daß Caesarius seinen Orden verlassen habe und »war entsetzt, welchen Anteil seine Schriften bei Lauers Entscheidung gehabt haben könnten, den Orden zu verlassen«.[182]

In vielerlei Hinsicht war der Pater Caesarius, wie ich ihn kennenlernte, auf der Suche und in der Erwartung einer echten Spiritualität, wie sie Kierkegaard auszeichnete oder – vielleicht zutreffender noch – wie die des österreichischen, römisch-katholischen Laiendichters und Laienphilosophen Ferdinand Ebner (1882 – 1931), dessen Schriften, insbesondere *Das Wort und die geistigen Realitäten: Pneumatologische Fragmente* (1921) und *Wort und Liebe* (1935), die zerlesensten Bände von Caesarius' Bücherschrank in seiner Zelle waren.

Ferdinand Ebners Pneumatologie

Nach der Lektüre von Ebners *Das Wort und die geistigen Realitäten* sagte Buber: » Das Buch zeigte mir, wie kein anderes seither, stellenweise in einer fast unheimlichen Nähe, daß in dieser unserer Zeit Menschen verschiedener Art und Tradition sich auf die Suche

[182] Maurice Friedman, *Martin Buber's Life and Work: The Later Years, 1945-1965*, New York: E.P. Dutton 1983, S. 193-194. Pater Caesarius verließ niemals seinen Orden, obwohl ich zu einem Zeitpunkt gedacht habe, er hätte es getan und Maurice Friedman gegenüber erwähnt.

nach dem verbrannten Schatz begeben hatten.« Und fügte hinzu: »Ähnliches ergab sich mir bald auch von anderer Seite.«[183]

Ferdinand Ebner (1882 – 1931) war ein Dorfschullehrer, dessen Leben von Krankheit und Zeiten schwerer Depression gezeichnet war. Seine Einsamkeit und Frustration verglich er einmal seinem Eichhörnchen, dessen einzige Tätigkeit die war, auf der Tretmühle in seinem Käfig zu laufen. Buber sagte, Ebner gehe von der Erfahrung »*der Icheinsamkeit*« aus; aus der »Abschließung von dem Du« habe er seine »pneumatologischen Fragmente« geschrieben, welche erstmals in Auszügen, als »Fragmente«, in der österreichischen Zeitschrift *Der Brenner* veröffentlicht wurden. »Hamanns Spuren folgend, vertieft er sich in das Mysterium der Sprache als der ewig neuen Setzung des Verhältnisses zwischen dem Ich und dem Du.« Ebner bekennt sich, »in direkterer Weise als Kierkegaard, als einer, der das Du im Menschen nicht zu finden vermochte«. Genau an diesem Punkte trennen sich Bubers und Ebners Wege: »Schon 1917 hat er die Gefahr verzeichnet, am Bewußtsein dieser »Unmöglichkeit« geistig zugrunde zu gehen. Die Rettung findet er im Gedanken: »Es gibt nur ein einziges Du, und das eben ist Gott.« Zwar postuliert auch er, wie Kierkegaard: »Der Mensch soll nicht nur Gott, sondern auch den Menschen lieben«, aber wo es um die Eigentlichkeit des Daseins geht, entschwindet auch ihm alles andere Du vor dem Gottes. Fragen wir hier, wie bei Kierkegaard, nach dem Letztgültigen, so stehen wir wieder vor dem zwar weltschauenden, aber letztlich akosmisch, dem zwar menschenliebenden, aber letztlich annahtropisch sich verhaltenden Einzelnen.«[184]

Ich bin nicht sicher, ob Caesarius je so deutlich wie Buber diese Seite Ebners sah. Aus mehreren Gründen stelle ich dies heraus. Erstens ist daran zu erinnern, daß Caesarius und Ebner Christen waren, für die das »Wort«, wie Ebner in seinen Tagebüchern vermerkte, »der Vermittler zwischen dem Ich und dem Du« ist. »Das wahre Ich im

---

[183] Martin Buber, *Zur Geschichte des dialogischen Prinzps*, in: Martin Buber, *Das dialogische Prinzip*, Heidelberg: Lambert Schneider, S. 309.

[184] Martin Buber, op. cit., S. 306.

Menschen ist sein innerstes Ohr, welches das Wort empfängt.«[185] Das Wort ist für beide nicht der unpersönliche Logos der Stoiker, »das Prinzip alldurchdringender Vernunft«, sondern das Wort in seiner »Gesprochenheit«, welchem die Macht innewohnt, die man mit dem hebräischen Wort für Wort, *davar*, verbindet, also »Wort« und »Tat« und »Gedanke« und »Ding«. »Gott aber schuf den Menschen, indem er zu ihm sprach. Er schuf ihn durch das Wort, in dem das Leben war (...) In der Geistigkeit seines Urspungs in Gott war der Mensch nicht ›erste‹, sondern ›zweite‹ Person« – die erste war und ist Gott.«[186]
Schöpfung ist Schöpfung durch das Wort, »die Möglichkeit und Wirklichkeit der ›Wiedergeburt im Geiste‹ (...) Das Wort war und ist die Zusammensetzung aller geistigen Existenz«[187]. »Wenn man das Wort Christi in die persönliche Aktualität seines Gesprochenwerdens zurücknimmt (sich selbst zu dem macht, zu dem es unmittelbar spricht, den es persönlich angeht, und so will und soll es ja in seinem Wesen und Sinn nach genommen sein), es also in seiner ›generativen‹ Bedeutung für das geistige Leben der Menschen versteht (in ideeller Aktualität hätte es nur ›maieutische‹ Bedeutung), so wird die menschlich-geistige Wirklichkeit Christi sichtbar (...).«[188]

Ebner nennt zwei Bedingungen des Menschen: In einer ist das Ich sein eigener Gefangener, in der anderen – in der echten spirituellen Existenz – ist das Ich der Gefangene des Du. Das letztere ist das wahre Ich, dessen Existenz beziehungsweise durch die Anrede und die Antwort seines Alter ego im Dialog bedingt wird, z.B. das objektive göttliche Du, das inkarnierte Wort. »Das monologische Ich

[185] Vgl. »*Ferdinand Ebner (1882-1931): Speech is Personal*«, in: Harold Stahmer, »*Speak That I May See Thee*«*: Studies in Religious Language*, op. cit., S. 216-246.
[186] Ferdinand Ebner, *Schriften*, Band 1, herausgegeben von Franz Seyr, München: Kösel 1963-64, S. 96-97.
[187] Ferdinand Ebner, op. cit., S. 653.
[188] Ibid., S. 460.

ist ein Mißverständnis, an dem die ganze Ich-Philosophie zerbrach und zerbrechen mußte. Das Ich existiert im Dialog.«[189]
Zum zweiten gibt es – trotzdem stimme ich mit Bubers Kritik überein – in Ebners Schriften und Tagebüchern zahllose Einsichten, die Bubers Betonung des Menschlichen, des Zwischen-Menschlichen, des Bereiches des »Zwischen« parallel gehen. Zum Besipiel: »Geist ist überall gegenwärtig, wo etwas zwischen einem Ich und einem Du geschieht (...) Jede Beziehung, die zwei Menschen miteinander verbindet, bedeutet ein Verhältnis von Ich und Du und nimmt am Ewigen teil (...) Der Beleg für die geistige Unsterblichkeit des Menschen liegt in dem Verhältnis seines Ich zu seinem Du.«[190]

Drittens: Als christlicher Mönch teilt Caesarius Ebners, also auch Kierkegaards, Mißtrauen gegenüber »Christentümern«, der Idee eines »christlichen Volkes« oder einer »christlichen Nation«. Mit dem chilenischen Bibelforscher und Soziologen Pablo Richard teilen sie die Angst »vor allen Bündnissen zwischen der Kirche und der politischen Gesellschaft als einem vermittelnden Faktor zwischen Kirche und Zivilgesellschaft«.[191]
Viertens: Nach der Rückkehr von seinem Militärdienst bewundert und teilt Caesarius Ebners Pazifismus. Als ihm bewußt wird, daß er während des 1. Weltkrieges sein Leben wie in Erstarrung gelebt habe, sagt Ebner: »Daß ich mich selber zum Pazifisten erklärte, ist gar nicht überraschend, denn es war völlig verständlich und natürlich.«[192]

In einem späteren Essay spricht Ebner nicht nur ausführlich über das Böse des Krieges, sondern ebenfalls darüber, wie Patriotismus und der Begriff eines »Christlichen Volkes« synonym werden konnten: »Die ›christlichen‹ Völker waren es, die diesen Krieg führten. In ›christlichen‹ Kirchen wurden Gebete um den Sieg verrichtet, und

---

189 Ibid., S. 648.
190 Ibid., Tagenbucheinträge vom 6. Januar 1917 und 8. September 1918.
191 Pablo Richard, *Death of Christendoms, Birth of the Church*, Maryknoll, N.Y.: Orbis Books 1987, S. IX.
192 Ferdinand Ebner, *Wort und Liebe*, Regensburg: F. Pustet 1935, S. 17.

Bittprozessionen mit wundertätigen Marienbildern wurden veranstaltet. Die Bitte aber um den Sieg der gerechten Sache – und wenn dabei auch der ›Feind‹ siegen sollte – wäre als unpatriotisch abgelehnt worden (...) ›Christliche‹ Völker waren es, die diesen Krieg führten. Einer Auseinandersetzung mit der Bergpredigt war in dieser Zeit doch nicht ganz auszuweichen.«[193]

Ebners Schlußfolgerung war einfach: »Im Lärm des Krieges ging das Wort verloren.«[194] Und schließlich konnte sich Caesarius mit den Elementen »Leiden« und »Hungern« identifizieren, mit all dem damit verbundenen Zweifel und der heiligen Unsicherheit, die Ebners dauernde Begleiter während dieser spirituellen Odyssee waren.

Zeit ihres Lebens bemühten sich beide Männer – wenn auch auf ganz unterschiedliche Weise – darum, das zu »vergegenwärtigen«, was Ebner als ein »pneumatologisches Leben« charakterisierte, z.B. eine Existenz, die ihre Erfüllung in Gottes durch das Wort vermittelte Liebe finden konnte.

Die lieben Bremer Freunde Ernst und Liesbeth Gorsemann

Kurze Zeit bevor ich in Maria Laach ankam, schrieb der renommierte protestantische Bildhauer und ausgesprochene Kritiker des Nationalsozialimus Professor Ernst Gorsemann (1886 – 1960) einen auf den 21.8.1951 datierten Brief an Buber, in welchem er zunächst sich vorstellte und dann schrieb: »Im Kloster traf ich Pater *Caesarius Lauer* (sic).«[195] Wie seine Schwestern Katharina und Maria waren Prof. Gorsemann und seine wunderbare Frau Liesbeth (1891 – 1983) unter Pater Caesarius' engsten Vertrauten.[196] Es muß Anfang

---

[193] Ferdinand Ebner, *Schriften*, Bd. 1, op. cit., S. 725.
[194] Ibid.
[195] Vgl. **Briefe #20.**
[196] Ernst Moritz Gorsemann wurde am 15. Februar 1886 in Bremen geboren. Ausbildung: Nach der Volksschule vom April 1901 bis zum Oktober 1903 Lehre im Maurerhandwerk. Besuch der Fortbildungs- und Gewer-

Juni 1953 gewesen sein, daß ich Caesarius, die Gorsemanns und ihre attraktive Tochter Uta in ihrem bezaubernden Haus in der Lehrter Heerstraße 127 in einer Vorstadt Bremens kennenlernte. Sobald man ihr Haus betrat, war Gorsemanns höfliche und doch bestimmende Gegenwärtigkeit zu spüren. Seine große Statue von St. Michael wider den Drachen zierte die zu ihrem herrlichen Garten liegende Außenfront ihres Hauses. Man trat auf eine beeindruckende Terrasse, die zu einem umkränzten Fischteich führte. Eine Seite des Gartens entlang standen Kinderfiguren, die die Jahreszeiten symbolisierten. An einem anderen Platz standen Zeugnisse seiner Faszination von Tieren – Statue eines Fauns, Turteltauben und ein Marabu. Eine Bärenstatue hing über dem Hauseingang. Während dieses Besuches fertigte Professor Gorsemann eine Büste von Caesarius an, die heute auf einem Piedestal im Garten seiner Schwester Maria und ihres Schwagers Hermann Schaaf in Konz steht. Aus sehr bescheidenen Verhältnissen stammend, studierte Professor Gorsemann Kunst in Kassel, Berlin, München, Frankfurt, Leipzig und Kiel. Unter seinen Lehrern befanden sich der Berliner Bildhauer Prof. Louis Tuaillon, Wilhelm Lehmbruck aus Duisburg, Prof. Wilhelm Steinhausen aus Frankfurt und Prof. Paul Deußen in Kiel. Stundenlang betrieb er in nicht endender Neugier Tierstudien im Berliner Zoo. Während seines 1. Weltkrieg –

---

beschule, 4 Semester an der Baugewerkschule des Technikums und hier Bestehen der Abgangsprüfung mit vorzüglichen Noten. Tätigkeit: Bautechniker, Bauführer und Bauzeichner bei einer großen Baufirma. Weitere Ausbildung: vom 3. Oktober 1910 bis 30. September 1913 Schüler der Bildhauerklasse an der Königlichen Akademie der Künste in Kassel. Am 1. Oktober 1913 Eintritt ins Meister-Atelier der Königlichen Akademie der Künste unter Leitung des Herrn Professors Dr. L. Tuaillon in Berlin. Unterbrechung: Teilnahme als Sanitäter im 1. Weltkrieg 1914-1918. Tätigkeit: von 1920 bis 1933 freischaffender Bildhauer in Berlin. April 1934 Ernennung zum Professor an der Nordischen Kunsthochschule in Bremen. Übernahme ins Beamtenverhältnis. Auszeichnungen: im November 1937 auf der Weltausstellung in Paris ausgezeichnet mit der Goldmedaille in der Klasse 28 – Bildhauerei – für den »Wisent«, der später von der Stadt Bremen erworben wurde. Am 31. März 1946 Versetzung in den Ruhestand auf eigenen Wunsch nach einem Herzinfarkt und freischaffender Künstler bis zu seinem Tode am 19. Juli 1960.

Ein väterlicher Freund: Professor Gorsemann und Pater Caesarius (1953)

Militärdienstes in der Dobrudscha, zwischen der Donau und dem schwarzen Meer gelegen, machte er die Bekanntschaft prominenter römisch-katholischer Kirchenpersönlichkeiten, mit denen er auch befreundet blieb. Dort begann eine enge Freundschaft mit dem Erzbischof von Bukarest, Raimund Netzhammer, und mit Benediktinern aus Einsiedeln in der Schweiz.[197]
Später folgten Reisen durch Rußland, die ihn mit der russischen Orthodoxie und Ikonographie bekannt machten. Gorsemanns Rußland-Reisen und -Interessen waren auch ein Grund dafür,

[197] Vgl. Ernst Gorsemann, *Vom Morgen zum Mittag*, Stollhamm-Berlin: H. Rauschenbusch Verlag 1949.

Familie Gorsemann gab dem Pater eine zweite Heimat: Pater Caesarius, Uta, Liesbeth und Ernst Gorsemann (1953)

daß Caesarius von Rußland und russischer Spiritualität als Orten dialogischer Kommunitäten fasziniert war. Während seiner Universitätsstudien fand Gorsemann in Plotins *Enneaden* Themen, die seiner früheren Faszination durch östliche Mystik, insbesondere durch Taoismus und Buddhismus, gleichkamen. Alle diese Einflüsse riefen in ihm eine wirklich ökumenische und tolerante Haltung Religionen gegenüber hervor. Er mißbilligte Intoleranz und konfessionelles Spaltertum, insbesondere unter Christen. In seiner Autobiographie schrieb er: »Die Trennung der katholischen und evangelischen Kirche war mir immer ein Kummer gewesen.«[198]

[198] Op. cit., S.57.

Professor Gorsemann war erstmals nach Laach gereist, weil in ihm ein Interesse für die geistliche Mystik und Theologie sowie für den dafür bekannten Laacher Kunst- und Bildhauerstil geweckt worden war. Durch Walter Schroer, den Direktor des Laacher Kunst-Verlages *Ars Liturgica*, und seinen fähigen Mitarbeiter Georg Graab erfuhr ich, daß man dort Gorsemann nicht nur als Künstler außerodentlich bewunderte und schätzte, sondern auch als Mensch innnerhalb der Laacher Gemeinschaft.[199]

Als sie sich zum ersten Mal trafen, war für Caesarius augenfällig nicht nur Gorsemanns warme und im Umgang sehr sensible Gegenwärtigkeit, er sah in ihm auch den anerkannten Künstler, der unter Benediktinern geschätzt wurde und diesen Hochschätzung entgegenbrachte. Darüber hinaus sah er in ihm einen weitgereisten und welterfahrenen Menschen, der sich unter Vertretern der meisten religiösen Traditionen und Gemeinschaften auf der Welt zu Hause fühlte. Für mich, der ich beide kannte, war klar, daß sie einander anzogen aufgrund ihrer Warmherzigkeit, Offenheit, Weltzugewandtheit und ihrer Ansichten über Leben und Spiritualität. Seit diesem Treffen war Caesarius immer ein willkommener, von der Familie herzlich aufgenommener Gast im Heim der Gorsemanns nicht nur zu seinen Lebzeiten, sondern bis zum Tode seiner geliebten Frau Liesbeth, die 23 Jahre später, ein Jahr vor Caesarius' Tod, 1983 starb. Der familiäre Lebensstil der Gorsemanns – Ihre Haltung anderen gegenüber sowie in ihrem Umgang mit anderen – verkörperten für Caesarius zweifelsohne die Lebensqualität, der er so inständig auf der Spur war. War Caesarius bei den Gorsemanns, so sagte er, könne er unter ihnen viel offener und freier über seine Schwierigkeiten und Frustrationen, die ihm widerfuhren, sprechen als vielen Mitgliedern seiner eigenen Familie gegenüber. Während Caesarius' Darstellungen seiner persönlichen Schwierigkeiten mit

[199] Frau Uta Gorsemann erinnerte mich jüngst daran, daß im Spätsommer 1953 Georg Graab und ich vier wundervolle Tage bei den Gorsemanns in ihrem Heim verbachten. Liebenswürdigerweise machte sie mir Kopien der Einträge in Gorsemanns Familiengästebuch zugänglich, welches dokumentiert, daß wir zwischen dem 31.8. bis zum 4.9.1953 ihre Gäste waren.

der Amtskirche und den traditionellen Klosterpraktiken seine Geschwister nervös machten und ihnen unangenehm waren, fand er gerade die Atmosphäre von Annahme und Verständnis, die ihm von Gorsemanns entgegengebracht wurden, sehr angenehm. Sie anerkannten in ihm einen Freund, der sie auch anerkannte, und sahen in ihm einen äußerst sensiblen, kultivierten und angesichts der Ereignisse, die auf der ganzen Welt passierten, berechtigterweise bedrängten Menschen, der sich große Sorgen um das Leben anderer machte, insbesondere um alle Erniedrigten und Beleidigten. Verschiedene Male veranstaltete Caesarius im Haus der Gorsemanns Tagesseminare zu christlicher Spiritualität und dialogischem Leben für junge Leute.

Bubers Bonner Vortrag »Geltung und Grenze des Politischen« im Jahre 1953

Als ich im Juni 1953 bei den Gorsemanns eintraf, war ich stolzer Besitzer eines dreizylindrigen DKW, den Caesarius und ich »Utachen« tauften. Erst vierzig Jahre später erzählte ich Uta Gorsemann, die nach ihrer Heirat mit Friedrich Rubien heute Uta Rubien heißt, daß sie mit diesem Namen von der Schar ihrer Bewunderer so »geehrt« wurde. Meinen DKW hatte ich in Bremen unter der Bedingung erworben, daß der Verkäufer ihn am Ende des Sommers zurückerwerben würde. Als ich also 1953 eintaf, da geschah dies als Erwiderung auf eine Einladung von Karl, ihn und einen anderen Benediktiner-Mönch dabei zu unterstützen, eine ländliche Priester-Gemeinschaft in den französischen Alpen nach dem Vorbild der Arbeiterpriesterbewegung in Paris und anderswo zu gründen. Wiewohl ich unterrichtet war, daß es ohne körperliche Arbeit und Reisen nicht abginge, vergaß ich, passende Kleidung für diese Gelegenheiten wie Anzug, Hemd, Krawatte und Schuhe mitzubringen. Statt dessen brachte ich einen Set khakifarbener Arbeitskleider, Jacken, Arbeitschuhe und Regenkleidung für Arbeit im Freien mit. Meine Unbekümmertheit Ereignissen und Feierlich-

Ein DKW namens »Utachen«. Mit diesem Wagen ging's nach Frankreich.

keiten gegenüber – zwischen Bremen und Haute-Beaume in den Hautes-Alpes – gab des öfteren zu Erstaunen Anlaß.

Um den 15. Juni herum verließen Caesarius und ich in unserem »Utachen« Bremen in Richtung Oberwesel, wo Karl das jüngst geborene Kind seines Bruders Hans Joseph und dessen Frau in der Familienkirche, wo schon Generationen von Lauers getauft worden und zur Messe gegangen waren, taufte. Dies bot Gelegenheit zu einem wunderbaren Familienwiedersehen und Familienfest. Für mich wurde dies ein besonders denkwürdiges Ereignis, weil ich zum ersten Male Karls Brüder, seine Schwester Maria und ihre Familien kennenlernte, ausgenommen Katharina, die ich ja schon seit 1951 kannte.

Am 22. Juni verließen wir Oberwesel wieder, diesmal in Richtung Bonn, zu Caesarius' zweitem und zu meinem ersten Treffen mit Professor Buber. Buber hatte eine Einladung des Rektors zu einer öffentlichen Vorlesung angenommen.[200] Das öffentliche Interesse an dieser Vorlesung war groß, wohl weil sie von Buber gehalten wurde, aber wohl auch deswegen, weil dies der erste Jude seit der Zeit vor dem 2. Weltkrieg war, der einen Vortrag halten sollte. Wir wurden unterwegs durch eine Reifenpanne aufgehalten, so daß wir beinahe zu spät gekommen wären. Während ich den Schaden behob und ölig-schmutzige Hände, Hemd und Hosen mir einhandelte, gab sich Karl ganz seinen priesterlichen und mönchischen Pflichten hin; er las in seinem Brevarium Monasticum und in Benedikts Regel. Wir kamen in letzter Minute an und trafen den Rektor, Buber und einen seiner größten Bewunderer, nämlich Bundespräsident Theodor Heuss, inmitten einer Gruppe von Bewunderern und Wohlgesonnenen im Foyer der Aula.
Als Buber, der von kleiner und zierlicher Gestalt war, Karl bemerkte, entschuldigte er sich sofort bei den anderen und ging auf Karl zu, und die beiden Männer umarmten sich. Nachdem Karl mich Buber vorgestellt hatte, stellte Buber uns dem Rektor und Heuss vor und stellte sich zwischen Karl und Heuss, ich selbst, in einem nicht gerade dem Anlaß angemessenen Aufzug, zwischen Buber und dem Rektor, der seine prächtige Amtsrobe mit all ihren Würden und Symbolen trug. Als wir in die Aula schritten, empfing uns das Donnergetöse stampfender Füße und pultklopfender Hände, eine Sitte, die mir aus meinem Lande unbekannt war, in dem das Klatschen

[200] Caesarius kannte die Universität Bonn, wo er in den Jahren 1934-35 Griechisch studiert hatte. 1980 erzählte Karl mir, daß er Bonn zu überzeugen mitgeholfen habe, Buber einzuladen. Ein Faktor mag auch mitgespielt haben, daß Karls älterer Bruder Wilhelm, ein international anerkannter Geograph, ein bekanntes Fakultätsmitglied und später Dekan der Bonner Universität gewesen war. Zu der Zeit jedoch, als Buber seine Vorlesung hielt, war Wilhelm auf einer Forschungsreise in Südamerika.

von Händen der übliche Ausdruck davon ist, seine Zustimmung zu bezeugen. Nach einer formalen, zugleich aber warmen und freundlichen Einleitung sprach Buber ungefähr eine Stunde lang. Der Titel seines Vortrages lautete »*Geltung und Grenze des politischen Prinzips*«.[201]

Er begann mit einem Thema, welches Kennern der Bibel wie gleichermaßen Studenten Heideggers geläufig war, er sprach nämlich zunächst über »Deutung » und »Verstehen« und sagte, daß »[es] den großen unverlierbaren Sprüchen religiöser Botschaft eigentümlich [sei], daß sie mit Situationen verbunden sind. Ihr Ort ist nicht jenseits des menschlichen Getriebes; sie entstehen, wenn sie gesprochen werden.« Sie sind an ganz konkrete Situationen gebunden und »befassen sich mit diesem Gegenwärtigen«. Die Größe ihrer Sprüche erweist sich darin, daß sie »über ihre Usprungsabsicht sehr mannigfache Gaben ... an die konkrete, die jeweilige, geschichtliche beladene und geschichtliche aufgerührte [Menschenwelt] enthalten«. Und die »Interpretation« eines solchen Spruches werde nur dann wahr sein, wenn sie »zu seiner Absicht in der Stunde, da er gesprochen wurde, seine Entfaltung in all den Stunden seiner Wirkung fügt und in besonderer Weise gerade die in dieser Stunde, in der sie, die Interpretation, sich vollzieht. Die Geschichte erweitert aber nicht allein, sie vertieft auch die Deutung, denn das Schöpfen nähert sich dem Grunde.«

---

[201] Vgl. »*Geltung und Grenze des politischen Prinzips*«, in: der *Gedenkschrift zur Verleihung Hansischen Goethe-Preises* 1951 der gemeinnützigen Stiftung F.V.S. zu Hamburg an Martin Buber, überreicht am 24. Juni 1953, Hamburg, S. 9-20. Auch in: *Frankfurter Hefte*, Bd. VIII, Heft 9, September 1953, sowie in: *Neue Schweizer Rundschau*, N.F. XXI, Heft 5, September 1953. Zitiert wird nach: Martin Buber, *Werke*, 1. Band, Schriften zur Philosophie, München-Heidelberg: Kösel-Lambert Schneider 1962, S. 1095-1108. Buber hielt diese Vorlesung an sechs weiteren Universitäten: Heidelberg, Frankfrut, Münster, Hamburg, Tübingen und Göttingen. Nach seiner Vorlesung in Göttingen schrieb Buber an Maurice Friedman, daß er »überrascht von der starken Wirkung« gewesen sei. »Nach der Vorlesung versammelten sich mehrere Hundert Studenten vor der Univesität, um mir eine ›Ovation‹ zu geben.« Vgl. M. Friedman, *Martin Buber's Life and Work*, Vol. III, op. cit., S. 124ff.

Als Beispiel eines solchen »Spruches« wählt Buber »Jesu Spruch vom Zinsgroschen«, d.h. die an Jesus gerichtete Frage, ob es gesetzmäßig sei, »dem Kaiser Tribut zu zollen oder nicht«, worauf Jesus antwortet: »Gib dem Kaiser, was des Kaisers ist, und Gott, was Gottes ist« (Markus 12:14-17). Bubers Interpretation dessen, »was Gottes ist«, bezieht sich auch auf den eng damit zusammenhängenden Text von Markus 12:28-34: »Welches Gebot ist das erste von allen?«, worauf Jesus antwortet: »Das erste ist: Höre Israel, der Herr, unser Gott, ist der einzige Gott. Darum sollst du den Herrn, deinen Gott, lieben mit ganzem Herzen und ganzer Seele, mit all deinen Gedanken und all deiner Kraft.«

Buber zufolge soll dieses »Geben« oder »das, was Gottes ist« verstanden werden als »das, was dem Gott zugehört oder zukommt«, also als ein »Geben, welches eine Erwartung oder eine Pflicht erfüllt oder Genüge leistet«, und zwar »auf ein und derselben Ebene mit dem, was dem Kaiser zugehört oder zukommt«. Von seiten des Staates macht dies Gott aus einem Gott des »Kultes oder der Konfession« zu einem »Gott der Religion«. Was Gott gebührt, kann nicht einer »besonderen Sphäre« oder einem Teil des menschlichen Daseins oder der weltlichen Gewalt überantwortet werden. »Beginnen wir hingegen das Bemessen bei Gott, versuchen wir also zunächst ohne Rücksicht auf andere Ansprüche, vorbehaltlos, zu ermitteln, was Gott zukommt, dann treffen wir in der Tiefe der menschlichen Selbsterfahrung« auf »die Gesamtheit seiner Existenz, auf Gott«. Das Gebot, Gott zu lieben mit all seinen Kräften, bedeutet, daß jeder »Sonderbereich« ausgeschlossen ist, »dem der Mensch in konstitutiver Unabhängigkeit von seiner Verbindung mit Gott was immer zu ›geben‹ hätte.«

Buber sagt, wir sollten nicht von einer »Aufteilung eines und desselben Bereiches« sprechen, da »[die] menschliche Person, ontologisch betrachtet, nicht eine einzige Sphäre, sondern eine Verbindung von zweien [ist], der Sphären von Ganzheit, Sonderung oder Aufteilung«. Was die »zwei Sphären« betrifft, bezieht sich Buber »keineswegs auf die Zweiheit von Körper und Seele, von denen die eine dem Reich des Kaisers, die andere dem Gottes zuzuteilen [wäre]«. Dies »widerstritte der Lehre Jesu«. »Ich meine vielmehr, von jenem deuteronomischen Wort ›mit deiner ganzen Seele und mit deiner ganzen Macht‹ ausgehend, die Sphäre der Ganzheit und die der Sonderung oder Aufteilung.

Wenn und insofern der Mensch ganz wird, wird er Gottes und gibt er Gott – er gibt Gott eben seine Ganzheit; alle ihm gewährte Verwirklichung der Ganzheit in irgendeiner Erdachse hängt letztlich und über alle Namengebung hinaus damit zusammen. Sein sterbliches, von der Sterblichkeit geprägtes Leben kann nicht in der Ganzheit verlaufen, es ist an die Sonderung, die Aufteilung gebunden. Er darf und soll aber jener die Weisung für diese entnehmen. Was er in der Sphäre der Sonderung rechtmäßig tut, empfängt seine Rechtmäßigkeit aus der Sphäre der Ganzheit. In der Predigt aus dem Deuteronomium folgt bald auf das Gebot der Gottesliebe ein merkwürdiger Doppelsatz. Zuerst wird gesagt, Gott liebe den fremdbürtigen Gastsassen, und dann heißt es: Ihr sollt den Gastsassen, den Fremden, lieben. Unsere Liebespflicht zu ihm ergibt sich, in der Sphäre der Sonderung, aus Gottes Liebe zu ihm, dem preisgegebenen Mann, wenn wir, in der Sphäre der Ganzheit, Gott lieben. So wird auch das Geben an den Staat, das Geben dessen, was ihm in der Sphäre der Sonderung zukommt, von der Sphäre der Ganzheit aus ermächtigt, in der wir Gott das geben, was ihm zukommt: uns selber. ... Gebt Gott eure Unmittelbarkeit – sagt uns der Zinsgroschenspruch –, und ihr werdet erfahren, was von eurer Mittelbarkeit ihr dem Kaiser geben sollt.«[202]

Das »politische Prinzip«, wie es Hegel entwickelte, sieht den Staat nicht als eine widersetzliche, feindliche Kraft oder Gewalt, sondern

---

202 *Geltung und Grenze des politischen Prinzips*, op. cit., S. 1100-1101. In Bubers Deutung entdeckt man Elemente des ihn prägenden chassidischen Hintergrundes und dessen kabbalistischer Ursprünge, welche Bubers Sicht der Person, der Kreatur als einer Einheit zweier Sphären beleuchten. Der kabbalistischen Ontologie gemäß wurde Gottes anfängliche Einheit zerbrochen, und Gottes Kreaturen, die Gläubigen, sind verpflichtet, den Alltag nach besten Kräften zu heiligen, bis die ursprüngliche Einheit des Königtumes wiederhergestellt sein wird.

als den »Gang Gottes in der Welt«; der »Volksgeist« »durchdringt seine Seele und erobert seinen Willen«. Das politische Prinzip besagt, daß die »öffentlichen Ordnungen rechtmäßig die Determinante des menschlichen Daseins [sind]. (...) Demnach ist der Mensch wesentlich des Kaisers.« Wenn dieses Prinzip vorherrscht, wird die Frage des Geldtributs null und nichtig. »Ob der nach Abzug des Wesentlichen verbleibende Rest noch auf die Rechnung ›Gottes‹ gebucht wird, kann, wo man dieses Nomen so weitgehend entweder aus dem Wortschatz gestrichen hat oder es nur noch metaphorisch oder konventionell verwendet, kaum noch von Belang sein.«

»Die Relativierung der höchsten Werte, die dieses Zeitalter kennzeichnet, hat vor dem politischen Prinzip haltgemacht. ... hier wird etwa die Wahrheit nicht mehr als das ›mir‹, sondern als das ›uns‹ Zuträgliche verstanden und behandelt. Dieses ›Wir‹ ist vorgeblich das der Kollektivität, etwa des ›Volkes‹, faktisch jedoch das der jeweils Herrschenden. Diese suchen freilich vielfach, im Interesse ihrer Machtbewahrung und Machterweiterung, im Volk den Glauben an die seiende Wahrheit, an die sie selber nicht mehr glauben, zu erhalten.«[203] Das »politische Prinzip« führt unausweichlich zu irgendeinem Relativismus, sei es nun in seiner »individualistischen« Form bei Stirner und Nietzsche, sei es in seiner »kollektivistischen« Form bei Marx oder in einer verwandten Weise bei Heideggers Existentialismus.

»Auch der Existentialismus Heidegges wurzelt in Hegels Denken, aber in einer tieferen, ja der tiefsten Schicht. Wie für Hegel die Weltgeschichte der absolute Prozeß ist, in dem der Geist zum Selbstbewußtsein gelangt, so sieht Heidegger im geschichtlichen Dasein die Aufhellung des Seins selber geschehen, weder dort noch hier ist Raum für ein Übergeschichtliches, das die Geschichte betrachtet und über sie richtet. Hier wie dort läßt sich das Geschichtliche von seinem eigenen Geschichtsdenken in letzter Instanz bestäti-

[203] Op. cit., S. 1103.

gen; hier wie dort ist demgemäß die Besinnung auf den kühnsten Begriff des Menschengeschlechts nicht zugelassen, den Begriff der Ewigkeit, die dem gesamten Geschichtsablauf und damit jeder Geschichtszeit richterlich überlegen ist. Hier wie dort ist die Zeit nicht vom Zeitlosen umgriffen, und die Zeiten erschauern nicht vor einem, der nicht in der Zeit haust, der in ihr nur erscheint. Hier wie dort ist das Wissen des Menschen geschwunden, daß die Zeit gar nicht als ein Letztseiendes, in sich Selbständiges und sich Zulängliches gedacht werden kann und daß jedem Versuch, sie als solches – gleichviel ob als endlich oder als unendlich – zu durchdenken, die Absurdität auflauert. Wird die Geschichtszeit und die Geschichte verabsolutiert, so kann es sich leicht ereignen, daß in der geschehenden Geschichte der zeitbefangene Denker dem aktuellen staatlichen Machtgetriebe den Charakter des Absluten und in diesem Sinn Zukunftbestimmenden zuspricht. Danach mag für ein Weilchen der Gnom Erfolg krampfhaft grinsend den Gottessitz der Vollmacht einnehmen.«[204]

Buber fragt dann, wie der Staat verabsolutiert werden konnte, »da es ihn doch lediglich in der Mehrzahl, als ›die Staaten‹ gibt«. »In Zeiten wie der unsrigen scheint der Kalte Krieg der historische Normalzustand zu werden.« Innerhalb dieser Lage definieren die Staaten dem »politischen Prinzip« zufolge ihre Parteilichkeit nach dem »Freund-Feind«- Kriterium, wodurch »Gut« und »Böse« theologische Begriffe werden und der Staat das theokratische Zentrum des Universums.

Buber glaubt, daß man, wenn politische Organisationen nicht unsere »Ganzheit und Unmittelbarkeit antasten«, »Gott in der Sphäre der Gruppe, so gut man könne, herzhaft » dienen kann. Dies kann man aber nur tun, wenn den »Fiktivgesinnten« einer Partei nicht erlaubt wird, Tatkraft und Motive über die »Realgesinnten« zu erreichen. Obwohl es ein dorniges und schweres Geschäft ist, »kann man nicht«, ohne an eine Partei begründende Prinzipien zu glau-

[204] Op. cit., S. 1104.

ben und zu folgen, »Gott in der Partei dienen, kann man nicht ihm im Bereich des politischen Prinzips das geben, was sein, was Gottes ist.«

Während die Zwecke niemals die Mittel rechtfertigen können, »können die Mittel den Zweck zuschanden machen«. Buber stellt in Abrede, daß eine einzelne Partei den vielfältigen Göttern oder Völkern, die unseren Planeten bewohnen, Gerechtigkeit widerfahren lassen oder gar diese repräsentieren kann. Um den Forderungen »der Stunde« Genüge leisten zu können, ist »eine Front« vonnöten von Menschen mit Überzeugung, Führerschaft an vielen Fronten und vieler Gruppen, die sich verbünden und wissen, daß sie einer Front zugehören, trotz ihrer verschiedenen Herkommen und Ziele, aber »einem Kampf für menschliche Wahrheit verpflichtet« und voll bewußt dem paradoxen Wesen menschlicher Wahrheit: »Die menschliche Wahrheit ist ja nichts anderes als die Treue des Menschen zu der Einen Wahrheit, die er nicht besitzen, der er eben nur dienen kann, seine Treue zu der Wahrheit Gottes.«

Die Existenz von »anderen«, von »Fremden«, von Verschiedenartigen erinnert uns an etwas – an unseren Mangel von Ganzheit und an das Unvermögen des »politischen Prinzips« allein, Auseinandersetzungen und Kriege zu vermeiden.

Benötigt wird heute »eine Sprache, um einander zu verstehen«: »Wir leben in einer Weltstunde, in der das Problem des gemeinsamen Menschengeschicks so widerborstig geworden ist, daß die routinierteren Verweser des politischen Prinzips zumeist sich nur noch zu gebärden vermögen, als ob sie ihm gewachsen wären. Sie reden Rat und wissen keinen; sie streiten gegeneinander, und eines jeden Seele streitet gegen ihn selber. Sie bräuchten eine Sprache, in der man einander versteht, und haben keine als die geläufige politische, die nur noch zu Deklarationen taugt. Vor lauter Macht sind sie ohnmächtig und vor lauter Künsten unfähig, das Entscheidende zu können. Vielleicht werden in der Stunde, da die Katasrophe ihre letzte Drohung vorausschicken wird, die an der Querfront [cross-front i.O. - A.d.Ü.] Stehenden einspringen müssen. Sie, denen die Sprache der menschlichen Wahrheit gemeinsam ist, müssen dann zusammentreten, um mitsammen zu versuchen, endlich Gott zu geben, was Gottes ist, oder, was hier, da eine sich verlierende Menschheit vor Gott steht, das gleiche bedeutet, dem Menschen zu geben, was des Menschen ist, um ihn davor zu retten, daß er durch das politische Prinzip verschlungen wird.«[205]

Bubers Worte berührten Fragen, die Caesarius sehr beschäftigten; Gefühle, die er mit Kogon und Dirks, den Herausgebern der Frankfurter Hefte, und anderen Sympathisanten teilte. Betrachtet man das heutige politische Klima, sind Bubers Worte besonders an der Zeit. Damals war ich von der ganzen Umgebung derart überwältigt und lag derart mit mir selbst in der Quere, weil ich wegen meiner deutschen Sprachkenntnisse nicht allem zu folgen vermochte, so daß ich große Schwierigeiten hatte, alles auf die Reihe zu bekommen und die Tiefe dessen, was Buber sagte, gehörig zu ermessen. Und Bubers Stil war, wiewohl seine Worte sprachmächtig waren, nicht so, daß sie einen vom Stuhle rissen oder ergriffen, wie etwa zum Beispiel die Rede Reinhold Niebuhrs oder Eugen Rosenstock-Huessys. Meine Erfahrung mit den Schriften Bubers war immer derart, daß ich mehrere Lektüren dessen benötigte, was ursprünglich eine Rede oder ein öffentlicher Vortrag gewesen war, um seine tiefgreifenden Gedanken zu ergründen. So gesehen, war Buber mehr jemand für die »Augen« als für die »Ohren«.

Nach dem Empfang mit Wein und Käse zu seinen Ehren lud Buber Caesarius und mich in sein Hotel *Die drei Kronen* ein. Es muß wohl um elf Uhr in der Nacht gewesen sein, als wir – jedenfalls ich – Buber etwas Unvergeßliches verdankten. Buber lehnte sich in seinem Sessel vor und sagte zu Caesarius: »Nun, Pater Caesarius, Sie sagten mir, Sie wollten gerne einige Fragen mit mir diskutieren. Was sind dies für Fragen? Bitte, beginnen Sie!« Karl antwortete, er wisse, daß Buber aufmerksam Versuche verfolge, neue Formen religiöser Gemeinschaften in Frankreich zu gründen, in denen das Leben

---

205 Op. cit., S. 1107-08.

des Dialogs auf zugleich einfache und unprätentiöse Weise gelebt werden könne. Er erzählte Buber, wir seien unterwegs erst nach Paris, dann wollten wir mit einem anderen Mönch eine ländlich-bäuerliche Priestergemeinschaft bei einem Bauern gründen, dessen flämische Familie einen Hof in den französischen Alpen in der Nähe von Gap besitze. Nachdem er dies gesagt hatte, lehnte Caesarius sich vor und sagte: »Professor Buber, ich möchte Sie fragen oder bitten, ob Sie nicht heute abend mit uns zusammen vom Standpunkt des dialogischen Lebens über die Implikationen sprechen könnten, die eine neue Person einer bestehenden Gemeinschaft von zweien hinzufügt?« Caesarius benötigte zehn Minuten, um alles zu sagen; währenddessen hatte Buber Karl nicht unterbrochen. Dann begann Buber in seiner ruhigen und überlegten Art, auf Karls Frage zu antworten. Er sprach ohne Unterbrechung fast eine Stunde. Gelegentlich bat Karl Buber, etwas zu wiederholen oder zu erläutern. Obwohl Buber fast die ganze Unterhaltung bestritt, fertigte jeder der Beteiligten von den anderen seinen eigenen Schlüssel zu diesem Gespräch. Was tat ich während dieses Gesprächswechels? Ich hörte als aktiver, freilich nicht so gewichtiger Teilnehmer zu. Ich sprach nicht, aber ich war immer »gegenwärtig« und brachte allein durch die Blicke meiner Augen und meinen jeweiligen Gesichtsausdruck etwas in dieses Gespräch ein. Als wir uns dem Ende unserer Begegnung mit Buber näherten, schaute ich auf meine Uhr und bemerkte, daß es schon weit nach Mitternacht war und daß Buber – er war damals schon 75 – teils gereist, teils ohne Atempause den ganzen Tag gesprochen hatte. Aber selbst am Ende unseres Gesprächs zeigte er kaum Zeichen von Ermüdung. Nach unserer Begegnung kehrten wir nach Oberwesel zurück. Am nächsten Tag schon reisten wir nach Paris ab.

Paris – Les Éditions du Cerf, die Patres Maydieu, Duploy und die Arbeiterpriesterbewegung

Unterwegs nach Paris besuchten wir Freunde von Karl in Nancy und übernachteten neben der Straße. Nach einigen Problemen, die uns unser »Utachen« machte, kamen wir in Paris an, wo wir Gäste des in der Mitte der Altstadt gelegenen Benediktinerklosters waren. Während unseres Aufenthalts trafen wir uns mit den zwei fortschrittlichen dominikanischen Gelehrten Pater Duploye und Pater Maydieu in den Büroräumen des Verlages *Les Editions du Cerf*, bei dem *La Vie Spirituel* [Das geistliche Leben] und *La Vie Intellectuel* [Das geistige Leben] veröffentlicht worden waren. Während dieser Zeit traf Caesarius des öfteren mit Führern der Arbeiterpriesterbewegung zusammen, die damals für die französische katholische Amtskirche zu einem zunehmend zu beachtenden Faktor wurde. Abgesehen davon, daß Priester, um in den Fabriken arbeiten zu können, Mitglied der kommunistisch kontrollierten Gewerkschaften werden mußten, waren Amtskirchenträger der Meinung, die Auslegungen und Deutungen der ökonomischen Ungleichheit und der sozialen Ungerechtigkeiten dieser Priester im Geiste der Bibel gingen nicht nur oft mit den marxistischen Analysen der sozialen Unruhen und religiösen Ungehorsamkeiten parallel, sondern sympathisierten mit ihnen, ja seien mit jenen identisch. In der Tat stoppte Rom in den Jahren 1953 – 54 die meisten dieser Experimente. Im September 1959 wurden die Möglichkeiten, so zu arbeiten, noch weiter eingeschränkt, nicht aber in Belgien. Wie die Leser gleich entdecken werden, sollte der Bann der Arbeiterpriesterbewegung in diesen Jahren 1953-54 unsere Anstrengungen zwei Monate später in den französischen Alpen empfindlich treffen.

Historisch gesehen war Frankreich an der Trennung von Kirche und Staat und an der Vertreibung religiöser Orden, was aus Napoleons Konkordat folgte, zerbrochen. Nach dem 1. Weltkrieg war die französische Arbeiterklasse entchristianisiert, und die Kirche wurde zu einem Hort der Mittelklasse, der *Bougeoisie*, die sich mit der Kirche als einer gesellschaftlich stabilisierenden Macht verbündete. 1927 sagte Papst Pius XI. dem Abbé Joseph Cardijn (1882 – 1967; 1967 von Papst Paul VI. zum Kardinal ernannt), dem Gründer der Jokisten, wie skandalös es gewesen sei, daß im 19. Jahrhundert die Kirche eigentlich die Arbeiterklasse verloren habe. 1924 in Belgien, dann 1926 in Frankreich entstanden innerhalb der Kirche Assoziationen von Fabrikarbeitern wie die *Jeunesse Ouvrière Chrétienne*, die von den sozialen Idealen Papst Leos XIII. *Rerum Novarum* inspiriert waren, unter der Führung des Abbé Cardijn, die aus »Sektionen« von 30 bis 40 Arbeitern bestanden, die dann regionale Unterorganisationen bildeten. Ähnliche Assoziationen gründeten die Landwirtschaftsarbeiter wie die *Jeunesse Agricole Chrétienne* und die Seeleute wie die *Jeunesse Maritime Chrétienne*.

Es war im Kontext dieses geistlichen Vakuums, daß die atheistischen sozialistischen Bewegungen der Marxisten und der christlichen Sozialisten, aber auch gesellschaftlich aktive Laien mit einem mehr traditionellen kirchlichen Hintergrund der arbeitenden Klasse bis zum 2. Weltkrieg Hoffnung und Verheißung zu geben versuchten. Papst Pius XI. (1922 – 39), der »Papst der Katholischen Aktion«, sah in dem Priester »die Seele der Katholischen Aktion« und bestand darauf, daß das Leben der Laien verbunden sein müsse mit der größeren Mission der Kirche.

Historisch gesehen, bezog sich die Katholische Aktion im engeren Sinne auf alle die, die sich für ein »Laienapostolat« als einer Waffe der Amtskirche stark machten, im weiteren Sinne auf die Aktionen katholischer gläubiger Laien. Pius XI. insistierte, die Katholische Aktion sei »auch soziale Aktion, weil sie den Glauben an das höchste Gut der Gesellschaft, das Königtum Jesu Christi, verbreite. Sie mißachte nicht die großen Probleme, welche die Gesellschaft verhexten und sich in den religiösen und moralischen Ordnungen spiegelten, sie jedoch unter der Führung der Amtskirche studiere und Vorschläge unterbreite, sie zu lösen gemäß den Prinzipien der Gerechtigkeit und der christlichen Liebe.«
Der Jokismus repräsentierte, bis er vom Vatikan 1954 mit einem Bann belegt wurde, innerhalb der Bewegung der Katholischen Aktion die liberaleren und radikalen sozialen Laienaktivisten in der Kirche von Frankreich und Belgien. Er »versuchte, ökonomische und soziale Institutionen zu ändern oder zu christianisieren, und zwar durch eine Technik, die sich in der Formel ›Schau hin, urteile und handle!‹ zusammenfassen läßt und Anwendung in

kleinen Gruppen fand oder in einem spezialisierten oder Laien-Apostolat.«[206] Jokisten und diejenigen mit ähnlichen Ansichten unter den Klerikern und »Gläubigen« (d.h. in religiösen Orden) gab es unter denen, die mit Caesarius' Vorstellungen sympathisierten und ihm gelegentlich bei seinen Unternehmungen in Frankreich, Portugal und Nordafrika halfen. In der Rückschau können die Techniken der Jokisten als Vorläufer derjenigen betrachtet werden, die von den Priestern und den Laien in Lateinamerika eingesetzt wurden, das heißt von den »Theologien der Befreiung« in kleinen Kirchengruppen, wie sie unter dem Namen *Communidades Eclesias de Base*, kurz CEBs [kirchliche Basisgemeinden], bekannt wurden. Bekannt wurden auch die Gruppen, die sich auf Paulo Freire und seiner »Pädagogik der Unterdrückten« stützten.[207]

---

[206] D.J. Geaney, »*Catholic Action*«, *The New Catholic Encyclopedia*, New York: McGraw Hill 1967.

[207] Trotz vielfältiger Formulierungen haben die Theologien der Befreiung in Lateinamerika gemein: (a) Sie wurzeln in einer Theologie der Armen – bekannt als »präferentielle Option für die Armen«; (b) Theologie (Theorie) reflektiert (Praxis) die Erfahrungen der Armen; c) wie sie sich in den Kirchlichen Basisgemeinden (Communidades Eclesias de Base) verkörpern; (d) ein Evangelium der »Befreiung« wird proklamiert – dieses ist eine der geistlichen, politischen und ökonomischen Begeisterungen (»empowerment«) oder Bewußtwerdungsweisen, wie sie von dem brasilianischen Erzieher und Alphabetisierungskampagnen-Fürsprecher Paulo Freire in seinem klassischen Werk »Pädagogik der Unterdrückten« artikuliert werden. Diese Charakteristika werden von solchen lateinamerikanischen Befreiungstheologen wie Gustavo Gutiérrez, Leonardo und Clodovis Boff, Pablo Richard, Jon Sobrino, José Comblin und Elsa Tamez geteilt. Die »Präferenz-Option für die Armen« richtet ihre Aufmerksamkeit nicht bloß auf ökonomische Armut oder Arbeitslosigkeit, sondern auf die Armen und die Armut als Leiden und Ohnmacht, geschichtliche Charakteristika derer, die ohne »Wahlmöglichkeiten« oder »Optionen« leben. Freires Buch wurde 1968 ursprünglich auf Portugiesisch geschrieben, nachdem Freire und Richard Shaull 1964 aus Brasilien verbannt worden waren. Freire gab das Manuskript Richard Shaull, der es ins Englische übersetzte. Shaull, den man oft als einen, wenn nicht gar den protestantischen Theoretiker hinter der Bewegung der Befreiungstheologie ansieht, schrieb das »Vorwort« für die englische Ausgabe seines Freundes (erschienen in New York: Continuum 1970; dt. Hamburg: Rowohlt Verlag 1973).

Marcel Légaut und dialogische Experimente in den Hautes-Alpes

Unsere Probleme mit »Utachen« nahmen derartige Ausmaße an, daß wir es in eine Werkstatt in einem kleinen Dort außerhalb von Paris zur Reparatur geben mußten. Karl fuhr mit der Bahn weiter, um seinen Mitbruder, den Pater Vernay, auf dem Beauchau-Bauernhof in la Haute-Beaume in den Hautes-Alpes zu treffen. Ich fuhr per Autostop nach Paris zurück, wo ich bei einem Klassenkameraden unterkam, bis sich heraustellte, daß das Ersatzteil bestellt werden müsse und der Mechaniker keine Ahnung habe, wann er die Reparatur beenden könnte. In Anbetracht meiner Situation und ihrer Möglichkeiten beschloß ich, den Wagen in der Werkstatt zu lassen, bis er repariert worden war, und fuhr wieder per Autosptop bis in jenes Tal, in dem der Beauchau-Bauernhof lag. Von dort ging es mit meinem Rucksack den Berg hoch, bis ich den Bauernhof erreichte, von dem ich dachte, es müsse der Beauchau-Bauernhof sein. Es war jedoch schon Mitternacht, als ich da ankam. Obwohl ich unsicher war, ob dies der richtige Bauernhof sei, und ich niemanden aufwecken wollte, andererseits aber sehr müde war, fand ich zu meiner Rechten eine Scheune. Ich trat ein, sah im Licht meiner Taschenlampe einen Stapel Heu in einem leeren Stall, legte mich hin und fiel sofort in einen tiefen Schlaf.

In der Tat hatte ich den richtigen Bauernhof gefunden, denn – es mag so gegen neun oder zehn in der Frühe gewesen sein – Caesarius zupfte mich an der Schulter und stellte mich dann Monsieur Beauchau vor. Offenkundig hatten sie bemerkt, daß ich meinen Schlaf benötigte, worin sie gar nicht fehlgegangen waren.

Nach einem späten Frühstück ging Karl mit mir aufs Feld, um mich Pater Vernay Encalat, O.S.B., vorzustellen, einem Mönch der berühmten Benediktiner-Abtei von Saint-Pierre de Solesmes im Nordwesten Frankreichs. Diese beiden Männer hatte eine Alternative zur Pariser städtischen Arbeiterpriesterbewegung begonnen, nämlich eine ländliche oder Bauern-Priester-Gemeinschaft in la

An diesem Platz fand das Experiment von Pater Caesarius und Père Vernay statt. Gemeinsam mit Jean und Jaqueline Beauchau und ihrer Familie lebten die beiden Mönche auf einem Hof in der Nähe von la Haute-Beaume.

Haute-Beaume. Karl und der Père Vernay waren wie füreinander geschaffen, denn sie waren total verschiedene Persönlichkeiten. Im Gegensatz zu Karl, der leidenschaftlich, überschäumend und gesellig war, war Pater Vernay von freundlichem Temperament und sehr warmherzig zu anderen, andererseits aber mehr introvertiert, ruhig und zurückhaltend. Er entsprach eher der Durchschnittsvorstellung eines kontemplativen Mönches. Ein Grund dafür, daß er so erscheinen konnte, lag in seinen gesundheitlichen Problemen, insbesondere litt er unter häufigen Migräne-Anfällen, die ihm große Schmerzen verursachten und ihn für längere Zeit außer Kraft setzten. Von diesen beiden verfügte Karl über die größere körperliche Ausdauer und Belastbarkeit.

Jean Beauchau (1953)

Sie arbeiteten und lebten zusammen mit Monsieur Jean Beauchau, seiner Frau, ihren sechs jungen Kindern, Beauchau und der rüstigen Großmutter. Beaucheau, damals in den 30ern, war von flämischer Herkunft und hatte den Bauernhof gepachtet. Als ich Karl 1980 in Laach besuchte, erwähnte er, daß er und Pater Vernay durch Marcel Légaut mit Jean Beauchau bekannt gemacht worden waren. Obwohl ich mich nicht erinnere, daß Karl Légauts Namen 1953 erwähnt hätte, war mir aus unseren Unterhaltungen 1980 klar, daß er Légauts Schriften gut kannte, ihm sogar geschrieben und ihn auf seinem Hof besucht habe. Légauts Name fällt nicht im Briefwechsel mit Buber, und ich fand auch keinen Brief von diesem an Caesarius in Laach.[208] Aus unseren Unterhaltungen wurde aber deutlich, daß Légauts Schriften und Karls Besuche bei ihm zur Bekanntschaft mit Jean Beauchau führten.

[208] Pater Caesarius schickte viele Briefe an seine Schwestern und an andere Orte, wo er sich aufgehalten hatte. Die meisten dieser Briefe wurden nicht Maria Laach übergeben. Ich schätze, daß nur ein Bruchteil dieser Briefe in den Archiven von Maria Laach aufbewahrt werden.

Professor Marcel Légaut (geb. 1900 – 1990)[209] war ein Professor, der Bauer geworden war und mit seiner Frau, fünf Kindern und Schafen in les Granges en Diois lebte, in einer abgelegenen, zerklüfteten Bergregion westlich von la Haute-Beaume. Schon während, aber dann sofort nach der Vichy-Regierung und dem 2. Weltkrieg gab es viele, die aus ganz verschiedenen Gründen aufs Land zogen und Landwirtschaft betrieben – entweder wegen Lebensmittelknappheit oder aus einem antistädtischen und antitechnischen Lebensgefühl heraus. Légaut tat diesen Schritt, um seine Vision eines geistlichen Lebens in »Zurückgezogenheit« zu verwirklichen.

1919 begann er ein Studium der Mathematik und wurde der Laienführer einer kleinen, freilich rührigen katholischen Studentengruppe, die Wissenschaft und ein Leben voller Innerlichkeit zu verbinden suchten. Der Ratgeber der Gruppe war der Abbé Portal, der ein Freund von Lord Hailfax war und starken Anteil an der ökumenischen Bewegung nahm. In ihren Sitzungen versuchten sie die Antworten, die sie im Alten und Neuen Testament gefunden hatten, auf die Probleme anzuwenden, mit denen die Wissenschaft die modernen Gläubigen konfrontierte.
Einige ihrer Mitglieder wählten das religiöse Leben, wie zum Beispiel Pater Avril, der der Provinzial der Dominikaner von Paris war, als Caesarius ihn in Paris bei den Dominikanern bei den *Editions du Cerf* traf. Légaut jedoch und seine Mitbrüder versuchten, ihre Erfüllung und ihren Weg in der Welt zu finden, indem sie ihre eigene

[209] Robert Barrat, »Légaut, Professor turned Peasant«, in:*The Commonweal*, October 19, 1951, S. 33-35. Légaut publizierte mehr als 20 Bücher über christliche Meditation, Gemeinde und Spiritualität in den Jahren 1950 bis 1992. Sein bekanntestes Buch heißt *Meditation eines Christen des 20. Jahrhunderts* (wurde nicht ins Deutsche übersetzt, das Original erschien in Paris: Aubier-Montaigne 1983). Vgl. Anton Rotzetter, »*Marcel Légaut, Madeleine Delbrel, Simone Weil – oder: die neuen Wege des Geistes*«, in: A. Rotzetter (Hrsg.), Geist und *Geistesleben: die Erscheinungsformen des geistlichen Lebens in ihrer Einheit und Vielfalt*, Band II, *Seminar Spiritualität*, Zürich: Benziger 1980. Jean Claude Breton, »*Foi en soi et confiance fondamentale: Dialogie entre Marcel Légaut et Erik H. Erikson*«, *in: Eglise et Theolgie*, Bd.20, Heft 1 (1989), S. 134-35.

kleine Kommunität aufbauen wollten, um einem geistlichen Leben nachgehen zu können, welches in mehr als in einer Hinsicht strenger und konsequenter ausgerichtet war als das Leben im Kloster.

Sie lebten in über einem Stall gelegenen Räumen eines Bauernhofes, wo sie fasteten und Abstinenz übten, die Heilige Messe feierten und auf dem Hof arbeiteten. Bald wurde er ein Provinzial-Professor, und als Antwort auf viele Anfragen und Bitten um Kopien seiner Predigten und Meditationen wurden seine *Meditationen eines Gläubigen* als Buch veröffentlicht, welches bald »zu einem der meistgelesenen Bücher unter jungen Leuten der Nachkriegszeit« wurde. Es vereinigt in sich eine klare Sicht der Ansprüche, die die Bibel an das Leben der Menschen stellt, und »übt sich in Meditationen des zutiefst Innerlichen, beides als Reaktionen eines Geistes, welcher zugleich hellsichtig, gelassen und vollkommen ausgerichtet ist auf die Übungen der Lobpreisungen«.[210]
In den Jahren 1935 bis 1936 leitete er Freizeiten für Studenten, die jedoch ganz nach dem Vorbild seines Verständnisses vom frühen Christentum gelebt wurden. Damals hegte er den Wunsch, nach diesem Vorbild eine Christliche Universität zu gründen. Nach einer kurzen Militärzeit als Offizier ohne Befehlsgewalt während des Krieges kam er zur Einsicht, daß sein Universitätsstudium ihn nicht vorbereitet habe, mit den geistlichen Realitäten und den Kriegsfolgen zurande zu kommen, auch nicht auf die Erfordernisse eines geistlichen Führers in der Nachkriegszeit. Aus seiner Verzweiflung und seiner Entzauberung heraus »gelangte er dahin, wieder das zu tun, was die Benediktiner früher getan hatten. Mit einigen Studenten zog er sich in die Berge zurück, um einige Hektar französischer Erde zu bestellen, aus seinen jungen Nachfolgern ganze Menschen zu bilden, ihnen durch ein Leben hilfreich zu sein, welches, obwohl es karg war, alle ihre leiblichen, geistigen, moralischen und geistlichen Anlagen entwickeln sollte.

[210] Robert Barrat, op. cit.

Pater Caesarius und Père Vernay vor ihrem Domizil. Ihr Mönchsquartier war in einem früheren Hühnerstall.

Er fand eine kleine aufgegebene Domaine in la Drôme, heiratete und ließ sich dort nieder.« Légaut zufolge bestand eine Antwort auf die Probleme Frankreichs darin, »die Tugenden des französischen Bauerntums zum Vorbild aller zu machen – Bescheidenheit, Fruchtbarkeit, der Wille, Gefahren die Stirn zu bieten, eine besondere Schlauheit, körperliche und moralische Zucht und Gemeinsinn«. Légauts Ansichten von einem christlichen Leben und seinen Einflüssen auf die Gesellschaft wies drei Eigenschaften auf, die in Caesarius Widerhall fanden. Die erste stimmte mit dem klösterlichen Gelübde überein: Will ein Christ wirklich nach dem Vorbild Christi leben, muß er »hinuntersteigen« und ein Leben der Entsagung führen. Der wahre Mystiker, der wahrhaft Kontemplative »muß allem entsagen, muß sein Selbst aufgeben, um Gott finden zu können«. Die zweite sprach Caesarius besonders an: Religiöse

Entsagung und mystischer Abstieg müssen auf irgendeine geheimnisvolle Weise die Gesellschaft beeinflussen. Eine Gesellschaft kann nicht bestehen, es sei denn, es bestünde eine doppelte Bewegung: »eine Bewegung aus den Tiefen in die Höhe, andererseits aber auch eine aus den Höhen in die Tiefen«. Die Träume von Emanzipation und Freiheit, wie sie in der Französischen Revolution proklamiert, dann während der industriellen Revolution entwickelt worden waren, erzeugten nach Ansicht Légauts eine Generation, die überall nur mit materiellem Wohlleben und gesellschaftlichem Erfolg des Individuums beschäftigt war, aber einhergingen mit der Verwerfung traditioneller mit dem Boden und mit der Erde verbundener Werte. Darum »schämte man sich der Tätigkeiten des Vaters ... und machte sich nach Paris auf, um sein Glück zu machen. Frankreich hat deshalb einen ungeheuren Kopf – Paris, wo alles Leben der Künste, des Handwerks, der Industrie, des Handels und des Geistes konzentriert ist. Dieses Gehirn ist überwältigend reich.«

Die dritte Eigenschaft von Légauts Spiritualität, die Ceasarius' Akzeptanz fand und ihn ansprach, war die, daß nicht nur die Zukunft Frankreichs oder Deutschlands und der ganzen Menschheit, sondern auch die Zukunft der »Religion« überhaupt *»vom Aufkommen einer gegenläufigen Bewegung des Heruntersteigens von den Besserverdienenden und Hochgestellten, den Begabteren hin zu einem niederen Leben, zu einem Leben der Niedrigsten und Verlassenen«*[211] *abhänge (*Hervorhebung v. Autor*).*

[211] Op. cit. In unseren Tagen wurden diese Werte innerhalb des Judentums verkörpert im Leben und in der Lehre von zwei lieben, leider schon verschiedenen Freunden – von Rabbi Marshall T. Meyer und seinem Mentor Rabbi Abraham Joshua Heschel. Beide legen Zeugnis vom Glauben ab, daß das mystische Leben in sozialem Engagement und Handlungen ausmünden muß. Als z.B. Heschel eine Verpflichtung am Jewish Theological Seminary annahm, bestand er auf dem Titel »Professor für Jüdische Mystik und Ethik«. Während der Bürgerrechtsbewegung in den USA in den 60ern sagte Heschel, er predige durch demonstratives »Wandern« – von Selma nach Montgomery in Alabama. Obwohl Buber sehr von chassidischer Mystik (10 Generationen der Heschels waren Chassiden) beeinflußt war, zog er es vor, lieber vom »Religiösen« denn von »Religion« zu sprechen. Caesarius, Marshall Meyer und Abraham Heschel unterschieden sich genau in diesem sehr wichtigen Punkt.

Im Rückblick, denke ich, repräsentiert Légauts Spiritualität am besten die Prinzipien und die Ideale, die Caesarius in seinen dialogischen Kommunitäten zu verkörpern trachtete. Auf der anderen Seite bin ich ebenso gewiß, daß – in scharfem Kontrast zu seinem verehrten Lehrer Martin Buber – Caesarius' Glauben an die Daseinsberechtigung der »Religion« und »des Religiösen« überhaupt als einer besonderen, aufweisbaren Dimension der Wirklichkeit im Herzen der Grund für seine Unfähigkeit war, viele seiner emotionalen und spirituellen Qualen aufzulösen.

Die Beauchaus waren eine wundervolle Familie, glaubensstark, zugleich aber kritisch eingestellt gegenüber den Mängeln der Kirche. Sie waren belesen, für neue Ideen offen, in keiner Weise jedoch radikal in ihren Ansichten. Vom Wuchse her waren sie klein und drahtig; sie liebten einander sehr und waren ihren Kindern äußerst loyal zugetan. Das jüngste Kind hieß nicht zufällig, vollkommen passend in der Meinung ihrer Gäste, »Benoit« (Benedikt). Von meinem Kollegen Professor Michel Achard, der in ihrem Dorf aufwuchs und dessen Mutter die Lehrerin der Beauchau-Kinder war, erfuhr ich jüngst, daß die Familie geachtet war, niemals aber von den anderen Familien voll anerkannt wurde, die fast alle einer eng miteinander verknüpften Gemeinschaft entstammten und deren Eigentum von Generation zu Generation vererbt wurde. Dies war auch verständlich, denn sie waren »Outsider«, d.h., sie besaßen nicht ihr Land, sondern hatten es gepachtet; sie waren flämischer Abkunft, konnten ein wenig Englisch verstehen, waren offen für Neues, hießen neue und andere Gesichter, die bei ihnen zu verschiedenen Zeiten Gäste waren, herzlich willkommen.

Ich vermute, daß der örtliche Gemeindepriester, wiewohl er gegenüber uns herzlich und respektvoll auftrat, insgeheim sich von der Gegenwart solcher gebildeten Außenseiter bedroht fühlte. Die Oberen seiner Diözese, die Berichte über uns und unsere Tätigkeiten erhielten, waren, glaube ich, ebenfalls uns so wohlgesonnen nicht. Schon aus ihrer Tradition heraus sind Diözesanautoritäten selten glücklich über die Gegenwart von Mitgliedern reigiöser Or-

den – vor allem wegen ihrer Verpflichtungen und Rücksichtnahmen auf ihre eigenen geistlichen Oberen.
Obwohl Pater Vernay und Karl den örtlichen Bischof von ihrer Gegenwart in Kenntnis gesetzt hatten, wurden sie niemals von ihm oder von Leuten aus seiner Umgebung zu einer Begegnung eingeladen. Diese kirchlichen »Spannungen«, die Umstände und die Gefühle, die in dieser kleinen geschlossenen Kommunität erweckt wurden, glaube ich heute, wären auch aufgekommen, wenn die französische Amtskirche, welchen Ranges auch immer, Karls und Pater Vernays Experiment positiv oder negativ aufgenommen hätte.

Obwohl unsere Anstrengungen kurzlebig waren, genossen wir den wunderbaren Gemeinschaftssinn und die bezaubernde Lebensqualität während dieser fast drei Monate. Von Beginn an hielten Karl und Pater Vernay ihre *clausura* aufrecht. Die Beauchaus hatten ihnen ein kleines steinernes Gebäude zur Verfüung gestellt, welches einmal der Hühnerstall gewesen war. Nachdem sie es von allen Hinterlassenschaften der Hühner gesäubert hatten, zogen sie ein und teilten es in zwei Bereiche – einen zum Schlafen und zum Studieren, den anderen mit einem Tisch für einen Altar und einigen Bänken. Hier feierten sie das Stundengebet und die Messe. Jeder, der wollte, konnte teilnehmen und war herzlich eingeladen. Unser Essen nahmen wir immer zusammen mit der ganzen Familie ein, an einem langen Tisch in der Küche, ausgenommen dann, wenn wir arbeiteten oder anderen Pflichten Genüge leisten mußten. Während des Essen waren die Kinder immer wohlerzogen und immer neuer Quell fröhlichen Gelächters für uns alle. Als Gegengabe für Essen, Unterkunft und all den Wohltaten an diesen beiden wunderbaren Benediktiner-Mönchen durch diese wirklich katholische Familie, die mit ihnen zusammen lebte, halfen diese ihrerseits bei ihrer Arbeit und taten alles, was ihnen aufgetragen wurde. Ich erinnere mich noch an vier Tätigkeiten, die ich während dieses Aufenthaltes in dieser Kommunität zu tun hatte. Zu voller Zufriedenheit mußte ich Unkraut jäten und Gemüse ernten, eine Tätigkeit von niedrigstem Range. Das nächste war die Heuernte in den Bergen. Am liebsten tat ich dieses, wenn ich ihren Schweizer Traktor fahren durfte, der speziell so gebaut war, um an steilen Hängen Gras schneiden zu können. Sowohl der Sitz des Traktors als auch die Schneide richteten sich automatisch nach dem Neigungswinkel des Hanges. Mehr noch, kam man ans Ende einer Bahn, brauchte man den Sitz bloß herumdrehen, einen Hebel betätigen, und schon fuhr man in entgegengesetzter Richtung! Eine neue und befriedigende Erfahrung war das Abschreiten eines Berghanges in gebückter Haltung, um herrlich duftenden Lavendel für Parfüm zu schneiden und zu bündeln. Ich trug einen sackleinernden Beutel an meinem Gürtel, und wenn dieser Beutel voll war, ging ich zu einem Platz, wo ein 2 mal 2 $\frac{1}{2}$ Meter breites Tuch ausgebreitet lag, auf welches ich meinen Lavendel legte. Lag genügend auf diesem Tuch, faßte ich die vier Ecken zusammen und band sie mit einer Schnur zusammen, worauf ein oder zwei andere mir diesen Lavendel-Sack auf den Kopf, den Nacken, den Rücken oder die Schultern legten und ich dann den Berg hinunterschritt, wobei ich den Sack und meinen Körper jeweils im richtigen Winkel zur Neigung balancieren mußte, um zu vermeiden, aus dem Gleichgewicht zu kommen, hinzufallen oder meinen Schatz in hohem Bogen wegfliegen zu sehen. Irgendwie fand ich, dies sei die angemessene Arbeit für Mönche und jene, die Freude an Einsamkeit und Arbeit unter freiem Himmel hatten.

Die größte Freude machte man mir jedoch, als man mich bat, auf die Schafe in den Bergen während der dunklen Nächte zusammen mit einem Schäferhund aufzupassen. Man gab mir eine Schäferkluft, also einen schweren Lederumhang und einen Holzstock, und während der meisten Nächte, in denen es keine Zwischenfälle gab, saß ich an einem Feuer innerhalb von etwas, was einer umgekehrten Holzkiste ähnelte oder einem Sarg auf schweren hölzernen Füßen, was vor Wind und Regen und stürmischem Wetter Schutz gewährte. Wenn der Hund mir sagte, den Schafen drohe keinerlei Gefahr, konnte ich ein kleines Nickerchen einlegen. Ich werde nie diese vielen Geräusche, Schreie, Düfte vergessen, die mich umgaben, als ich meinen Pflichten eines Schäfers hoch oben auf einem Berg nachkam.

Unsere ziemlich idyllische Existenz fand leider zu unserem großen Leidwesen ein plötzliches Ende. An einem sonnigen Sonntagnachmittag, nachdem ich zweieinhalb Wochen in unserer Kommunität verbringen durfte (ich erfreute mich gerade des Sabbats, indem ich Aufnahmen vom Himmel und der Berge machte), da erblickte ich plötzlich ein großes schwarz glänzendes Automobil, welches sich den Berg hinaufwand. Als ich sah, daß es zu unserem Hofe einbog, machte ich mich auf und benachrichtigte Karl.
Der Wagen stellte sich als eine schwarzlackierte Citroen-Deluxe-Limousine heraus, gefahren von zwei französischen Priestern, Monseigneurs, die Karl und Pater Vernay in Kenntnis setzten, daß sie Beauftragte des Bischofs von Gap seien und sie unter vier Augen zu sprechen wünschten, um ihnen die Botschaft ihres Oberen zu übermitteln. Die vier gingen in den Hühnerstall und erschienen vierzig Minuten später wieder, umarmten Karl und Pater Vernay, stiegen in ihren Wagen und fuhren den Berg hinunter weg. Nachdem sich die Beauchaus versammelt hatten, teilte uns Karl mit, der Bischof habe den zwei Mönchen auferlegt, innerhalb von 48 Stunden die Diözese zu verlassen. Als sie nach dem Grund gefragt wurden, wollte keiner der beiden Beauftragten des Bischofs sich näher darüber auslassen.

»Ethnologische Studien« in Nordafrika: de Foucauld und de Las Casas

Nach langen Diskussionen, die bis in den Morgen gingen, entschieden Karl und Peter Vernay, am folgenden Tag den Ort in Richtung Spanien, Portugal, eventuell nach Nordspanien zu verlassen. Sie wollten wieder Kontakte mit Personen aufnehmen, die Karl durch seinen Freund Pater Raphael Walzer, O.S.B., den früheren Abt von Beuron, am Ende seines theologischen Studiums 1946 bis 1948 in Beuron hatte knüpfen können. Pater Walzer war später nach Nordafrika gegangen und hatte in Tlemcen, in der Nähe von Oran,

Algerien, eine Benediktiner-Gemeinschaft gegründet.[212] Wie Caesarius es 27 Jahre später in Laach darstellte, als wir nicht nur seinen Briefwechsel mit Buber durchsahen, sondern auch seine Meinung zu verschiedenen Lebensstationen von ihm besprachen, war seine Absicht, »ein kommunitäres, gläubiges Leben zu führen und zugleich ethnologische Forschungen in Spanien, Portugal und Marokko zu betreiben«. Das Wort »ethnologisch« war nicht nur so dahergesagt, sondern war mit Bedacht von ihm gewählt worden.

Nachdem die beiden, Karl und Pater Vernay, 3 Monate in Spanien und Portugal verlebt hatten, gelangten sie – meistens zu Fuß – nach Tanger in Marokko, von wo es dann, wiederum per pedes, zuerst nach Oran an der Küste und von dort nach Tlemcen ging, welches im Inland von Algerien lag. Im Herbst 1953 schrieb mir Karl und bat mich, ihm bei der Mittelbeschaffung behilflich zu sein, Er wollte einen Rucksack, einen neuen Schlafsack und Wanderschuhe erstehen. Ich veranstaltete unter meinen Mitstudenten und bei der Fakultät am Union Theological Seminary eine Sammlung und konnte ihm einen wunderbaren Rucksack, Schlafsack und neue Schuhe der exklusiven Firma Abercrombie and Fitch in New York City schicken.

---

212 Als ich Karl, Pater Vernay und den Beauchaus Lebewohl gesagt hatte, fuhr ich per Autostop ins Dorf und stellte fest, daß Frankreich sich mitten in einem Eisenbahnerstreik befand, der ebenfalls Busreisen unmöglich machte. Nachdem ich versucht hatte, per Autostop weiterzukommen, vergeblich, nahm mich endlich ein wunderbares altes Bauernehepaar auf dem Ochsenwagen mit und bot mir an, mich nach Gap zu bringen. Bald war ich schon durch die Geräusche und Bewegungen des Wagens eingeschlafen, die von den eisenbereiften Rädern auf der gepflasterten Straße verursacht wurden. Etwa acht Stunden später nahm ich »Utachen« wieder in Empfang, welches inzwischen repariert worden war, und fuhr nach Genf in der Schweiz, um meinen alten Freund John Turnball zu besuchen, der beim Weltkongreß der Kirchen arbeitete. Vor meiner Rückkehr in die Staaten besuchten wir beide Zermatt. Ich kehrte erst einige Tage später zurück, denn vorher bestieg ich mit einem Bergführer das Matterhorn. Die Reise nach Bremen, um »Utachen« zu verkaufen, dessen Bremsen eigentlich nicht-existent waren, und dann der Aufenthalt bei den Stahmers in Grohn/Vegesack waren wirklich denkwürdig.

Im Januar war Pater Vernay gezwungen, wegen Krankheit nach Frankreich zurückzukehren. Caesarius hingegen hielt sich außer einer kurzen Zeit im Winter 1956 in Frankreich und Deutschland die nächsten vier Jahre in der algerischen Wüste auf. Von Tlemcen reiste Karl durch die Sahara südwärts ins algerische Tamanrassett, um dort Pater Charles Eugène de Foucaulds (1858 – 1916)[213] Arbeit und die seiner Kleinen Brüder fortzuführen. Seit Foucauld sich 1886 wieder mit dem Glauben seiner Kirche versöhnt hatte und sich für ein Leben als Wüsteneremit entschieden hatte, wurden Armut, Leiden, Opfer und Märtyrertum die Grundlagen seiner Gläubigkeit. 1954 identifizierte sich Caesarius mit eben diesen Themen sehr. Er versuchte sogar, de Foucaulds missionarischem Stil nachzueifern: »De Foucauld versuchte, das Christentum zu den muslimischen Wüstenstämmen zu bringen, nicht durch Missionieren jedoch, sondern allein durch sein vorbildliches Leben. Durch sein Leben in Kontemplation und Keuschheit versuchte er, sich selbst als einen

---

[213] Charles de Foucauld wurde am 15. September 1858 in Straßburg geboren, wurde mit 6 Jahren Waise, aufgezogen von seinem Großvater mütterlichseits, von einem pensionierten Colonel. Er graduierte an der Militärakademie von Saint-Cyr 1876, danach besuchte er die Kavallerieschule in Saumur 1878, bekleidete den Rang eines Leutnants, wurde wegen ungebürhlichem Betragen unehrenhaft entlassen, dann aber wieder rehabilitiert und in seinen alten Rang wiedereingesetzt. Er zeichnete sich bei einem Aufstand der Eingeborenen in der Sahara aus. Er verließ die Armee und ging 1883-84, verkleidet als jüdischer Diener eines Rabbis, nach Algier zurück, wo er die örtlichen Sprachen und Sitten studierte und als Kartograph typographische, ehtnologische, soziale und militärische Studien in Marokko (1888) betrieb. Beeindruckt von der Einsamkeit in der Wüste und der Religiosität der Moslems, kehrte er zu seinem katholischen Glauben zurück und versenkte sich in ein Leben aus Gebet und Asketik. 1890 lebte er für einige Zeit in Nazareth, trat später den Trappisten bei und wechselte dann aber in ein armes Priorat in Akbès in Syrien über (1890-96). Beständig auf der Suche nach größerer Armut und Selbstaufopferung, verließ er die Trappisten vor seiner Ordination und lebte als Einsiedler in Nazareth (1897-1900). 1901 wurde er zum Priester geweiht und kehrte in die Sahara zurück, wo er zuerst eine Einsiedelei in Beni-Abbé an der marokkanisch-algerischen Grenze errichtete, danach eine weitere 1905 in Tamanrasset im algerischen Hogar-Gebirgsplateau. Am 1. Dezember 1916 wurde er außerhalb seiner Einsiedelei ermordert. Von einem 15 Jahre alten Mitglied einer marodierenden Bande, die der fanatischen Zanussi-Sekte angehörte, wurde er in den Kopf geschossen.

Die Einsiedelei von Charles de Foucauld (1858 – 1916), dem Gründer der »kleinen Brüder«, lag in Tamanrasset (Algerien) in der Wüste Sahara. Pater Caesarius lebte hier zu unterschiedlichen Zeitpunkten zwischen 1954 – 1958.

Mensch Gottes und als ›universellen Bruder‹ zu zeigen, um dadurch den Weg späterer Missionare vorzubereiten. In seiner Einsiedelei, die er ›Die Bruderschaft des Heiligen Herzens Jesu‹ taufte, feierte er öffentlich die Heilige Messe und gab sich stundenlanger Andacht hin ... Der Stamm der Tuareg achtete ihn, de Foucauld wiederum konnte von ihren Sitten und ihrer Sprache viel lernen.«[214]

In einem Brief von diesem Ort beschrieb Karl die Schönheit, den gelassenen Ernst und die Einheit mit Gott, die er, insbesondere während der Nächte, in der Wüste erleben durfte. Die Erfahrung seines Friedens in Gott war derart, wie er sagte, daß er sich gänzlich unbeeindruckt zeigen konnte von den Skorpionen, die, während er schlief, über ihn krabbelten, auch von den giftigen Schlangen, die

[214] A.J. Wouters, »*Foucauld, Charles Eugène de*«, *The New Catholic Encyclopedia*, New York: McGraw Hill 1967.

die Nähe seines warmen Körpers suchten. Nach Weggang von Tamanrasset diente Caesarius für kurze Zeit als geistlicher Vater einer kleinen Gruppe Der Kleinen Schwestern weiter südlich am Niger. Während er dort wirkte, suchte er um Hilfsgelder nach, um Bücher für die Bibliothek der Kleinen Schwestern erwerben zu können. Daraufhin schrieb ich an Bischof Fulton Sheen von der Erzdiözese in New York um Hilfe. Er antwortete mir, ihm stünden dafür keine Haushaltstitel zu Verfügung, er sende aber Karl Exemplare aller seiner Bücher. Ich wandte mich einmal mehr an meine Mitbrüder am Union Theological Seminary und konnte 500 Dollar zum Erwerb von Büchern für die Kleinen Schwestern zusammenbekommen.

Während dieser Zeit arbeitete er und diente, wie er mir gegenüber später beschrieb, als ein wirkliches »menschliches Wesen, als Mönch und Priester«, vor allem unter Tuareg-sprechenden muslimischen Berbern in einer Oase und unter Stämmen im Süden Nigerias, auch in der Stadt Agades. Als 1980 Karl über diese Erfahrungen deutlicher sprach, sagte er, daß seine Rolle die eines »menschlichen Wesens« zusätzlich zu seinen Rollen als »Priester« und »Mönch« gewesen sei.
Als er 1980 nun auf diese Erfahrung zurückblickte, verstand er unter »menschlichem Wesen«, daß er, ohne sich dessen damals voll bewußt zu sein, einen neuen Abschnitt seiner eigenen spirituellen Odyssee begonnen habe, nämlich eine, in welcher er weder missionarische Verpflichtungen noch Neigungen zu Mission verspürte. Seine Gegenwart und alle seine Dienste standen als Priester und Mönch im Dienste der »anderen«, um von ihnen und mit ihnen in Gemeinschaft dialogisch zu lernen. Wann immer es möglich war, wanderte er in die Wüste, lebte als Eremit unter den Nomaden in informeller Gemeinschaft mit ihnen, unterhielt mit ihnen Beziehungen gegenseitigen Gebens und Nehmens.

Je mehr Caesarius 1980 über diese Jahre in der Wüste sprach, desto mehr wurde mir bewußt, daß Karls Reisen und Interessen an Gemeinschaften starke Ähnlichkeiten zur »religiösen Anthropologie« des bemerkenswerten spanischen Dominikanermönches Bartolomé de Las Casas (1484 – 1586)[215] aufwiesen. Dieser Dominikaner widmete sein Leben dem Schutz der amerikanischen Indianer und prangerte immer wieder ihre Ausbeutung und Mißhandlung durch die Spanier in der Neuen Welt öffentlich an. Er war der erste in der Neuen Welt geweihte Priester (1512), 1522 wurde er Dominikaner. 1552 wurde seine Dokumentation der fürchterlichen Gewalttaten der spanischen Conquistadores in der Neuen Welt unter dem Titel »*Kurzgefaßter Bericht von der Verwüstung der Westindischen Länder*»[216] veröffentlicht.

Mit dem Heiligen Paulus und John Calvin war de las Casas davon überzeugt, daß jedes Menschenwesen unmittelbares Wissen von Gott habe und Gott je nach seinen Fähigkeiten auf seine eigene Weise diene. Mögen vielleicht die Indianer dem »wahren Gott« nicht huldigen, so huldigen sie doch »dem wahren Gott oder dem, von dem sie annehmen, er wäre der wahre Gott«. Beherzige man, daß »ihr Gott für sie wahr ist«, sollte dann nicht auch wahr sein, daß »unser Gott wahr ist für uns – und nur für uns?«

In seinem Buch Die Eroberung Amerikas schreibt der französische Schriftsteller und Kritiker Tzvetan Todorov: »Zwar geht Las Casas von der Existenz des einzigen Gottes aus, doch er bevorrechtet nicht ***a priori*** den christlichen Weg zu diesem Gott. Gleichheit wird hier nicht mehr um den Preis der Identität erkauft; es geht nicht um einen absoluten Wert: Jeder hat das Recht, sich Gott auf dem Weg zu nähern, der ihm angemessen erscheint. Es gibt nicht mehr einen wahren Gott (den unseren), sondern die Koexistenz möglicher Welten (...) Las Casas hat unversehens die Theologie verlassen und und praktiziert eine Art ***religiöser Anthropologie*** (Hervorhebung v. Verf.).«[217]

---

215 [Vgl. jetzt Thomas Eggensperger, O.P., »*Die Umsetzung der >>prudentia<<*«, in: Theolgie und Philosophie, H. 4, 1995 – A.d.Ü.]

216 Barltolomé de Las Casas, *Kurzgefaßter Bericht von der Verwüstung der Westindischen Länder*, herausgegeben von Hans Magnus Enzensberger, Frankfurt a. Main: Insel Verlag (Sammlung Insel) 1966. Vgl. jetzt Bartolomé de Las Casas, *Werkauswahl*, 4 Bände, Paderborn: Schöningh 1994.

217 Tzvetan Todorov, *Die Eroberung Amerikas. Das Problem des Anderen*, Frankfurt a. Main: Suhrkamp Verlag (edition surhkamp NF 213), 1984, S. 226-27.

Der Weg vom Nomaden zum östereichischen Gemeindepfarrer und dann zum Bäckerlehrling

Im Winter 1956 unterbach Caesarius seine Arbeit in der Sahara und reiste zu seinem dritten und letzten Treffen mit Martin Buber nach Paris[218], danach nach Günsbach im Elsaß, wo er Albert Schweitzer besuchte. Während dieser Zwischenzeit begann Caesarius einen Briefwechsel mit dem Schriftsteller Karl Rauch (1897 – 1966), der in Bad Salzig am Rhein und in Seeshaupt in Oberbayern wohnte. Rauch ist wahrscheinlich am besten bekannt für sein Buch *Flug zur Sonne – das Leben des Anoine de Saint-Exupéry*,[219] dessen erster Verleger er auch war. Diese beiden Männer bewunderten einander sehr. Am meisten wurde Caesarius von Rauchs Pazifismus und gesellschaftlicher Philosophie beieindruckt. Ihr Briefwechsel endet im Jahr 1960. Im Januar reiste Caesarius nach Heidelberg, um sich mit einer Gruppe von Studenten Eugen Rosenstock-Huessys in der Wohnung des Psychiaters Wilhelm Kütemeyer zu treffen. Auch ich traf dort wieder mit Caesarius zusammen. Dies war meine Cambridge-Zeit. Während dieser Reise hatte Caesarius auch eine denkwürdige Begegnung mit Hans Ehrenberg.

1958 verließ Karl endgültig die Sahara, besuchte Freunde in Paris und lebte dann mehrere Monate in Benediktinerinnen-Abtei St. Hildegard (Eibingen b. Rüdesheim). Von dort reiste er nach Österreich, wo er eine kurze Zeit ebenfalls in einer Benediktiner-Abtei verlebte, um dann nach Innsbruck zu gelangen. In den Jahren 1959 bis 1961 beteiligte er sich an mehreren Versuchen, dialogische Gemeinschaften in Österreich aufzubauen, so in Solbad-Hall in der Nähe Innsbrucks, wo Caesarius und drei andere Priester in einer größeren Gemeinde dienten. Dann ging er als Gemeindepriester in eine kleine Alpengemeinde, nach Vent im Ötztal, südwestlich von Innsbruck, zu dessen Diözese diese Gemeinde gehörte. Er wurde be-

---

218 Der Titel seiner öffentlichen Vorlesung in Paris und London – wohin ich von Cambridge aus reiste, um ihn zu hören – lautete »*We*»; Im wesentlichen handelte es sich um »*Der Gemeinschaft folgen*« (dt. 1956).

219 München: List Verlag 1958.

gleitet von einem jungen Franzosen, den er in der Sahara getroffen hatte und der ihm seine Interesse für ein Leben als Mönch bekundet hatte.

Am 19. Juli 1960 starb sein lieber Freund Professor Gorsemann, einige Tage später fiel sein Enkelkind zufällig in den Fischteich und ertrank. 1962 bat sein Pater Abt um seine Rückkehr nach Maria Laach. Während dieses Jahres fuhr ihn sein Freund, der Zahnarzt Dr. Albert aus Andernach, nach Mannheim, wo er Eugen Rosenstock-Huessy, Freya von Moltke und mehrere seiner Studenten traf, unter ihnen Christoph von dem Bussche und Konrad Thomas. Letztere beteiligten sich an einem industriesoziologischen Projekt in den Fabriken Mannheims. Zu dieser Arbeit in der Fabrik waren sie von Rosenstock-Huessy inspiriert worden. Dr. Konrad Thomas, seit 1995 emeritierter Professor für Soziologie an der Universität Göttingen, hatte Caesarius entweder im Jahr 1950 oder 1951 getroffen und mit ihm Freundschaft geschlossen und einen Briefwechsel mit ihm geführt. 1980 besuchten Konrad Thomas und seine Frau Caesarius und den Autor in Laach.

1963 erhielt Caesarius von seinem Vater Abt die Erlaubnis, nach Norddeutschland zu gehen, wo er ein Jahr als Bäckerlehrling lebte und benachteiligten Jugendlichen dabei half, Lernen zu lernen und sich auf die Prüfungen an der Berufsschule vorzubereiten. Während dieser Zeit besuchte er häufig Professor Gorsemanns Witwe Liesbeth und hielt ebenfalls Nachhilfeunterricht für junge Frauen ab, die sich auf ihre Lehrlingsprüfung vorbereiteten.

Es war eine schwere Zeit in Caesarius' Leben. Die Frustrationen und Loyalitätskonflikte, denen er ausgesetzt war, bedrängten ihn innerlich sehr.

Nach dem Tod ihres Mannes kümmerte sich Pater Caesarius um Liesbeth Gorsemann in Bremen

Saarbrücken, Obermendig und Maria Laach

Vom Hause einer betagten Tante aus sandte Caesarius am 10. Februar 1964 seinen letzten Brief an Professor Buber, der im darauffolgenden Jahr am 13. Juni 1965 starb. Bubers Tod lastete schwer auf seinem Herzen, so sehr, daß er sich über ein Jahr unfähig sah, an Freunde Briefe zu schreiben.

1965 wurde Caesarius vom Pater Abt und dem Bischof nach Dattenfeld an der Sieg in der Diözese Köln gesandt, wo er als geistlicher Beistand in einem Krankenhaus und in einem Altersheim arbeitete, in dem Frauen zwischen 20 bis 90 Jahren wegen Nervenleiden behandelt wurden. Er beteiligte sich an diesen Häusern angeschlossenen landwirtschaftlichen Tätigkeiten – Seite an Seite mit den Feldarbeitern. 1970 wurde Caesarius Seelsorger in einem Altenheim, Pflegeheim und Kinderheim im Langenwiedstift in Saarbrücken. Der Verfasser mit seiner Familie besuchten ihn dort 1972. Von 1975 bis 1980 arbeitete er in derselben Funktion in einem Alten- und Pflegeheim in Obermendig in der Eifel in der Nähe von Maria Laach.

Dank eines Forschungsstipendiums des Deutschen Akademischen Austauschdienstes traf der Verfasser mit Caesarius im März 1980 zusammen, um mit ihm die Buber-Korrespondenz zu studieren und mit Buber verbundene Ereignisse, Sachfragen und Persönlichkeiten zu diskutieren. Während dieses Aufenthalts trafen wir uns des öfteren mit Karls Schwestern Katharina Lauer und Maria Schaaf, ihrem Gatten Hermann und mit Caesarius' engem Freund Professor Karl Jokisch. Mit Karls Zustimmung zeichnete ich die ungefähr insgesamt 17 Stunden dauernde Unterhaltungen mit ihm auf Tonband auf.

Im März 1978 kehrte er nach Maria Laach zurück, wo er dann bis zu seinem unerwarteten Tode Mitternacht am 27. Januar 1984 lebte. Die Eucharistiefeier und die Beisetzung fanden in Laach am 31. Januar um 14 Uhr 30 statt. Er wurde neben seine Mitbrüder auf dem Friedhof von Maria Laach beigesetzt. Als Spruch für die Todesanzeige wählten die Verantwortlichen von Maria Laach sehr kundig und weise einen Satz aus den Bekenntnisssen des heiligen Augustinus, der Karls Unruhe, aber auch seine Beharrlichkeit und seine Hingabe während seiner irdischen Odyssee charakterisiert:

»Inquietum est cor nostrum, donec requiescat in te.«[220]

220 »*Unruhig ist unser Herz, bis es ruht in dir*«, Augustinus, *Bekenntnisse*, Buch I.1.

ANHANG A: Pater Caesarius Johannes Karl Lauer, O.S.B.

Tabellarischer Lebenslauf

1915	Karl Johannes Lauer wurde als Sohn der Eheleute Eberhard und Luise, geb. Castor, am 14. September im rheinländischen Oberwesel geboren. Eberhard Lauer war Verwaltungsbeamter im Rathaus von Oberwesel. Das Ehepaar hatte fünf Kinder: Katharina, Maria, Wilhelm, Karl und Hans Joseph. Die Familie wohnte in der Simmernstraße 22 (später in Chablisstraße umbenannt).
1915 – 1928	Er wuchs in Oberwesel am Rhein auf und besuchte die Volks- und Mittelschule.
1928 – 1934	Gymnasium in Koblenz. Abitur 1934.
1934 – 1935	Sechs Monate lang besuchte er die Universität Bonn, wo er Deutsche Literatur, Philosophie, Theologie und Griechische Philologie studierte. Dort traf er einen jungen Mann, der Laach besucht hatte und Mönch werden wollte. Er schreibt einen Brief an den Magister (Novizenmeister) Pater Damasus Winzen, O.S.B., und wird zu einem Besuch nach Maria Laach eingeladen.
1935	Beginn seiner Klosterstudien an der berühmten Benediktiner-Abtei zu Maria Laach in der Eifel, nordwestlich von Koblenz.
1937 – 1939	Er wird nach Rom auf das Benedictine Collegium Pontificium St. Anselmo gesandt. Während seines Romaufenthalts lehnt er eine Einladung zu einer akademischen Lehrlaufbahn für Philosophie und Theologie ab.
1938	Die Lauers helfen der einzigen in Oberwesel ansässigen jüdischen Familie, den Verfolgungen seit der *Kristall-*

nacht am 9. November 1938 zu entfliehen. Unter ihnen war Alfred Gottschalk, der jetzige Präsident des Hebrew Union College – Jewish Institute of Religion in Cincinnati, Ohio.

1939 Am 12. November d.J. legt er seine Mönchsgelübde ab.

1939 – 1945 Während des Krieges diente er als Krankenpfleger in einer Sanitätereinheit an den Fronten in Polen, Frankreich und Rußland. Er wurde in Berlin am letzten Kriegstag durch die Russen gefangengenommen und verbrachte anschließend sechs Monate in amerikanischen und britischen Kriegsgefangenenlagern.

1946 – 1948 Abschluß seiner philosophischen und theologischen Studien an der Benediktinischen Erzabtei zu Beuron. Dort traf er Pater Raphael Walzer, O.S.B., der mit 28 Abt wurde und ein Freund von Max Scheler, Edith Stein, Stephan Zweig war. Er ging nach Nordafrika und gründete eine Benediktiner-Kommunität in Tlemcen nahe von Oran in Algerien. Schelers Frau besuchte einmal Pater Caesarius in Laach.

1947 Am 27. Juli empfing er die Priesterweihe. Zelebrierte seine erste Messe (Primiz) in seiner Heimatgemeinde in Oberwesel, in der Liebfraukirche am 3. August.

1948 Beginnt Bubers Schriften in Beuron zu lesen. Zuerst *Daniel: Gespräche von der Verwirklichung* (1913), *Ekstatische Konfessionen* (1909), *Die Lehre vom Tao* (1910) und *Ich und Du* (1923).

1948 – 1952 Klosterleben in Maria Laach, dient als Bibliothekar und als Beichvater für die Mitbrüder. 1951-52 lebten dort ungefähr 90 Laienbrüder und 60 Chormönche. Maria Laach war weltberühmt für seine führende Rolle in der liturgischen Reformbewegung in der römischkatholischen Kirche.

1949 Am 24. Februar begann Pater Caesarius mit seinem Briefwechsel mit Martin Buber (1878 – 1965). Seinen letzten Brief schrieb Caesarius am 10. Februar 1964.

1951 Am 5. März besuchen Prof. Buber und seine Frau Paula Winkler Buber Caesarius in Maria Laach. Die erste von drei privaten Begegnungen mit Buber.

1951 – 1952 Von Ende August 1951 bis zum Mai 1952 weilte der Verfasser, amerikanischer Methodist und zukünftiger Theologiestudent aus Brooklyn, New York in Maria Laach, um Kirchenlatein, Klosterleben und Deutsch zu studieren. Gerade hatte er am Dartmouth College abgeschlossen, wo er seit 1948 ein Student von Eugen Rosenstock-Huessy (1888- 1973), Professor für ›Social Philosophy‹, gewesen war. Zufällig traf er am ersten Tag nach seiner Ankunft auf Pater Caesarius. Während seines Aufenthalts führte dieser Stahmer in die Schriften von Buber und Franz Rosenzweig (1886-1929) ein. Im Herbst 1952 begann Stahmer sein Theologiestudium am Union Theological Seminary in New York City; 1955 Studien für seine Doktorarbeit zu Buber unter Dr. J.A.T. Robinson und Prof. Herbert Farmer an der Cambridge University.

1953 Begeistert durch die Schriften und Taten von Marcel Légaut, ging Pater Caesarius nach Frankreich, wo er zusammen mit Pater Vernay, O.S.B., einem Mönch aus Solesmes, mit neuen Formen spiritueller Gemeinschaften experimentierte, in denen Mönche und Priester mit Bauernfamilien zusammenarbeiteten und zusammenlebten; so z.B. zusammen mit dem Bauern Beauchau, seiner Familie und ihren sechs Kindern auf ihrem Bauernhof in les Hautes-Alpes in la Haute Beaume in der Nähe von Gap.

Im Juni trafen Pater Caesarius und der Autor wieder bei den Gorsemanns zusammen. Während dieses Besuches fertigte Gorsemann eine Büste von Caesarius an. Am 16. Juni waren Caesarius und der Verfasser Gäste Bubers aus Anlaß einer Vorlesung an der Universität Bonn. 10 Tage später begegneten sie in Paris Pater Deploye und Pater Maydieu in den Räumen des Verlages Les Editions du Cerf, der Légauts Schriften La Vie Spirituel und La Vie Intellectuel veröffentlicht hatte. Caesarius hatte einige private Zusammenkünfte mir Führern der Arbeitpriesterbewegung.

Nachdem der Bischof von Gap das Experiment untersagt hatte, verließen Caesarius und Vernay Frankreich, um kommunitäre, religiöse und ehtnologische Erkundungen in Spanien, Portugal und Marokko zu betreiben.

Caesarius begann einen Briefwechsel mit dem Schriftsteller Karl Rauch (1897 – 1966), der 1960 endete. Rauch ist wohl am besten bekannt als Verfasser von Flug zur Sonne: das Leben des Antoine de Saint-Exupéry (München: List Verlag 1958). Die beiden Männer bewunderten einander sehr.

1954 – 1958 Wegen Krankheit ist Pater Vernay gezwungen, nach Frankreich zurückzukehren. Ausgenommen für kurze Zeiten, um nach Frankreich und Deutschland während des Winters 1956 zurückzureisen, reiste Caesarius durch die Sahara nach Tamanrasset in Algerien, um im Geiste von Pater Charles de Foucauld und seinen Kleinen Brüdern zu wirken. Er dient kurze Zeit als geistlicher Begleiter der Kleinen Schwestern weiter südlich, schon in Niger. Für eine Zeitlang lebte er in de Foucaulds Einsiedelei außerhalb von Tamanrasset. Während dieser Zeit arbeitete und diente er als Mensch, Mönch und Priester unter Tuareg sprechenden muslimischen Berbern in einer Oase und unter Leuten südlicher Stämme in Agades, einer Stadt in Nigeria. Wann immer es ihm möglich war, durchwanderte er die Wüste, lebte unter Nomaden als Einsiedler und unterhielt informelle Kommunitäten und Verbindungen mit diesen auf der Grundlage wechselseitigen Gebens und Nehmens.

1956 Caesarius' drittes und letztes Treffen mit Buber in Paris. Er traf ebenfalls Albert Schweitzer in seinem Haus in Günsbach. Er und der Verfasser, der zu dieser Zeit an der Cambridge University studierte, trafen eine Gruppe von Studenten Eugen Rosenstock-Huessys in Heidelberg im Haus des Psychiaters Wilhelm Kütemeyer. Während dieses Aufenthalts traf er auch den lutheranischen Pastor und Theologen Hans Ehrenberg, ein enger Freund und Vetter Franz Rosenzweigs, zudem ein alter Freund von Rosenstock-Huessy und Buber.

1958 Im Frühjahr verläßt Caesarius die Sahara und besucht Freunde in Paris und lebt dann mehrere Monate in die Benediktinerinnen-Abtei St. Hildegard in Eibingen nahe von Rüdesheim. Von dort ging er nach Österreich.

1959 – 1961 In dieser Zeit unternahm er mehrere Versuche, dialogische Kommunitäten in Österreich zu gründen, so in Solbad-Hall bei Innsbruck, wo Caesarius und drei andere Priester in einer großen Gemeinde dienten. Dann wirkte er als Gemeindepriester in einem kleinen Alpendorf, Vent, in der Diözese von Innsbruck im Ötztal, südwestlich von Innsbruck, begleitet von einem jungen Franzosen, dem er in der Sahara begegnet war und der Mönch werden wollte.

1962 – 1963 Auf Anordnung des Vater Abtes kehrte Caesarius nach Maria Laach zurück. Ein Freund von Caesarius, Dr. Albert, fährt ihn nach Mannheim zu einem Treffen mit Eugen Rosenstock-Huessy, Freya von Moltke und mehreren Studenten, so Christoph von dem Bussche, Konrad Thomas und andere, die in Mannheimer Fabriken experimentelle Studien betrieben. Dr. Konrad Thomas ist seit 1995 emeritierter Professor der Universität Göttingen; er hatte Caesarius in Laach entweder 1951 oder 1952 getroffen und blieb mit ihm befreundet und korrespondierte mit ihm. Er und seine Frau besuchten Pater Caesarius und den Verfasser in Maria Laach im Jahr 1980.

1962 – 1965 Papst Johannes XXIII. ruft das II. Vatikanische Konzil zusammen.

1963 – 1964 Caesarius erhält die Erlaubnis, nach Norddeutschland zu gehen, wo er als Bäckerlehrling arbeitet und unterprivilegierten jungen Leuten hilft, sich für die Prüfungen an der Berufsschule vorzubereiten. Eine sehr schwierige Periode seines Lebens.

1964 Letzter Brief an Buber am 10. Februar 1964. Professor Buber starb am 13. Juni 1965.

1965 – 1970 In Dattenfeld an der Sieg in der Diözese Köln, wo er als Geistlicher in einem Krankenhaus und Altersheim dient, wo Frauen wegen Nervenleiden behandelt werden. Während dieser Zeit arbeitete er an landwirtschaftlichen Angelegenheiten des Heimes mit und arbeitete Seite an Seite mit den Landarbeitern.

1970 – 1975 Geistlicher im Altenheim, Pflegeheim und Kinderheim in Langwiedstift, Saarbrücken. Der Verfasser, seine Frau und seine drei Töchter besuchten Caesarius 1972 in seinem Heim.

1975 – 1978 Als Geistlicher im Altenheim und Pflegeheim in Obermendig, in der Eifel in der Nähe von Maria Laach.

1980 Dank einem Forschungsstipendium des Deutschen Akademischen Austauschdienstes (DAAD) trifft der Autor Caesarius im März und diskutiert Fragen seines Briefwechsels mit Buber. Außerdem erforscht er damit zusammenhängende Ereignisse, Themen und Personen. Sie trafen öfters mit Caesarius' Schwestern Katharina Lauer und Maria Schaaf und ihrem Ehemann Hermann sowie seinem engen Freund Professor Karl Jokisch zusammen. 17 Stunden Gespräche wurden auf Tonband mitgeschnitten.

1978 – 1984 Im März 1978 kehrt Pater Caesarius nach Maria Laach zurück, wo er bis zu seinem unerwarteten Tode Mitternacht des 27. Januar 1984 lebt. Die Eucharistiefeier und die Beisetzung fanden in Laach am Donnerstag, den 31. Januar um 14 Uhr 30 statt. Er liegt neben seinen Mitbrüdern auf dem Friedhof von Laach begraben.

Anhang B: Martin Buber trifft Pater Caesarius in Maria Laach

Vier Auszüge aus Gesprächen Harold Stahmers im März 1980 mit Pater Caesarius über sein erstes Treffen mit Martin Buber am 5. März 1951 in Maria Laach. Die Gespräche wurden zwecks einer von Stahmer geplanten Biographie auf Tonband aufgenommen.

»(...)
CL: Und das war in der Mittagpause. Da war ich mit ihm auf der Zelle, eine ganze Stunde lang. (...) Da haben wie vieles besprochen, da wurde viel gesagt auf dieser Zelle. (...) Viertel vor Drei sind wir runtergegangen, da standen die Patres zum Ausgang. Und dann standen sie alle so und da komme ich mit Buber. Einige haben ihn erkannt, aber ich hatte nichts gesagt, daß er genau an dem Tag hier [ist], nur Pater Prior wußte Bescheid. Da haben sie ihn angeschaut, Buber hat gegrüßt, blieb stehen, hat so gegüßt, wie man eine Frau begrüßt. Dann haben wir mit dem Pater Prior Kaffee getrunken, mit Frau Buber, und es gab Honig und Butter, und da hat Buber noch gesagt: »Das ist eine biblische Nahrung, Bienenhonig!« Und dann haben wie gesprochen über die Ruach JHWH, über Kult, Kultur und alles das gesprochen. Und als wir dann fertig waren, bin ich mit ihm durchs Klaustrum, Frau Buber ist durch die Kir-che, weil sie da durch nicht durfte (...) In der Sakramentskapelle, wir standen auf der rechten Seite der Apsis, blickten wir auf die Heilige Trinität ... Da hab ich also Aussprache mit ihm über Glauben, Gott, Altes Testament, Neues Testament, Jesus, die verbundenen Augen der Synagoge, die offenen Augen der Kirche, und die ganze Heilige Trinität mit Vater, ruach oben, Vater in der Mitte und dann der Christus mit dem Kreuz, und das alles ein Gott in der Mandola. »Ja«, sagt er, »das ist wie Gott ist, ruach YHWH – al pnei-t-homva-yomer-elohim.« »Ja«, sagte ich, »das ist es: Und der Geist Gottes

schwebte flügelstreichend über den Wassern (...) Frau Buber hat, ohne über ihr Christentum zu sprechen, das sie weitgehend dem Judentum angeglichen hat, ihrem Mann gegenüber herausgeholt, daß dieser Jesus von Nazareth für sie bedeutend ist. Und da sagte Buber: »Er ist mein größtes Problem, jedenfalls ist er nicht der Messias und der Sohn Gottes.« Das war da, das [war] das Schlimmste für mich, erschütternd; nicht schlimm – erschütternd. Das war das Schlimmste! (...).

Das war ungefähr das Wichtigste... [Es ging über] Wort und Worte, dieser Dialog mit Martin Buber in Maria Laach. [Das war] die erste Begegnung. Und dann kam das andere, das weißt du ja, als das vorbei war, habe ich dann nachher auf ihn gewirkt, daß du ihn kennenlernst, das habe ich auch auf dem Gewissen, ich habe ihm gesagt, Sie müssen in Bonn sprechen. Die Situation 51, 52 war sehr schwierig, wie er hier war. Und dann hat er ja in Bonn gesprochen. Und dann habe ich ihm die Situation in Bonn erklärt, mit dieser Politik, mit Wiederaufrüstung, mit dem Neo-Nazismus, der schon wieder im Gange war, ich kannte die Leute, die in Bonn [damit] schon angefangen haben, unter Adenauer.

Ja, mal langsam, da hat er die mutige Rede gehalten; da hat er ja den einen Satz gesagt: »Hier an dieser Stelle wird schon wieder an der Vergewaltigung des Gewissens tötlich gearbeitet.«

Das heißt, hier, in dieser Bundesrepublik, wie unter der Hitlerzeit, das meinte er. Das hat er ja offen gesagt. Du wurdest sehr ermutigt. Und das ermutigte auch mich sehr – das war sehr mutig von ihm.«

Über den Autor

Harold Stahmer wurde in Brooklyn, New York, geboren, wo er auch aufwuchs. Danach besuchte er das Dartmouth College (1947-1951), wo er Hauptkurse in Philosophie und Literatur belegte. 1948 wurde er Schüler des christlichen Sozialphilosophen und Sprachdenkers Eugen Rosenstock-Huessy (1888-1973). 1951 organisierte Rosenstock-Huessy für den Verfasser, einen Protestanten, einen achtmonatigen Studienaufenthalt an der berühmten Benediktiner-Abtei Maria Laach im Rheinland, wo er per Zufall Pater Caesarius Lauer, O.S.B., traf, der sein Freund, später ein enger Freund auf mehr als 30 Jahre wurde. Der Verfasser begann im Jahr 1953 seinen eigenen Briefwechsel mit Martin Buber. In der Folge schrieb er seine Doktorarbeit unter der Leitung von Herbert Farmer und J.A.T. Robinson an der Cambridge University über Bubers Sprachphilosophie in den Jahren 1955-1957.

Briefe, das gesprochene Wort und Sprache spielten eine besondere Rolle im Laufe des wissenschaftlichen Werdeganges des Verfassers. 1955 schrieb er am Union Theological Seminary in New York (1952-1955) bei Reinhold Niebuhr und Wilhelm Pauck seine Magisterarbeit zum Briefwechsel zwischen Rosenstock-Huessy und Franz Rosenzweig aus dem Jahre 1916, zu dem er später, 1969, für die englische Ausgabe dieser Briefe das Vorwort schrieb. 1968 erschien sein Buch »›Speak That I May See Thee!‹« (bei Macmillan), eine Studie zur Rolle der Sprache in den Schriften von Hamann, Rosenstock-Huessy, Rosenzweig, Buber und Ebner. 1986 hielt er auf der wissenschaftlichen Tagung aus Anlaß des 100. Geburtstages von Franz Rosenzweig in Kassel einen Vortrag über die mehr als 1500 unveröffentlichten Briefe von Rosenzweig an Margrit Rosenstock-Huessy aus den Jahren 1917 bis 1922. Der inzwischen verstorbene Alexander Altmann sagte, daß »der Stern der Erlösung nunmehr vor dem Hintergrund dieser Briefe gelesen werden müßten«.

1957 wurde Dr. Stahmer Mitglied der Religionsfakultät am Barnard College an der Columbia University in New York City, an der er Professor für Religion und Direktor der ›undergraduate religious studies‹ bis 1969 wurde. 1965 beteiligte er sich an der Civil Rights-Bewegung und marschierte mit Martin Luther King, Jr. mit. Von 1965 bis 1969 leitete er ebenfalls das Harvard-Yale-Columbia-Programm, welches Studenten von geschichtlich schwarzen Colleges und Universitäten im Süden bei ihren wissenschaftlichen und beruflichen Laufbahnen betreute. Wegen dieser Interessen nahm er den Ruf eines Dekans an der University of Florida, Gainesville an (1969-1979). Dort wirkte er als Professor für Religion und Philosophie bis zu seiner Emeritierung im Jahre 1995.

1980 erhielt der Autor ein Forschungsstipendium des Deutschen Akademischen Austauschdienstes (DAAD) für eine Untersuchung des unveröffentlichten Briefwechsels zwischen Prof. Martin Buber und Pater Caesarius aus den Jahren 1949 bis 1964. Während dieser Zeit traf er sich täglich mit Pater Caesarius und zeichnete die Gespräche mit ihm über diesen Briefwechsel, über seine Freundschaft mit Martin Buber und seine Versuche, den Dialog als Leben innerhalb seiner Berufung als Mönch zu verwirklichen, auf Tonband auf.

Harold Stahmer hat drei Töchter aus erster Ehe. Er und seine Frau Paula Jessica Rosenstock-Huessy und ihre drei Hunde leben in Gainesville, Florida, wo er an einer Biographie seines Mentors Eugen Rosenstock-Huessy arbeitet.